EL GUERRERO
ADORADOR

CHUCK D. PIERCE
CON JOHN DICKSON

BUENOS AIRES - MIAMI - SAN JOSÉ - SANTIAGO

www.editorialpeniel.com

El guerrero adorador
Chuck D. Pierce con John Dickson

Publicado por:
Editorial Peniel
Boedo 25
Buenos Aires C1206AAA - Argentina
Tel. (54-11) 4981-6034 / 6178
e-mail: info@peniel.com.ar

www.editorialpeniel.com

Originaly published in english
under the title: *"The worship warrior"*
Copyright © 2002 by Chuck D. Pierce y John Dickson
Originaly published in the USA by Regal Books,
A Division of Gospel Light Publications, Inc.
Ventura, CA 93006 U.S.A.
All rights reserved

Traducido al español por: Ester Barrera
Copyright © 2003 Editorial Peniel

Diseño de cubierta e interior: arte@peniel.com.ar

ISBN Nº 987-557-016-8

Edición Nº I Año 2003

Todas las citas bíblicas fueron extraídas de la Santa Biblia versión Reina Valera
1960.

Otras versiones utilizadas son
AMP – Escritura tomada de **La Biblia Amplificada**, Antiguo Testamento Copyright
© 1965, 1987 por la Corporación Zondervan. El Nuevo Testamento Amplificado
Copyright © 1958, 1987 por La Fundación Lockman. Utilizados con permiso.
NVI – Santa Biblia, Nueva Versión Internacional®. Copyright © 1973,
1978, 1984 por la Sociedad Bíblica Internacional. Utilizado con permiso por
Zondervan Publishing House. Todos los derechos reservados.

Impreso en Colombia
Printed in Colombia

ELOGIOS PARA
El guerrero adorador

El Señor está bajando información, estrategias, órdenes y provisión a su pueblo a una velocidad sin precedentes. *El guerrero adorador* es una visualización rica, poética –un proyecto– para lograr su destino; hace que Dios se vuelva más real que ninguna persona o circunstancia, de modo que su voluntad sea hecha en la Tierra.

JAIME LYN BAUER
ACTRIZ, INTERCESORA

Respeto a Chuck Pierce por su pasión para estar al filo de lo que Dios está revelando a su Iglesia. En *El guerrero adorador*, Chuck nos da un proyecto para adorar, que echará la red para la cosecha de las naciones.

MIKE BICKLE
DIRECTOR DE LA CASA DE ORACIÓN INTERNACIONAL DE LA CIUDAD DE KANSAS, EE.UU.

Estoy convencido de que el mensaje de *El guerrero adorador* es el primero que Dios desea que la Iglesia escuche en esta época de tan extraordinario desafío e increíble oportunidad.
La más grandiosa cosecha de la historia está próxima a suceder, y la adoración estará en el corazón de la misma.

DR. DICK EASTMAN
PRESIDENTE INTERNACIONAL DE CADA HOGAR PARA CRISTO

Actualmente la Iglesia se esfuerza para entender el eslabón vital entre adoración y guerra espiritual. Algunos cristianos desean enfocar toda su atención en luchar contra los demonios, mientras que otros proponen que ignoremos totalmente a nuestros enemigos espirituales y adoremos todo el tiempo, para ver la victoria. Se necesita un equilibrio, y creo que Chuck Pierce y John Dickson se han conectado con el interior del corazón de Dios sobre este tema tan estratégico.

J. LEE GRADY
EDITOR DE LA REVISTA CARISMA

Chuck Pierce sabe sobre victoria e intercesión poderosa como ninguna otra persona que conozca. Cuando Chuck escribe, yo leo atentamente; y *El guerrero adorador* es sin duda su mejor trabajo.

TED HAGGARD
PASTOR PRINCIPAL DE LA IGLESIA NUEVA VIDA

La vida del rey David siempre me ha impresionado. Fue el rey de Israel más amado y el más grandioso guerrero. Sin embargo, lo que más se recuerda es que tenía un corazón según el de Dios. En otras palabras, David era un adorador. Fue su devoción para adorar que lo hizo el más grandioso rey y guerrero. En *El guerrero adorador* Chuck Pierce y John Dickson nos dan una fresca visión de esta relación maravillosa entre adoración y guerra.

En los días que se avecinan debemos aprender cómo ascender primero en adoración, recibir fuerza, sabiduría y coraje, y luego descender a la batalla para empujar hacia atrás las puertas del infierno y establecer el reino de Dios.

DUTCH SHEETS
AUTOR DE LA ORACIÓN INTERCESORA

Este libro va a ser impreso precisamente en un tiempo cuando el Cuerpo de Cristo en América está en guerra. No existe nada más peligroso que enfrentar un asalto frontal y encontrarse desprotegido. El alerta espiritual y el enfoque hacia el que este libro nos llama es absolutamente crítico en esta hora. *El Guerrero Adorador* ayudará a establecerlo delante del trono; desde esa ventajosa ubicación verá cómo Dios lo venga de sus enemigos.

BOB SORGE

AUTOR DE SECRETOS DEL LUGAR SECRETO

En *El Guerrero Adorador,* la voz del rey David es comunicada a esta generación a través de las claras enseñanzas proféticas de Chuck Pierce y John Dickson. En esta hora, cuando la batalla espiritual se manifiesta claramente en el ámbito natural, los hijos de Dios deben estar equipados para llegar a ser fieles, inamovibles y perseverante adoradores que saben cómo moverse hacia la oración corporativa que prevalece. Quiera el Señor utilizar este libro para desatar el corazón de David mientras que un "David colectivo" se levante en esta generación elegida.

ROBERT STEARNS

DIRECTOR EJECUTIVO, DE ALAS DE ÁGUILAS, NUEVA YORK

Tiene en sus manos un arma de guerra para que la manejen únicamente los adoradores. Lo acercará a Dios en su búsqueda de una relación íntima; sin embargo, encontrará que es un llamado a la guerra. Su sonido lo impulsará a entrar a la batalla que desatará la cosecha en la que Dios será glorificado y Satanás derrotado. Chuck Pierce ha combinado en una forma única una profunda enseñanza sobre la adoración y la guerra espiritual, con experiencia personal y el derramamiento de su propia unción personal como cantante adorador y autor de canciones. Este libro cambiará su vida ¡mientras que usted se va transformando en un guerrero de adoración!

TOMMY TENNEY
<small>AUTOR DE LOS BUSCADORES DE DIOS</small>

CONTENIDO

Prefacio..9
Por Dutch Sheets

Introducción..13
¿Qué relación hay entre la adoración y la guerra?

Capítulo 1..21
Algo nuevo

Capítulo 2..33
Ir hacia donde Dios está

Capítulo 3..45
¡Vayamos para que podamos adorar!

Capítulo 4..67
Jesús ascendió

Capítulo 5..83
Portales de gloria

Capítulo 6..107
La fe para ascender

Capítulo 7..129
Las huestes celestiales, Judá y el León

Capítulo 8.. 175
El sonido del cielo

Capítulo 9..225
Vestido para la guerra

Capítulo 10...255
Salir del lagar e ir hacia la cosecha

PREFACIO

Mi amigo Charles Doolittle y aproximadamente veinte intercesores se reunieron hace no mucho tiempo en un hogar de Studio City, California, EE.UU. "Entremos en el salón del trono y recibamos nuestras órdenes de marcha", oró Charles. "Adoremos a Dios y entremos en batalla", agregó otro miembro del grupo, "Hay un sonido fresco de Dios. ¡Escuchémoslo!"

¿Adoración y guerra? ¿Entrar en el salón del trono? ¿Un sonido de Dios? Un observador casual podría haber pensado que Charles y sus compañeros de intercesión hablaban cosas incongruentes. Pero nada está más lejos de la verdad. Sin duda, los miembros de este grupo de creyentes, que interceden regularmente por la industria del entretenimiento en Hollywood, son guerreros de adoración.

Yo también he experimentado con frecuencia la realidad de estos poderes mellizos del Espíritu. En 2000, Will Ford, Lou Engle, yo y más o menos treinta intercesores llevamos una olla de doscientos años de antigüedad, que había pertenecido a los esclavos, a través de la parte noreste de América; la utilizábamos como activador para la intercesión de adoración y guerra. Para nosotros simbolizaba los incensarios del cielo (ver Apocalipsis 8:3-5), mientras la llenábamos con oración y alabanza por el avivamiento en los Estados Unidos.

Me encontraba con un senador de los Estados Unidos en la rotonda del Capitolio, mezclando oración y alabanza para quebrar las fortalezas de oscuridad y desatar el gobierno de Dios sobre la nación. La exaltación del Señor en adoración, mezclada con la sobrecogedora fuerza de la intercesión, fue una experiencia conmovedora.

Lo que sucedió en ese hogar de Studio City, en el Tour de la olla y en el Capitolio de los Estados Unidos, comienza a ocurrir a través de toda la nación y alrededor del mundo, a medida que entramos en un tiempo crucial de intensa guerra espiritual. Sí, la intercesión crece, pero los guerreros de oración comienzan a entender el rol de la adoración en su guerra.

Chuck Pierce y John Dickson han escrito este libro para presentarle a este cambio mayor en la adoración, que está sucediendo actualmente en el Cuerpo de Cristo. Algunas de las palabras y conceptos pueden no ser familiares, pero quédese con Pierce y Dickson. Verá que este llamado para que nos transformemos en guerreros de adoración estratégicos, es bíblico e imperativo. Debemos integrarlo al entramado de la Iglesia si deseamos ver el destino de Dios cumplido en nuestras vidas individuales y corporativas.

Dejaré los detalles para que Chuck y John los expliquen; en lugar de eso utilizaré el espacio que me queda en este prefacio para darle una palabra de aliento y un llamado a la adoración apasionada.

Hay un fresco sonido de Dios en este día. Esta lleno de gloria y desata pasión. Nuestras vidas diarias nos dan amplias oportunidades para desarrollarlo. No necesitamos estar en la iglesia o en una reunión de oración.

Podemos ser mamás que van de camino para acompañar a la práctica de fútbol a sus hijos, abogados en un intermedio o plomeros en busca de una llave inglesa. Dondequiera que estemos y no importa lo que hagamos, podemos adorar. Fuimos hechos para honrar y glorificar a Dios nuestro creador, y estamos destinados a la guerra. No se sienta impedido por las circunstancias adversas o por situaciones mundanas. Más bien, sea lleno de las buenas cosas del Señor.

Estamos enamorados de Jesús, y somos extravagantes, inextinguibles, inusuales, imparables, determinados y apasionados adoradores.

En adoración, necesitamos tener la pasión de un Charles Wesley. Matt Redman nos cuenta esta historia:

Corre el año 1744. El escritor de himnos Charles Wesley está en Leeds, Inglaterra, tiene una reunión de oración en un salón escaleras arriba. De pronto se siente un ruido en las maderas del piso, seguido de un crujir masivo, y el piso entero colapsa. Todas las cien personas caen directamente a través del techo hacia el salón de abajo. El lugar es un caos: algunos gritan, otros lloran; algunos simplemente están sentados en estado de *shock*. Pero a medida que el polvo se va asentando, Wesley, herido y tirado en una pila de escombros, grita: "¡No teman! El Señor está con nosotros; nuestras vidas están todas a salvo". Y a continuación empieza a cantar la doxología "Alabado sea el Señor, de quien fluyen todas las bendiciones".

Tal vez, fue una elección extraña entre las canciones, ¡considerando lo que acababa de suceder! Pero este es el punto: mientras que todos los demás aún estaban limpiándose sus heridas, el corazón de este adorador imparable respondía con una alabanza inamovible.[1]

Este es el tipo de adorador que llegará a ser un guerrero efectivo.

Dutch Sheets
Pastor Principal
Springs Harvest Fellowship
Colorado Springs, Co., EE.UU.

Nota

1. Matt Redman, *El Adorador Imparable,* (Ventura, Ca; Regal Books, 2001), p. 74

¿Qué relación hay entre la adoración y la guerra?

*La luz supera a las tinieblas, la verdad sola prevalece
sobre la herida.
La muerte no tiene poder cuando el enemigo ataca.
A través de los ojos del espíritu la batalla continúa rugiendo.
Empeñados en una guerra implacable intercedemos,
nos mantenemos firmes y fuertes.
Equipados para la batalla del tiempo final,
revestidos con armadura.
No se ven agujeros o defectos en la entretejida poderosa trama de
metal. Los brazos todos unidos...
cerrados a los vicios, no dejan espacio.
Como una gigantesca pared de acero nos movemos al unísono para
ocupar nuestro lugar. Inamovibles, imbatibles, una armada osada y
fuerte. Guerreros de adoración, trabados en batalla levantan*

la victoriosa canción de guerra.
Oíd a los guardias de las puertas dar un grito,
atalayas vigilantes sobre los muros.
Protegen la tierra santa mientras la trompeta hace sonar el llamado.
Levantaos, vosotros hombres de Sion, vosotros samuráis del rey.
Levantad alto su estandarte real, porque ganamos
y la victoria resuena.

BEV. SMITH, *LA BATALLA*

Cuando escuchamos la palabra "adoración", muchos de nosotros pensamos en cantar tres o cuatro himnos en un servicio de domingo por la mañana en la iglesia. Algunos piensan en tiempos quietos o estudios bíblicos. Unos pocos visualizan la oración.

La palabra "guerrero" –por otra parte– fácilmente evoca imágenes de una persona en el calor del combate. Tal vez nos imaginamos a Russell Crowe en la película *Gladiador* o visualizamos tropas armadas en las líneas de frontera en Afganistán.

Tal vez pensamos en un apersona que batalla en las livianamente definidas "guerras" contra enemigos sociales tales como la pobreza, los prejuicios y la injusticia.

Tal vez, como creyentes, recordamos el llamado de C. Peter Wagner para transformarnos en guerreros estratégicos de oración.

En tanto que las palabras "adoración"y "guerra" resultan familiares, de todas maneras producen emociones extremas y opuestas; rara vez vemos a las dos obrar alineadas. Como siervos de Dios, sabemos que debemos adorarlo. También sabemos que peleamos en una batalla espiritual.

Pero una mirada minuciosa en La Biblia nos revela mucho sobre el plan de Dios para la adoración en la guerra.

Entonces, exactamente, ¿cómo se unen ajustadamente estas dos cosas?

Las guerras de adoración

Toda guerra tiene una causa o propósito. Napoleón marchó buscando territorio; esperaba que Francia rigiera a Europa. Lenin y Stalin esparcieron su dogma comunista con expectativas de dominar a Europa Oriental y más allá; buscaban transformar lo que la gente pensaba y cómo vivía. Los Estados Unidos atacaron Irak en la Tormenta del Desierto para proteger los intereses del petróleo y a los aliados que lo apoyaban en la región, queríamos liberar Kuwait.

Estas escaramuzas físicas e ideológicas tuvieron lugar sobre la Tierra, pero una guerra aún mayor también se prepara. La batalla más grande es la de la dimensión espiritual, que se lucha tanto sobre la Tierra como en los cielos. En lo natural no podemos ver este conflicto del bien versus el mal.

Pero Dios, aunque podría ganarla por sí solo, nos ha elegido como sus guerreros.

El complot de Lucifer

La adoración está en el centro de esta grandiosa guerra espiritual. Siempre se ha tratado de la adoración, se ha peleado con adoración y será ganada con adoración.

Permítame que explique. Lucifer –también conocido como diablo o Satanás– inició una pelea contra Dios. La Biblia no dice con claridad exactamente cuándo sucedió, pero ciertamente ocurrió antes de que Adán y Eva comieran la fruta prohibida y, tentados por la promesa de ser como Dios, introdujeran el pecado en el mundo (ver Génesis 3:1-4).

Sabemos por Ezequiel 28:12-19 que en aquel tiempo los querubines o ángeles, de los que Lucifer era uno, tenían acceso al monte santo o salón del trono del cielo, donde Dios está sentado. Algunos teólogos piensan que Lucifer en realidad dirigía a los ángeles mientras adoraban al Creador. Si esto es verdad, Lucifer, cuyo corazón estaba *enaltecido por causa de su hermosura* (v. 17), aparentemente decidió que ya no quería más ser un adorador; en

15

lugar de eso, deseaba ser adorado. Su sabiduría se corrompió por causa de su resplandor. Lleno de orgullo, fue echado abajo y convenció a muchos ángeles que se le unieran en la rebelión contra Dios.

De esa manera, las guerras de adoración dieron comienzo.

La adoración y el guerrero

Habitualmente rendimos adoración en la devoción y lo asociamos con sentimientos buenos, elevados, aún de éxtasis. La adoración con frecuencia es enfocada hacia arriba y puede encarnar las cualidades de santidad, reverencia y temor reverente. Nos vemos como los dadores y Dios como el recipiente.

Guerrear, por otra parte, involucra tener una posición, vencer una amenaza, invadir un territorio o conquistar a un enemigo. Con frecuencia en la guerra nos vemos a nosotros mismos como defensores contra una fuerza peligrosa o sustentadores de la justicia y la verdad. Esto es cierto en los conflictos físicos y espirituales.

En el ámbito físico o terrenal tendemos a adorar a los héroes humanos de la batalla, y agregamos a Dios como un pensamiento posterior. El típico escenario no incluye adoración como parte del plan de batalla; en lugar de eso, la adoración viene en forma de agradecimiento *luego de la victoria*. En las conquistas espirituales, el Todopoderoso recibe toda la alabanza, pero aún así vemos a la guerra y la adoración como dos actos separados.

Nuestro entendimiento necesita expandirse. Dios nos llama a hacer un puente entre adoración y guerra. Cuando leemos La Biblia encontramos que Dios instruye *ascender* hacia el salón del trono en el cielo, estar *revestidos* de su autoridad y *descender* para la guerra. Hay un *sonido* del cielo que nos permite reconocer, abrazar y avanzar en este proceso. Nos mueve hacia la victoria de lograr la voluntad de Dios sobre la Tierra. Explico cada uno de estos elementos en este libro.

Un acercamiento fresco

¡Dios nos llama a ser guerreros de adoración! Para muchos cristianos, este es un concepto nuevo. Hemos llegado a entender cómo podemos tomar autoridad sobre demonios, territorios y pecados de todos los tipos, en el poderoso Nombre de Jesús. Sabemos cómo nuestras oraciones afectan lo que sucede, no solamente sobre la Tierra sino también en los cielos. Hemos sido buenos estudiantes de los principios de guerra espiritual. Esto es todo bueno. Pero Dios nos llama a hacer más. En *La futura guerra de la Iglesia,* Rebecca Wagner Sytsema y yo describimos una batalla que está por venir. Mostramos cómo habrá un tiempo en que aumentará la lucha y, finalmente, el cumplimiento profético. A medida que la iglesia se acerca a esta guerra futura, tenemos que estar preparados. Debemos comprender completamente el lugar de la adoración. Mientras luchamos contra los enemigos de las tinieblas, necesitamos empuñar la autoridad que Dios nos ha dado. Debemos transformarnos en guerreros de adoración.

Una transformación en la adoración

¿Adorar es cantar? ¿Es orar? ¿Es demostrar exteriormente nuestro amor por Dios utilizando nuestros cuerpos? ¿Necesitamos tener música para poder adorar? ¿Es necesario que nuestro ambiente sea de total quietud? ¿Podemos adorar mientras estamos en el trabajo o mientras hacemos compras? ¿Podemos adorar en el recital de piano de nuestros hijos? ¿Podemos alabar a Dios mientras hacemos un viaje o mientras vamos de camino a nuestro trabajo?

La adoración viene en todas estas formas y lugares, y en muchos más. Muchos de nosotros hemos abrazado un estilo de vida de adoración en el que expresamos nuestra alabanza a Dios, no solamente en la iglesia sino también en la rutina de nuestras vidas diarias. Esto es excelente y correcto. Sin embargo, nuestra adoración e íntima búsqueda para conocer a Dios no debería detenernos en el ejercicio de su voluntad sobre la Tierra. Esto significa que la adoración es más que una canción o una meditación; pero, ¿qué más es? En el futuro, ¿adoraremos como Moisés y Débora? ¿Se transformará Daniel en nuestro modelo clave de adoración? ¿Podemos agonizar como lo hizo Jesús en el Getsemaní y aún adorar? ¿Podemos saber cuándo trabajar como Marta y cuándo rendirnos como María? ¿Cambiará la adoración drásticamente en los ambientes corporativos? ¿Tendremos coraje para adorar en lugares públicos? ¿Reconocerá el enemigo nuestra unción luego de que hayamos estado en la presencia de Dios? ¿Cómo será la adoración en el futuro?

Una corriente que se levanta

En estos días John Dickson y yo hemos visto un poderoso cambio en la adoración. Esa es la razón por la que nos hemos expresado en *La Futura Guerra de la Iglesia* y escrito este libro que ahora usted tiene en sus manos.

He escrito (yo, Chuck) en primera persona y libremente he citado a John donde sus enfoques han sido bien agudos. Pero John también ha contribuido inmensamente con los conceptos y verdades en cada capítulo, aún en lugares en donde no ha recibido el crédito.

Queremos poner frente a ustedes los principios que hemos aprendido. Buscamos mostrarles de qué manera como creyentes podemos ingresar y ganar este conflicto espiritual. Deseamos despertar un sentido de entusiasmo entre los cristianos de todo lugar.

A medida que lea, trate de escuchar la voz de Dios. Será alentado a aprender qué sucede en ambos sitios: en el cielo y sobre la Tierra, los dos ámbitos en los que se desarrolla la batalla, donde como congregaciones de creyentes adoramos como guerreros.

El llamado de Dios

Dios busca con afán a su gente. El Espíritu del Señor nos llama a adorar. Dios desata un sonido desde los cielos que va siendo abrazado por su pueblo alrededor del mundo. El llamado nos lleva más cerca de Él y a unos de los otros. El sonido hace que vayamos a la guerra. Debemos manifestar en la Tierra lo que Dios dice en los cielos.

Dios no tiene favoritos. Todos pueden abrazar su llamado y transformarse en guerreros de adoración. Si creemos en Jesús, estamos automáticamente alistados en su ejército.

Mark Twain dijo una vez: "Dios ama a la gente común. Esa es la razón por la que hizo tantos de nosotros".[1] Dios no llama únicamente a ministros a un estilo de vida de adoración; también llama a la gente común. En los tiempos bíblicos llamó a los cosechadores de aceitunas, pastores, pescadores, recolectores de impuestos, gente joven y muchos otros. El apóstol Pablo dijo: *"...que no sois muchos sabios según la carne, ni muchos poderosos, ni muchos nobles"* (1 Corintios 1:26).

Hoy es igual. Somos simplemente nosotros: carpinteros, programadores de computación, secretarias, conductores de micros, granjeros y otros oficios similares. Sí, hay algunos abogados, integrantes del Congreso o egresados de Harvard también. Pero delante de Dios somos uno, y todos nos volvemos comunes, no importa nuestro oficio, nuestra profesión o lugar en la sociedad. Es entonces la gente de todos los días la que llena los puestos en el ejército de adoradores de Dios. Él nos llama desde nuestras vidas de todos los días para estar separados y santos delante de Él.

Entre a la batalla

¡Guerreros de adoración, levántense! Guerreros de adoración de todas las generaciones, jóvenes y viejos, únanse y póngase de pie. Este es el tiempo para adorar, entrar osadamente al salón del trono, vestirse con el favor e ir a la guerra. El sonido se desata. Escúchelo. Entre en la batalla. ¡Desate la cosecha!

Notas

1. Mark Twain [Samuel Clemens] *Cartas desde la tierra* (New York, Perennial Library, Harper and Row, Publishers, 1938) n.p.

Algo nuevo

He sido comprado por precio,
redimido por la sangre del Cordero.
Tengo el amor del Padre y su Espíritu está viviendo en mí.
Se terminaron mis días antiguos
y miro adelante, hacia los nuevos,
y dejo atrás mi destino anterior.

Ahora estoy listo para levantarme,
hacerme ver, ponerme de pie y hablar,
dar un grito, poner mi mano al arado.
No voy a ceder, retroceder, abandonar o permitir
que mi amor se enfríe.
He terminado con la fe sumisa, las rodillas suaves,
los pequeños sueños.
No más vivir mundano o pobreza al dar;
me he prendido del borde de sus vestiduras y no las soltaré.

JOHN DICKSON, *¡LEVÁNTATE!*

Cuelgue una banana de una cuerda en una jaula llena de monos y ponga una escalera debajo de la banana. Al rato, un mono irá hacia las escaleras y comenzará a subir hacia la banana. En el momento en que toque las escaleras rocíe a los monos con agua helada.

Luego de un tiempo, otro mono hará el intento, pero el resultado será el mismo: todos los monos serán rociados con agua helada. Esto deberá continuar a través de varios intentos más. Al poco tiempo, cuando otro de los monos intente subir las escaleras, los demás tratarán de impedírselo.

Ahora, apague el agua helada. Saque uno de los monos de la jaula y reemplácelo por uno nuevo. El nuevo verá la banana y querrá subir las escaleras. Para su horror, todos los otros monos lo atacarán. Luego de un nuevo intento y un nuevo ataque, sabrá que si intenta subir las escaleras, lo asaltarán.

Luego, saque otro de los cinco monos originales y reemplácelos con uno nuevo. El recién llegado irá a las escaleras y será atacado. El mono anterior que entró de reemplazo también participará del castigo.

Reemplace un tercer mono de los originales con uno nuevo. El nuevo llegará hasta las escaleras y será igualmente atacado. Dos de los cuatro monos que le pegan no tendrán idea por qué no se les permite subir las escaleras, o por qué están participando en la golpiza del mono más nuevo.

Luego de reemplazar al cuarto y quinto de los monos originales, todos los monos, que habían sido rociados con agua helada, habrán sido reemplazados. Sin embargo, ningún mono volverá jamás a acercarse a las escaleras. ¿Por qué no?

Porque esa es la manera que siempre lo hicieron, y esa es la forma en que siempre se ha hecho.[1]

¡Me encanta esta historia! Vívidamente ilustra un punto que quiero demostrar. ¿Cuántas veces alguien le ha dicho "Aquí hacemos tal y tal cosa de esta manera porque siempre la hicimos así"?

Esta "cosa" puede ser la forma de doblar nuestras ropas, la comida que comemos, la ruta que utilizamos para ir al trabajo o cualquiera de los millones de actos que hacemos cada día. Un método o medida resulta cuando lo hacemos por primera vez, pero luego lo repetimos y a su tiempo lo transferimos de generación en generación. Nadie jamás se cuestiona el acto o considera un abordaje más creativo o efectivo, porque "fue lo suficientemente bueno para mi abuelo, así que es suficiente para mí". En otras palabras, siempre lo hicimos así.

Somos culpables de este hábito en la Iglesia, también. Tenemos nuestras costumbres, rituales y regímenes cuando se trata de la predicación, membresía, liderazgo, oración y muchos otros factores, *incluyendo la adoración*. No hay nada malo con los sacramentos comunes en sí mismos, pero con demasiada frecuencia las que alguna vez fueron frescas expresiones de fe se transforman en tradiciones sin vida.

Aún en las iglesias "contemporáneas" hemos establecido nuevas convenciones y con asiduidad las repetimos. Cantamos las mismas canciones, bajamos las luces y levantamos las manos. Estos comenzaron como actos auténticos, y algunos continúan dando brillo a ministerios vibrantes, pero muchos se parecen a un barco de velas. El capitán alza y maniobra las velas para atrapar la totalidad del viento y el barco gana velocidad. Cuando el viento cambia la dirección, la vela continuará llena y el barco se deslizará durante bastante tiempo a causa del impulso. Sin embargo, si la vela no está inclinada por el viento, el barco perderá velocidad y pronto quedará quieto, muerto sobre el agua. La clave está en ajustar la vela en el momento exacto para que el viento continúe empujando el barco hacia delante con la totalidad de la fuerza.

En el tema de la adoración, necesitamos ver qué es lo nuevo que Dios está haciendo.

Una estación nueva

Cuando Dios dice "Estoy haciendo algo nuevo", no necesariamente significa algo que nunca haya hecho antes.[2] De hecho, mientras su propósito y promesas nunca cambian (vea Hebreos 6:17), hay estaciones, y sus acciones salvadoras a favor de su pueblo siempre han tenido una variedad de énfasis, objetivos y sabores.

Cuando Dios dice
"Estoy haciendo algo nuevo",
no necesariamente significa algo
que nunca haya hecho antes

Mire lo que declara La Biblia sobre la manera de Dios de comunicarse con su pueblo: *"Dios, habiendo hablado muchas veces y de* _muchas maneras_ *en otro tiempo a los padres por los profetas..."* (Hebreos 1:1, énfasis agregado).

Cómo Dios ve "lo nuevo"

Amo a los profetas. Nos ponen en movimiento hacia una dirección y luego nos dan la vuelta completa en el término de minutos. Considere las palabras de Isaías: "Permítanme recordarles cómo Dios sacó al pueblo de Egipto". El profeta les da un reflejo sobre un milagro maravilloso, pero no les deja quedarse en esa memoria. "!Olviden eso!" y cita a Dios: *"He aquí que yo hago* _cosa nueva_*; pronto saldrá a luz; ¿no la conoceréis?"* (vea Isaías 43:18-19, énfasis agregado). Aquí la cosa nueva de Dios es un nuevo acto. Sin embargo, el profeta utiliza el pasado como un punto de referencia para dirigir a su pueblo hacia delante. Dios hace lo mismo con nosotros hoy. Utiliza hechos pasados de nuestras vidas para estimularnos hacia el próximo nivel. Él hace eso con la adoración en este momento.

Considere sus grandes momentos con Dios. ¿Cuándo fue su último tiempo de encuentro increíble que ha tenido con el Señor?

¿Fue el día en que recibió la salvación? ¿O será aquel momento cuando Dios se encontró con usted y lo sanó? ¿O fue cuando lo trajo de regreso como hijo al redil?

Alabamos a Dios por cada bendición, pero no podemos descansar nuestra esperanza en ninguna de ellas. La fe bíblica no relega a Dios al ayer. Si esperamos que Dios actúe hoy únicamente en las formas que ha actuado en el pasado, podríamos perdernos lo que hace ahora para llevarnos a un nuevo lugar. Las acciones de Dios siempre serán bíblicas –nunca se mueve de ese fundamento– pero eso no significa que no va a variar.

El inicio de algo nuevo

Cuando el Señor lanza algo nuevo, construye nuevas relaciones con nosotros. De hecho, esa frescura de relación es la piedra fundamental para cada nueva estación y cada nueva apertura espiritual. Sin embargo, si tiene que haber una nueva relación debemos abrir nuestros corazones. Allí es donde entra la adoración y el porqué de su gran importancia. A través de la adoración tenemos contacto íntimo con Dios y liberamos sus bendiciones. A medida que nos acercamos a Él en verdadera adoración, renovará y reformará nuestros corazones y veremos su corazón.

Cuando el Señor lanza
algo nuevo, edifica nuevas relaciones
con nosotros

Otro aspecto de lo nuevo es la muerte. Demos morir a algo para que venga la nueva vida. Por ejemplo, cuando morimos a nuestros viejos métodos de adoración a Dios, la novedad de vida comienza a surgir en nuestros corazones y sobre la Tierra. Cuando adoramos de una manera nueva, concebimos. Y cuando concebimos, damos a luz lo que Dios desea para esta hora y tiempo.

Cuando Dios hace algo nuevo, vamos de un lugar a otro. Nos movemos de fuerza en fuerza, de fe en fe y de gloria en gloria. Observe que no descansamos en nuestra fuerza actual, fe o gloria; más bien vamos adelante tal como lo hicieron los israelitas. Nos movemos de una fuerza a otra, de una fe a otra y de una a gloria a otra. No podemos hacer esto por nosotros mismos, pero a través de la adoración Dios puede llevarnos hasta allí.

En cierta forma, Dios nos lleva progresivamente de una cosa a otra, pero, ¿cómo sabemos que la cosa nueva es lo que Dios desea y cuándo debemos movernos hacia eso nuevo?

Un nuevo lugar

Dios no solamente hace cosas nuevas en los cielos, sino que también trae lo nuevo a nuestras vidas individuales. Estas cosas nuevas pueden ser pequeñas o grandes. Pueden ser giros de actitudes o direcciones a nuevos caminos que cambiarán para siempre el curso de nuestras vidas. Las grandes cosas nuevas pueden ocurrir rápidamente y con frecuencia. Una me sucedió el 31 de diciembre de 1983. Esta es mi historia.

Había orado intensamente por la iglesia en el bloque soviético, particularmente por lo que era aún la Unión Soviética. A medida que oraba, vi la iglesia atada con opresión. Observé al Cuerpo de Cristo de esa nación y conté siete sogas que le impedían entrar bajo la influencia que el Señor quería que tuvieran. El Espíritu de Dios me habló y dijo: "Quiero cortar esas cuerdas".

Tuve un tiempo increíble de oración esa noche y me fui a la cama listo para comenzar un nuevo año. Entonces, un poco después de medianoche, me desperté y el Espíritu de Dios me visitó y me habló. Comenzó a darme una estrategia sobre cómo Él iba a liberar a la iglesia en la Unión Soviética. Dijo: "cambio de liderazgo", y me mostró que cuando el tercer líder viniera al poder en la Unión Soviética la Iglesia tendría una ventana abierta para avanzar. Esa noche pasé aproximadamente dos horas con el Señor y escribí todo lo que me dijo.

A la mañana siguiente me levanté y en el desayuno le conté a Pam, mi esposa, sobre mi visitación. Luego de relatarle los detalles, le anuncié: "Debo estar llamado a la Unión Soviética".

En aquel momento éramos administradores del segundo hogar de niños más grandes de Texas. Nunca olvidaré su respuesta: "Tú podrás estar llamado a la Unión Soviética, pero yo no. De hecho estaba caminando y el Espíritu de Dios me habló, me dijo que Él va a sanar mi cuerpo y quedaré embarazada".

Pam agregó luego: "Este va a ser un camino muy interesante contigo llamado a la Unión Soviética y yo embarazada".

El significado de ser seguidores

Con dos palabras de Dios tan claras, pero contrastantes, sabíamos que teníamos que buscar la dirección del Señor en lo concerniente a nuestro futuro. En mi tiempo devocional aquella noche, el Espíritu de Dios puso esta palabra en mí: "Sígueme". Pam y yo estuvimos de acuerdo en estudiar el principio de seguir a Dios tal como es declarado en la Palabra de Dios.

Al comenzar nuestro estudio en el Antiguo Testamento, miramos la vida de Abraham. Fue llamado a salir de una forma de adoración en Ur de los Caldeos –dirigida a Moloc, la que forma parte del sistema de la reina del cielo– *para seguir* al Dios Santo. Esto llevó a Abraham a un pacto de acuerdo con Dios, repleto de bendición.

Luego de leer Génesis 12 y 15, Pam y yo vimos que podíamos disfrutar de las mismas bendiciones que Abraham, porque como creyentes estábamos injertados en el mismo pacto. Nos dimos cuenta que si íbamos a ver manifestarse nuestras bendiciones tal como Abraham, tendríamos que seguir a Dios y adorarlo en una nueva manera. Tal como Abraham dejó la familiaridad y comodidad de Ur, tendríamos que estar dispuestos a entregar nuestras tradiciones.

En nuestro estudio también nos dimos cuenta de un perfil establecido por Jesús cuando llamó a sus discípulos. Debían dejar sus hogares, carreras, familias, amigos y antiguas formas de prácticas religiosas, y se obligaban a seguirlo. Algunos de los discípulos habían asistido al templo con frecuencia, otros sabían muy poco sobre adoración.

Jesús estableció un ejemplo de una nueva cosa en adoración. Fue directamente al Padre a favor de ellos y les dijo que tenían acceso a la voluntad de Padre para sus vidas. Esto claramente deja demostrada la relación bíblica entre *ir* y *adorar*, la que desata el destino de una persona.

A medida que estudiamos el modelo de Jesús, el Señor despertó en mí estas palabras: "Si aprenden a *seguirme* verán *avivamiento*". "Avivamiento" significa restaurar a la vida lo que ha sido desviado hacia un proceso de muerte. Pensé en el vientre de Pam, y también pensé en la Iglesia de la Unión Soviética. Ambas iban a ver el avivamiento.

Señales en el camino

Pam y yo sabíamos que lo que escuchábamos era de parte de Dios, pero aún así no conocíamos todos los detalles. Una noche íbamos de camino a la reunión de oración en una Iglesia Bautista, cuando paramos para cargar gas. Al comenzar a alejarnos de la estación de servicio vimos un camión muy grande que tenía la palabra "Sígueme" en la parte trasera. Supe que esta era una señal de parte del Señor y seguí al camión. Cuando me aproximé pude leer en letras más pequeñas Harpool Incorporated, Denton, Texas. Pam puso su cara más extraña y me explicó: "Estoy leyendo un libro llamado, *Paz, Prosperidad y el Holocausto*, por Dave Hunt. El libro no es específicamente sobre la Unión Sovietica, pero está dedicado a un grupo misionero ubicado en Denton, Texas, que trabaja en la Unión Soviética".

Ese grupo misionero era Mission Possible Foundation, Inc. Hice una rápida decisión: tomarme el tiempo de vacaciones a la semana siguiente de modo que pudiera visitar a los líderes de la organización para contarles el conocimiento que estaba recibiendo de parte del Espíritu Santo.

Adoración en espíritu y en verdad

Los líderes de Mission Possible me recibieron con mucha disposición y escucharon las preocupaciones de mi corazón. Esa noche Pam y yo fuimos a una conferencia patrocinada por James Robison. Dios utilizó el tiempo de adoración para edificar esta nueva cosa que estaba haciendo en nuestras vidas.

Mientras adorábamos a Dios, Pam y yo nos expresamos de diferentes maneras. Yo estuve exuberante, lleno de un gozo increíble; agitaba las manos por la liberación que Dios había traído a mi vida.

> *Solo sé que Dios me ha
> hecho libre y no puedo evitar
> responder a esa libertad*

Pam, por otra parte, entendía claramente los principios bíblicos de la adoración, pero era más reservada al expresarse al Señor. Ella lo hacía *con palabras,* yo *en espíritu.* Aquella noche lo vi de esta manera: como estábamos –y aún lo estamos– casados, nos pusimos de pie y adoramos como uno. En espíritu y en verdad, y cada vez que, como creyentes hacemos eso, en realidad entramos efectivamente en los propósitos de Dios.

Pam no lo veía exactamente como yo. Aquella noche en el camino de regreso a casa, hizo una observación curiosa: "Solo veo dos lugares en el Nuevo Testamento donde habla de levantar las manos. Tú eres tan expresivo en tu adoración que eso nos ha traído problemas".

Rápidamente le contesté: "No me importa realmente si el principio de levantar las manos está únicamente en la Concordancia de La Biblia. Solamente sé que Dios me ha hecho libre y no puedo evitar responder a esa libertad".

Y agregué, lo que aumentó la tensión entre nosotros dos: "Si alguna vez te vuelves tan desesperada como estuve una vez para permitir que Dios hiciera aquellas cosas que necesitan ser hechas, quizá te expresarías en la adoración de una manera distinta".

Sanidad en la adoración

Al día siguiente regresamos a la conferencia y sentí que la presencia de Dios nos rodeaba. Miré a mi esposa, y tenía las dos manos en el aire y las agitaba. Gentilmente le pregunté: "¿Qué te está pasando?" Entre las lágrimas que corrían por su rostro me dijo: "¡El Señor me está sanando!"

La presencia de Dios comenzó a fluir por su cuerpo. Ella lo describe como algo parecido a un aceite caliente que pasaba por sus venas. El poder de Dios en realidad empujó sus coágulos –resultado de la endometriosis– desde su útero hasta fuera de su cuerpo.

Dos semanas después Pam quedó embarazada. ¡Después quedó embarazada otra y otra y otra y otra vez! El poder de Dios había sido desatado en su cuerpo mientras que adoraba a Dios en una forma totalmente nueva.

En su momento terminé sirviendo como director ejecutivo de la agencia misionera que estaba trabajando en la Unión Soviética. Formé parte de la organización hasta que las cuerdas fueron quitadas de la iglesia en la Unión Soviética y hubo una ventana para el avance del evangelismo.

Pam y yo habíamos seguido a Dios y aprendido a adorar de una nueva manera. Habíamos llegado a un nuevo nivel de unidad en nuestro matrimonio. La adoración había quebrado el poder de la esterilidad en nuestras vidas. La unción de Dios había quebrado el yugo. Si hubiéramos hecho las cosas de la manera que siempre las habíamos hecho, nunca hubiéramos visto la apertura de cosas nuevas que Dios quería que fueran hechas en nuestras vidas.

Algo nuevo en adoración

Dios está haciendo algo nuevo en la adoración. Esto sucede no solamente en las vidas individuales, sino en la Iglesia entera.

A través de los siglos la adoración en sí misma ha girado, creci-
do y florecido. Desde los cantos gregorianos del cuarto siglo
hasta los himnos de Wesley del siglo XVIII, han existido muchas variaciones. Solamente en el siglo XX hemos recorrido un
espectro completo desde las tonadas *gospel* de George Beverley
Shea hasta quedar profundamente sumergidos en la presencia
de Dios en La Viña y el modelo intensivo de veinticuatro horas
de Mike Bickle, de la Casa Internacional de Oración de Kansas
City, Missouri.

*Cuando Dios hace algo nuevo,
crea un fresco sonido que podemos
escuchar en el ámbito de la Tierra*

Al doblar la esquina de un nuevo milenio vimos otro impulso
de giro en la adoración, que puede estar relacionado con la obra redentora de Dios en nuestro tiempo y ser el eje de la batalla espiritual en ambos lados, la Tierra y el cielo. Avanzamos a una
adoración íntima, estratégica, de guerra.

Cuando Dios hace algo nuevo, crea un sonido fresco que podemos escuchar en el ámbito de la Tierra. Es más, creo que este sonido fresco se levanta también en los cielos.

> *Así dice Jehová, el que abre camino en el mar, y senda
> en las aguas impetuosas; el que saca carro y caballo,
> ejército y fuerza; caen juntamente para no levantarse;
> fenecen, como pábilo quedan apagados. No os acordéis
> de las cosas pasadas, ni traigáis a memoria las cosas
> antiguas. He aquí que yo hago cosa nueva; pronto sal-
> drá a la luz; ¿no la conoceréis? Otra vez abriré cami-
> no en el desierto, y ríos en la soledad* (Isaías
> 43:16-19).

Deje a un lado las formas en que siempre se hicieron las cosas. Ábrase a las cosas nuevas de Dios. Escuche el sonido de Él. ¡Levántese! Ascienda al salón del trono de Dios. Reciba esta unción y avance hacia la adoración estratégica, de guerra.

Notas

1. "Así lo hemos hecho siempre", *Murphy en la mañana. http.//* www-.murphyinthemorning.com/banana.htm (entrada 11 de julio de 2002)
2. *The New Strong's Exhaustive Concordance of the Bible*s.v."kainos". En realidad hay cuatro palabras griegas para "nuevo": *agnaaphos* (suave), *kainos* (fresco), *neos* (joven) y *prosphatos* (muerto últimamente o reciente). Kainos tiene el sentido de nuevo en forma o calidad, en tanto neos implica nuevo en tiempo. Para entender lo que Dios hace que es nuevo en adoración, deberíamos utilizar *kainos*, nuevo en forma y calidad.

CAPÍTULO 2

Ir hacia donde Dios está

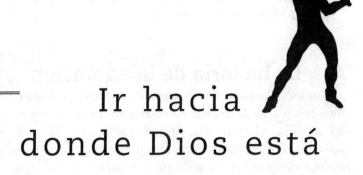

E l evangelista y pastor Greg Laurie ha identificado el problema predominante que enfrentan todos los seres humanos. "Cada uno de nosotros tenemos un hueco en nuestro corazón, un vacío espiritual en la profundidad de nuestra alma, 'un espacio en blanco con la forma de Dios'"[1] Algunos cristianos han llamado a esto el vacío moldeado por Dios. En este libro John Dickson y yo queremos llevar ese vacío hacia la presencia transformadora del Dios santo. En sus manos nos volvemos como arcilla y podemos ser moldeados a su imagen. Una vez que hemos sido formados a la imagen de nuestro Dios santo, entonces podemos lograr el propósito para el que nos creó.

¿Qué tiene que ver la adoración con esto? La adoración es la respuesta humana a la percepción de la presencia de un ser divino. Esta debe ser una presencia que trascienda la actividad humana normal. Estamos hechos para adorar. A medida que adoramos, nos movemos en un ámbito de fe que grada a Dios.

Jehová reina; temblarán los pueblos. Él está sentado sobre los querubines, se conmoverá la tierra. Jehová en Sión es grande, y exaltado sobre todos los pueblos. Alaben tu nombre grande y temible; Él es santo. Y la gloria del rey ama el juicio; tú confirmas la rectitud; tú has hecho en Jacob juicio y justicia. Exaltad a Jehová nuestro Dios, y postraos ante el estrado de sus pies; Él es santo (Salmos 99:1-5).

La historia de la adoración

Cuando adoramos nos postramos o inclinamos delante de alguien en un acto de sumisión o reverencia. La adoración en realidad significa rebajarse uno mismo. Es lo opuesto de la auto exaltación. Por lo tanto, exaltar al Señor en realidad significa para nosotros caer a sus pies y honrarlo por quien es Él en nuestras vidas. La Biblia nos dice que Dios es exaltado sobre todos los pueblos. Eso significa que cuando adoramos debemos llegar hasta el lugar donde Dios está.

Si somos creyentes y hemos recibido a Jesús como el Señor de nuestras vidas, sabemos que somos sus templos y que su Espíritu mora dentro de nosotros. Sabemos que Dios descendió al ámbito de la Tierra y se hizo conocer a través de su Hijo, Jesús.

Sabemos que cuando Jesús se levantó de la tumba venció la muerte y el infierno. Sabemos que Jesús ascendió a los cielos, y al ascender dio dones a la humanidad. También sabemos que dejó al Espíritu Santo aquí sobre la Tierra para llenar nuestros espíritus humanos –ese vacío– y conectarnos con el ámbito celestial donde se sienta a la diestra de su Padre. Sabemos que Jesús es nuestro mediador. En favor de nosotros se presenta confiadamente delante de nuestro Padre santo en el salón del trono.

El acto de la adoración satisface dos aspectos: nuestro deseo de honrar a Dios y que se cumpla el deseo de Dios para nosotros. La verdadera adoración debe tener un enfoque único sobre el objeto que se adora. Todo lo demás debe ser dejado a un lado; de esa forma el adorador queda cara a cara con el objeto de su veneración.

Como creyentes, debemos ir y postrarnos, dejando atrás ángeles, santos, templos, reliquias, objetos religiosos, padres, esposos, hijos, otros creyentes, amigos, poderes y autoridades. Si vamos a cumplir los propósitos de Dios en nuestro día, debemos presentarnos ante Él.

Imagine a su perro favorito. Él o ella probablemente vienen a usted, con afecto lamen su mano, y lo miran con ojos cálidos; en realidad dicen: "Estoy aquí para servirlo. Es la persona más importante de mi vida. Estoy deseoso de obedecer cada orden suya. Tire una rama, y yo se la buscaré. Ordéneme que vaya hacia esa agua fría y alegremente lo haré".

De esta manera deberíamos ser cuando adoramos a Dios.

Jugar a las escondidas. Nuestra elección

Imagínese caminando, hablando y teniendo comunión con el Espíritu de Dios todo el día. Así es cómo sucedía con Adán y Eva en el Jardín. Su comunión era tan poderosa que el trabajo y la adoración eran lo mismo.

Esta comunión perfecta hizo que el Jardín prosperará. Este fue el plan máximo de Dios. Satanás odiaba esta comunión perfecta. Él sabe el poder que tenemos en el ámbito terrenal cuando verdaderamente caminamos y hablamos con el Señor. Por lo tanto, tenía que encontrar una manera de interrumpir la prosperidad en el Jardín. Tenía que acusar a Dios por encima de su palabra, desafiar al Espíritu Santo y hacer que Eva cuestionara lo que Dios había dicho. Este cuestionamiento y el apoyarse en su propio razonamiento fue realmente la primera desviación de la verdadera adoración.

El razonamiento siempre nos lleva a la desobediencia. Por lo tanto, Adán abandonó el verdadero plan de adoración y desobedeció a Dios. Una vez que ambos, hombre y mujer, estuvieron desconectados de esta perfecta comunión, comenzaron a reconocer cosas que nunca antes habían visto.

Génesis 3:8 registra lo que sucedió después. Adán y Eva *"Oye-ron la voz de Jehová Dios que se paseaba por el huerto (...) [y] se es-condieron de la presencia de Jehová Dios"*.

Encontramos la misma idea de escondernos de Dios en Apocalipsis 6:16, pero allí se aplica a la condición de la humanidad, a menos que nos reconciliemos con Dios por medio de la adoración.

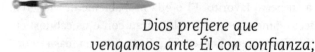

Dios prefiere que vengamos ante Él con confianza; y caminemos y hablemos con Él

Escondernos es exactamente lo contrario a lo que Dios desea que hagamos. Dios prefiere que vengamos ante Él con confianza, y caminemos y hablemos con Él. La pregunta que el Señor le hizo a Adán es escalofriante *"¿Dónde estás?"* (Génesis 3:9). Estoy seguro que Dios hoy nos hace a muchos esta pregunta.

¿Dónde estamos?

La guerra de adoración sobre la Tierra

El Señor respondió a la interrupción de su plan de comunión y adoración. Maldijo a la serpiente y profetizó a la mujer, le prometió que su simiente iba a aplastar la cabeza de la serpiente. Luego maldijo la Tierra y le dijo a Adán que ahora debería trabajar en medio de lo que había maldecido. Antes de eso, Adán había adorado y trabajado. Ahora, iba a transpirar y esforzarse.

Si continuamos leyendo en Génesis, encontramos que luego de la caída la adoración se transforma en la más grande contienda entre la humanidad y Dios. En Génesis 4 Abel adoró en una forma que agradó a Dios. Caín, por otro lado, deseaba adorar a su manera. Cuando nos negamos a cambiar y adorar a Dios de la forma en que Él desea ser adorado, cometemos el mismo error de Caín.

Fuera de la presencia de Dios

Observe cuando Caín adoró de la forma que él quería, esto resultó en contienda, celos, competencia, auto exaltación, odio, envidia y, en su momento, asesinato. Sin embargo, encontramos otro patrón desastroso registrado en Génesis 4:16: *"Salió, pues, Caín de delante de Jehová"*.

Estar fuera de debajo de la presencia de Dios es probablemente lo más temible que yo pueda pensar. Cuando no adoramos de la manera que el Señor desea que adoremos y de la forma que Él merece ser adorado, comenzamos a crear nuestra propia sociedad. Esta sociedad a la manera del hombre está edificada alrededor de ideas propias y filosofías. Tal sistema engendra la idolatría.

En Nod, Caín y su esposa comenzaron a tener hijos. Un hijo edificó una ciudad "fuera de la presencia de Dios". Otros vivieron en tiendas y tenían ganado. Esto significa que el sistema de agricultura completo estaba fuera de la presencia del Señor. Jubal fue el padre de todos los que tocaban la flauta y el arpa. Esto significa que la música estaba fuera de la presencia del Señor. Hubo una enseñanza a todos los artesanos de bronce y hierro. Esto significa que las fábricas e industrias estaban fuera de la presencia del Señor.

Cinco generaciones más tarde leemos que Lamec, un descendiente de Caín, mató a un hombre (vea Génesis 4:23). Cuando estamos fuera de la presencia del Señor, patrones inicuos pasan de generación en generación. Asimismo, llevó varias generaciones para que la adoración apropiada hacia Dios se restaurara:

> *Y conoció de nuevo Adán a su mujer, la cual dio a luz un hijo, y llamó su nombre Set: Porque Dios (dijo ella) me ha sustituido otro hijo en lugar de Abel, a quien mató Caín* (Génesis 4:25).

Dios siempre tiene una semilla justa que Él trae a una generación que está deseosa de restaurar su plan máximo de adoración y comunión en la Tierra.

Y a Set también le nació un hijo, y llamó su nombre Enós.
Entonces los hombres comenzaron a invocar el nombre
de Jehová (Génesis 4:26).

La comunión fue restaurada. Los hombres sabían que los patrones inicuos que operaban en su ciudad, en la agricultura, en la industria y en la fabricación, podrían ser cambiados si adoraban al único Dios verdadero.

Temas en la adoración en este tiempo

En cada generación Dios tiene un remanente que ansía clamarle. Él ha puesto ese deseo en los corazones de las personas. El más grandioso deseo en cada uno de nuestros corazones debería ser caminar completamente restaurados en el ámbito terrenal. Cuando Dios nos creó, antes de la fundación del mundo, tuvo un propósito máximo para cada uno de nosotros. Hay algo en cada uno que dice: "Señor, quiero cumplir tu deseo para mí durante el tiempo que tengo aquí sobre la Tierra. Cuando te vea, quiero que me digas 'Has hecho bien buen siervo y fiel'". Esto es posible para cada uno de nosotros.

Cualquiera que sea el problema de su vida,
la clave es adorar a un Dios santo

Cualquiera que sea el problema de su vida, la clave es adorar a un Dios santo que lo ha creado y conoce todo sobre usted, sus fracasos, faltas, inseguridades, pecados dominantes y temores. Lo más importante, es que Él se sienta sobre su trono, omnisciente, y dice algo así: "Conozco tu destino final y sé cómo sacarte de donde estás ahora y llevarte donde deseo que estés; sé por qué razón te he creado. Si me adoras, te visitaré, puedo decirte cómo salir de las acechanzas de tu camino y continuar hacia delante. Aún puedo revelarte las cosas por venir que son pertinentes a tu vida y mundo".

Dios puede seguir y decir algo que te dejará sorprendido, palabras que están en el centro del mensaje de este libro. Él podría decir algo así: "Asciende al salón del trono porque es allí donde me revelaré a ti y hablaré contigo mi deseo para tu vida. Estos son días de restauración. Puedo restaurar tus pérdidas, pero dedícate a adorarme. Mi Hijo te ha dado acceso al salón de mi trono. Mi Espíritu puede hacer que asciendas y estés envuelto por mi amor. Sube, de modo que pueda revelarme a ti en una nueva forma y haré que mi Palabra se transforme en algo real para ti, que pueda guiarte en el camino que he establecido para ti.

Este es un tiempo para adorar. Si me adoras, sabrás cómo avanzar en el camino que tengo para ti en los días que se avecinan. Me haré uno contigo y derribaré a cada enemigo que está en tu senda. *Asciende* hacia el salón de mi trono mientras adoras. *Desciende* de regreso al campo de la cosecha y guerrea para que esta se desate. Estoy listo para que la cosecha venga a mi Reino".

¿Ascender en adoración? ¿Y descender en guerra? ¿Cómo es posible?

Asciende: ¡subamos!

Ascender es levantarse, subir, ir hacia arriba, crecer, aumentar, saltar, iluminarse, estar de pie, recuperado y restaurado. Esto viene de la palabra hebrea *alah*, que no es la misma palabra que corresponde al nombre del dios musulmán, Allah; más bien es lo que Elohim, Adonai, Jehová, Jesús –el único Dios verdadero– nos llama a hacer.

Encuentro interesante que Dios instruya a su pueblo a *alah* y a adorar. Debemos confiadamente levantarnos, ascender, ingresar al salón del trono y adorarlo. Cuando seguimos esta secuencia, la estrategia de restauración de Dios nos es revelada.

Un pasaje bíblico clave es Amós 9. Este capítulo trata sobre la restauración del Tabernáculo de David.

El Señor, Jehová de los ejércitos, es el que toca la tierra, y se derretirá, y llorarán todos los que en ella moran; y crecerá toda como un río, y mermará luego como el río de Egipto. Él edificó en el cielo sus cámaras, y ha establecido su expansión sobre la tierra; él llama las aguas del mar, y sobre la faz de la tierra las derrama; Jehová es su nombre (vv. 5-6).

Con frecuencia pasamos por alto estos versículos; sin embargo, es vital que los entendamos. Cuando adoramos vamos hacia arriba. Las "cámaras" son como los escalones y escaleras de las cámaras superiores a través de los cielos que el Señor Jesucristo ha pavimentado. Es un camino que lleva al salón del trono.

Estas cámaras son como bóvedas que tienen llaves. Jesús nos da las llaves para abrir cada bóveda a medida que ascendemos y nos acercamos a Él en adoración. Imagine cada bóveda llena de tesoro. Luego finalmente logramos acceso al salón del trono. Estas "cámaras en el cielo" también están conectadas con los "estratos en la Tierra" del Señor. De modo que a medida que ascendemos en adoración y vamos al salón del trono, los estratos de la Tierra comienzan a abrirse. Este planeta que llamamos hogar cambia y recibe la gloria de Dios.

¿Qué es ascender en adoración?

En un cementerio de Londres hay una tumba y una lápida con unas palabras muy inusuales y hermosas. Fue erigida por el famoso pastor Joseph Parker para su amada esposa. Él no quería escribir la palabra "murió". En lugar de eso, eligió la mejor palabra "ascendió". Poco tiempo después, cuando él murió, sus amigos hicieron grabar su lápida con la siguiente inscripción "Joseph

Parker, nacido el 9 de abril de 1830, ascendió el 28 de noviembre de 1902".[2]

Cuando terminamos nuestro ciclo vital sobre la Tierra, ascendemos para adorar alrededor del trono por la eternidad

Me gusta esto. Cuando terminamos nuestro ciclo vital sobre la Tierra, ascendemos para adorar alrededor del trono por la eternidad. Pero también hemos visto que mientras aún estamos aquí en este ámbito temporal, se espera que ascendamos. Nos ha sido dado acceso al salón del trono. Esto, por supuesto, sucede en un plano espiritual. Nuestros cuerpos no ascienden y no entramos físicamente en el salón del trono. Sin embargo, tal como nos transformamos en uno con Jesús en su ascensión, del mismo modo hay dinámicas espirituales muy reales que operan.

En Efesios, Pablo escribe:

> *La cual operó en Cristo, resucitándole de los muertos y sentándole a su diestra en los lugares celestiales, sobre todo principado y autoridad y poder y señorío, y sobre todo nombre que se nombra, no solo en este siglo, sino también en el venidero; y sometió todas las cosas bajo sus pies, y lo dio por cabeza sobre todas las cosas a la iglesia, la cual es su cuerpo, la plenitud de Aquel que todo lo llena en todo. Y él os dio vida a vosotros, cuando estabais muertos en vuestros delitos y pecados, en los cuales anduvisteis en otro tiempo, siguiendo la corriente de este mundo, conforme al príncipe de la potestad del aire, el espíritu que ahora opera en los hijos de desobediencia, entre los cuales*

también todos nosotros vivimos en otro tiempo en los deseos de nuestra carne, haciendo la voluntad de la carne y de los pensamientos, y éramos por naturaleza hijos de ira, lo mismo que los demás. Pero Dios, que es rico en misericordia, por su gran amor con que nos amó, aun estando nosotros muertos en pecados, nos dio vida juntamente con Cristo (por gracia sois salvos), y juntamente con él nos resucitó, y asimismo nos hizo sentar en los lugares celestiales con Cristo Jesús, para mostrar en los siglos venideros las abundantes riquezas de su gracia en su bondad para con nosotros en Cristo Jesús (1:20-2:7).

¡Qué emocionante! En el espíritu estamos unidos con Cristo en su ascensión al cielo. Así que, cuando digo ascender, quiero decir levantar, ir hacia arriba y ser restaurado! ¡Caminar en su presencia y luz! ¡Iniciar un día totalmente nuevo! ¡Crecer! ¡Aumentar! ¡Saltar hacia delante! ¡Levantarse y adorar! Isaías 60:1 lo dice así: *"¡Levántate, resplandece; porque ha venido tu luz, y la gloria de Jehová ha nacido sobre ti"*!

He considerado el costo, he cruzado la línea,
no puedo ser comprado, atemorizado, atrapado, o comprometido.
Ahora mi camino es recto, y mi senda es estrecha.
Sé que Dios me mira porque Él cuida de los gorriones,
y descanso sobre el brazo eterno hasta que la tormenta se vaya.
No más murmuración y no más queja;
no más excusas y no más culpas.
No más temor, descreimiento o mediocridad.
Voy a recibir oración, a retribuir mi deuda.
Señor ¡voy a crecer!
Dondequiera que haya necesidad,

puedes estar seguro que voy a aparecer.

Y cuando Jesús venga por su esposa,

no tendrá ninguna dificultad en reconocerme.[3]

Notas

1. Greg Laurie, ed. *New Believer's Bible* (Wheaton, Il., Tyndale House Publishers, 1996, p. A1.

2. Paul Lee Tan, *Encyclopedia of 7,700 Illustrations* (Garland, TX:Bible Com-
munications, Inc. 1996) n.p.

3. Chuck D. Pierce, *Let the Lion of Judah Roar,* (Denton,TX: glory of Zion International Ministries, Inc. 2001).

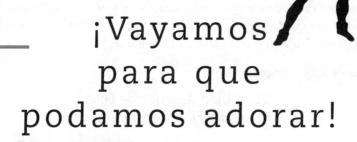

¡Vayamos para que podamos adorar!

C uando yo era niño, iba con mi abuela a la Iglesia Bautista del campo al este de Texas. Esta gente allí sabía cómo adorar a Dios. Siempre observaba con intriga a una señora de alrededor de ochenta años llamada Grimes cuando se ponía de pie, cantaba y movía sus manos. Era como si el Dios de las historias bíblicas fuera tan real para ella que podía realmente sentir su toque.

El pastor le preguntaba "Señora Grimes ¿qué le sucede?" Ella siempre respondía igual "Siento la presencia de Dios a mi alrededor. Él me está hablando".

Observar y mirar a la señora Grimes me infundió el deseo de conocer también la presencia del Señor y escuchar su voz. No solamente quería levantar mis manos cuando cantaba en la iglesia, sino que también deseaba el toque de Dios en todos los contornos de mi vida. Esto es lo que el autor y líder de adoración David Morris llamó un estilo de vida de adoración.[1]

Una mirada más atenta a la vida

Antes de comprender cómo hacer de la adoración nuestro estilo de vida, necesitamos dar una mirada más atenta a la vida misma. La palabra "vida" es utilizada en La Biblia para describir la fuerza de ánimo en ambos, animales y humanos (vea Génesis 1:20; 2:7; 7:15). Nuestra existencia en un cuerpo de carne y hueso está sujeta a un conjunto de sentimientos y experiencias, que incluyen sufrimiento, enfermedad, esfuerzos, tentaciones y pecado. Sin embargo, Dios nos muestra cómo adorar en medio de estas fuerzas resistentes. Podemos vivir una vida abundante y cumplir con el propósito que Dios nos dio aquí sobre la Tierra. Para hacer esto, la adoración debe transformarse en un estilo de vida.

Toda vida depende de Dios
para su creación y sostenimiento

Todo tipo de vida depende de Dios para su creación y sostenimiento. Es bastante fácil tomar y abrazar a Dios como nuestro Creador (vea Génesis 1). Es un poco más duro permitirle ser nuestro sostén. Tendemos a querer tener el control de nuestras vidas diarias y de nuestro destino. Pero si vamos a transformarnos en guerreros de adoración, debemos descubrir cómo podemos mantener el ciclo de vida de Dios que fluye dentro de nosotros. En *Lo mejor está por venir*, Becky Sytsema y yo escribimos sobre el ciclo de vida que Dios nos ha dado:

Dios tiene un ciclo de vida para cada uno de nosotros. Nuestro ciclo de vida comienza en la concepción y se desplaza en la siguiente progresión:

1. La concepción es el comienzo del propósito de Dios cuando nos entreteje en el vientre.
2. El nacimiento es dar a luz la nueva vida que Dios ha creado.

3. La edad es el rendimiento con una conciencia de nuestra necesidad de Dios.
4. Renacemos cuando revivimos desde la oscuridad hacia la luz.
5. Recibimos esperanza buscando y aceptando la expectativa que Dios tiene para nuestro futuro.
6. Debe madurar nuestra fe, para que sea un arma de victoria de Dios.
7. La demostración del poder de Dios y su sabiduría, abre nuestro destino.
8. La manifestación de la gloria de Dios y una realización interna es nuestra identidad en Él.
9. El cumplimiento de nuestro rol en el ámbito terrenal, es cuando enfrentamos la muerte y entramos en la eternidad.

El enemigo ama interrumpir el ciclo de vida en cualquiera de estas etapas, de modo que el cumplimiento de nuestro destino no pueda ser completado. Le encantaría que nosotros perdiéramos el *kairos* o tiempo oportuno en cada una de estas fases precedentes. Si pierdes el tiempo *ahora*, no significa que las cosas nunca estarán en orden nuevamente, significa que pospones lo que Dios desea hacer, y entras en un prolongado período de desierto.

Todos tenemos épocas de desierto que están ordenadas por Dios al movernos de una estación a otra. Sin embargo, podemos prolongar esta estación de desierto. Jesús estuvo así cuarenta días, en tanto los israelitas estuvieron cuarenta años. Los israelitas quedaron cautivos en esta estación de desierto por causa de su incredulidad y dureza de corazón, mientras que Jesús resistió al diablo en su estación de desierto y salió lleno de poder para su futuro. ¡La elección es nuestra![2]

Creo que nuestras decisiones con referencia a la adoración afectan cada fase de nuestros ciclos de vida. Si elegimos adorar en una fase, entonces nos distanciamos de Dios y prolongamos nuestra experiencia en el desierto.

En el libro *God's timing for your life,* Dutch Sheets escribe: "La vida es una serie de cambios, un proceso de pasar de lo antiguo a lo nuevo, de los tiempos *chronos* [proceso general de tiempo] a *kairos* [un tiempo oportuno, estratégico o tiempo de *ahora*] crecimiento, cambio, avivamiento, todos son procesos. La vida está conectada. Al no entender esto, tendemos a despreciar los tiempos *chronos* de preparar, sembrar, creer y perseverar... No estamos perdiendo o gastando el tiempo, estamos invirtiéndolo. Y si lo hacemos fielmente, el cambio *vendrá*".[3]

Dios crea dando su soplo o Espíritu a las criaturas. La vida solamente puede ser dada por Dios, y únicamente Él puede sostenerla. Si dejamos de buscar a Dios nuestra vida en Él va a detenerse. Nos perderemos en nuestra búsqueda de su voluntad sobre la Tierra. Lo que está vivo tiene movimiento. Por contraste, en la muerte cesa todo movimiento. Así que, debemos mantenernos moviéndonos en el Señor.

La manera de desarrollar un estilo de vida de adoración

El Antiguo Testamento utiliza metáforas vigorosas referidas al compañerismo con Dios. Considere lo que escribió el salmista:

> *Porque contigo está el manantial de la vida; en tu luz veremos la luz"* (Salmo 36:9). Otro salmista rogaba que la mano de Dios estuviera sobre él: *"Así no nos apartaremos de ti; vida nos darás, e invocaremos tu nombre"* (Salmo 80:18).

La respuesta apropiada a la vida como el don de parte de Dios es vivir cada día en su servicio (vea Isaías 38:10-20), obedecer la ley (vea Levítico 18:5), hacer la voluntad de Dios (vea Mateo 6:10; 7:21) y alimentarnos de la Palabra de Dios (vea Deuteronomio 6:1-9; 8:3; 32:46-47; Mateo 4:4). Únicamente cuando una vida se vive en obediencia a Dios merece ser llamada vida (vea Deuteronomio 30:15-20; Ezequiel 3:16-21; 18:1-32).

El Nuevo Testamento profundiza este énfasis. Pablo señala:

> *Porque ninguno de nosotros vive para sí, y ninguno muere para sí. Pues si vivimos, para el Señor vivimos; y si morimos, para el Señor morimos. Así pues, sea que vivamos, o que muramos, del Señor somos. Porque Cristo para esto murió y resucitó, y volvió a vivir, para ser Señor así de los muertos como de los que viven* (Romanos 14:7-9).

Tal forma de vida demanda compañerismo con el Salvador que, después de todo, es el propósito de la vida.

Un tiempo de buscar y clamar al Señor

El acto de buscar es parte de la adoración. Expliqué en el capítulo 2 cómo comenzamos a "clamar al nombre del Señor". Sin embargo, debemos movernos más allá de clamar y transformarnos en buscadores de Dios.

En 2 Crónicas 7:14 leemos: *"Si se humillare mi pueblo, sobre el cual mi nombre es invocado, y oraren, y buscaren mi rostro, y se convirtieren de sus malos caminos; entonces yo oiré desde los cielos, y perdonaré sus pecados, y sanaré su tierra"*.

La palabra "buscar" significa explorar, tratar de descubrir, investigar, requerir, tener como fin.[4] En realidad implica que deseamos conocer algo o a alguien, y no paramos de buscar hasta que nos conectamos apropiadamente con esa persona o revelación. ¿Cómo *buscamos* el rostro de Dios? Debemos utilizar cada dimensión de oración y adoración que conozcamos. En el contexto de 2 Crónicas 7:14, que es el más utilizado y citado como pasaje de oración en La Biblia, encontramos que si nos humillamos y buscamos su rostro, Él oirá, perdonará y nos sanará.

Jesús dijo: *"Pedid y se os dará; buscad y hallaréis; llamad y se os abrirá"*. En esta Escritura, el Señor nos enseña a no dudar de pedir lo que necesitamos de alguien en una posición más elevada. En el uso original en griego, esto es como un niño que requiere algo de un padre, o un mendigo que pide sustento a un transeúnte.

> **Dado que Dios está buscándonos, si nosotros lo perseguimos, seguramente lo encontraremos**

Cuando pedimos, no debemos ordenar, sino que debemos ser persistentes y osados. Debemos esforzar cada nervio para encontrar a Dios y recibir de parte de Él. En este contexto es bueno recordar que Dios nos dice que no nos preocupemos por las vestiduras, lo que comeremos o beberemos en los días que vienen. Dice que todas estas cosas las buscan los gentiles, pero que como lo hace con los gorriones, Él cuidará de los que lo adoran (vea Mateo 6:28-34).

Dios también busca a su pueblo: *"Porque los ojos de Jehová contemplan toda la tierra, para mostrar su poder a favor de los que tienen corazón perfecto para con él"* (2 Crónicas 16:9). Dado que Dios nos busca, si nosotros lo perseguimos, seguramente lo encontraremos. Entonces lo mejor que Él tiene para nosotros se realizará. Esto transformará nuestras vidas.

Adoración y transformación

La historia de Jesús y la mujer samaritana en el pozo es conocida para nosotros (vea Juan 4). Jesús pidió beber para satisfacer su sed temporal, pero le ofreció a la mujer agua eterna. Mientras estaban en el pozo, le hizo ver que conocía todo sobre su vida, y le reveló gran conocimiento sobre la adoración.

Jesús le dijo a la mujer que no importaba dónde ella adorara; más bien, importaba que tuviera la actitud correcta de corazón. Entonces le explicó que la adoración sucede cuando un buscador entra en armonía con la naturaleza y el carácter de Dios, y abraza su Espíritu transformador. Dijo que la adoración debe ser transparente, sincera y de acuerdo con los mandatos bíblicos. Lo resumió bellamente así: *"Dios es Espíritu; y los que le adoran en espíritu y en verdad es necesario que adoren"* (Juan 4:24).

Cuando adoramos a Dios en espíritu y en verdad nos ponemos cara a cara con nuestro destino. Nos movemos de obsesión a realidad. Esta es la transformación que sucedió en la vida de la mujer samaritana. El Señor cambió su deseo, que estaba enfocado hacia cada hombre de la ciudad, hacia Él mismo, y luego en llegar a ver la ciudad entera cambiada. Esto es lo que la adoración puede hacer. La adoración individual trae transformación. Pero cuando adoramos individualmente, podemos ver el territorio donde vivimos también transformado.

Cuando adoramos, en realidad quebramos la conformidad y nos movemos hacia la transformación. Pablo escribió: *"Transformaos por medio de la renovación de vuestro entendimiento"* (Romanos 12:2)

Transformar significa cambiar o transfigurar. Esto viene de la palabra griega *metamorphoo*, de la que deriva la palabra "metamorfosis". El diccionario define "transformar" como "cambiar la forma exterior o la apariencia de... cambio en carácter o condición: convertir".[5] En el sentido más amplio, transformación es el cambio de la forma externa y la naturaleza interna. Creo que la única manera que podemos hacer esto es a través de la adoración. Nos saca del patrón del mundo y nos lleva hacia la estructura de vida que Dios hizo para nosotros cuando nos entretejió en el seno de nuestras madres.

Control de nuestros apetitos

En nuestra vida agitadas, con frecuencia entramos en los lugares de comidas rápidas y nos atendemos por la ventana en lugar de

sentarnos y consumir una comida balanceada. Comemos atropella-
damente grandes hamburguesas, papas fritas y otros *chips*. Este fes-
tín fácil satisface nuestra hambre y nos ahorra tiempo, así que
regresamos una vez tras otra, directamente negamos nuestras necesidades nutricionales.

Muchos de nosotros nos acercamos a la adoración de la misma
forma. Andamos por allí llenando el vacío con la forma de Dios de
la misma manera que llenamos nuestros estómagos. Ponemos versículos bíblicos en la heladera, un autoadhesivo en la parte exterior
del automóvil y resaltamos con color nuestro versículo favorito de
los Salmos. Consideramos nuestros magros esfuerzos como adoración, y luego nos preguntamos por qué aún experimentamos un
vacío en nuestras almas. Como no vemos nuestra necesidad de
adoración verdadera, continuamos generando los equivalentes a la
comida rápida. Llega el momento en que debido a la hambruna,
nuestros cuerpos responden de manera equivocada.

John Dickson nos da este pensamiento:

Siempre sabía andar por el lugar donde mi madre coci-
naba sus postres. Quería lamer el recipiente o comer los
restos que quedaban donde hacía el bollo de las masitas.
Siempre deseaba más de lo que quedaba. Un día me permitió comer toda la masa que quisiera. Mi estómago se
llenó muchísimo, pero extrañamente comenzó a do-
lerme. Lo que yo pensé que me iba a proporcionar la máxima satisfacción, me dejó languideciendo tristemente.
Estaba lleno, pero no satisfecho. Nunca más hice eso. Muchas veces esto es lo que nos sucede espiritualmente. Nuestros cuerpos no quieren masa de galletitas; más bien,
desean comida nutritiva. La nutrición apropiada nos da
energías. Nos sentimos bien y tenemos una sensación de
satisfacción por estar comiendo correctamente.
Jesús dice en Juan 6:35: *"Yo soy el pan de vida; el que a mí
viene, nunca tendrá hambre; y el que en mí cree, no tendrá sed
jamás"* (énfasis agregado).

Debemos comer diariamente el Pan Verdadero. Y debemos comer grandes cantidades, así no nos quedamos con hambre y buscamos otros sustitutos, tal como los *chips*, a mitad de la tarde. Un mordiscón no nos llenará. Cuando me siento a comer, necesito más de un garbanzo para quedarme satisfecho. Un garbanzo no me dará la fuerza y energía que necesito para pasar mi día. Si pasara unas semanas comiendo un garbanzo diario me pondría mucho más delgado de lo que soy ahora. Perder peso podría ser una bendición, pero también estaría mucho más débil. Esto también es cierto en cuanto a la vitalidad espiritual. Le damos un mordisco al Pan de la Vida y nos preguntamos por qué estamos espiritualmente agotados y débiles. Sin embargo, un verdadero buscador está lleno. Una vez que estamos llenos y satisfechos con Jescristo, nos transformamos en comida y refresco para otros. Permita al Señor que lo haga rebosar con la totalidad de su vida llena del Espíritu. No solamente quedará satisfecho usted, sino también los que lo rodean.

Pesos que nos impiden ascender

Únicamente por el Espíritu de Dios podemos ascender. Piense en la analogía de un globo de aire caliente. Cuando el fuego calienta el aire dentro del globo hace que este se llene, y le permite al globo en formación comenzar a flotar. De hecho, se necesitan alambres guías para mantener el globo abajo.

Una vez que el Espíritu de Dios
comienza a llenarnos,
Satanás trata de hacer cualquier cosa
para impedirnos ascender

Creo que Satanás trabaja de la misma forma. Una vez que el Espíritu de Dios comienza a llenarnos, Satanás trata de hacer cualquier cosa para impedirnos ascender hacia nuestra posición en el cielo. Traba y retiene nuestros espíritus e intenta mantenernos fuera de la autoridad de nuestra posición en Cristo. Él sabe que si alguna vez llegamos a habitar completamente ese lugar, él quedará eliminado.

A medida que buscamos al Señor y nos ponemos en una postura de adoración, nuestras almas y espíritus son partidos. Así es como somos cortados para estar libres para ascender. Hebreos 4:12 declara:

> *Porque la Palabra de Dios es viva y eficaz, y más cortante que toda espada de dos filos; y penetra hasta partir el alma y el espíritu, las coyunturas y los tuétanos, y discierne los pensamientos y las intenciones del corazón.*

Una vez que sucede esta división, la guerra espiritual se transforma en una realidad. A medida que ascendemos en adoración, también comenzamos a ver más claramente la guerra de resistencia hacia el plan redentor de Dios. Algunas personas llaman a esto ser lleno del Espíritu. Otros el bautismo del Espíritu. Cualquier nombre que le demos, esta es la realidad. Estamos llenos de su Espíritu, así que podemos continuar para cumplir su meta sobre la Tierra. Así lo explica 1 Juan 3:8:

> *El que practica el pecado*[el que practica el mal] *es del diablo* [copia su carácter]; *porque el diablo peca* [violó la ley divina] *desde el principio. Para esto apareció* [se hizo visible] *el Hijo de Dios, para deshacer* [destruir, hacer libres de, disolver] *las obras del diablo* [que este ha hecho].

Somos influenciados por el Espíritu Santo más que por los malos espíritus que en el pasado habían ganado su acceso a nuestras naturalezas humanas.

Nuestros espíritus llegan a conocer la libertad perfecta. Esta parte sobre quiénes somos debe permanecer liviana y flotando, como un globo de aire caliente. Esta es la manera como continuamos creciendo y conocemos el gozo, y somos facultados para hacer la obra del Señor en el ámbito terrenal. Si ascendemos en adoración, entonces cuando Satanás intenta robarnos estos elementos de la vida espiritual, podemos reconocer la pérdida. Sin una vida disciplinada de adoración, no podemos reconocer la opresión o peso que comienza a detener nuestros espíritus para poder ascender hacia la posición que Dios nos ha dado en los cielos (vea Efesios 1-2).

El modelo de Moisés

En La Biblia, cuanto más grande la atadura, mayor era el clamor del pueblo de Dios para que interviniera en su favor. Este clamor hizo que Dios escuchara sus lamentos y recordara el pacto que tenía con sus ancestros. Éxodo 2:25 dice: *"Y miró Dios a los hijos de Israel, y los reconoció Dios"*. Entonces el ángel del Señor apareció a Moisés y lo comisionó para librar al pueblo de Dios, a fin de que pudieran ir y adorarlo en la forma que Él les había ordenado que adoraran.

Lo que fue establecido con Moisés se transformaría en el modelo para los últimos tiempos, no solamente para el Israel de hoy sino también para la adoración. Encontramos un marcado paralelo en el libro de Apocalipsis en lo concerniente a la adoración de los últimos días. Dan Juster, en su libro *Apocalipsis: la clave de la Pascua,* escribe lo siguiente:

El mundo es un paralelo del Egipto de Éxodo. El pueblo de Dios está representado por los israelitas en Egipto. Tal como Israel estaba protegido en Gosén, así Dios hará una marca sobre los creyentes y los protegerá de las plagas. A diferencia de los israelitas, los creyentes estarán protegidos en varios lugares a través del mundo. Los hijos de Israel vencieron al ángel de la muerte, porque la sangre del Cordero estaba sobre los dinteles de sus puertas. Los creyentes de los últimos días vencerán a Satanás por la sangre del Cordero (Jesús), por la palabra de su testimonio y no amando sus propias vidas hasta la muerte. El anticristo de los últimos días es un paralelo de Faraón. Es más, el pueblo de Dios de los últimos días tendrá un escape extraordinario, tal como los israelitas en su escape a través del mar. Esta vez, los creyentes son tomados a través del velo entre el mundo visible y el que no, hacia el cielo, y regresan con el Mesías. Tal como los egipcios neciamente persiguieron a Israel, así las armadas de los anti Mesías tratarán neciamente de perseguir a Israel mediante el envío de sus ejércitos en la Tierra para oponerse a la nación de los judíos y los ejércitos del cielo que regresan con el Mesías. Tal como las tropas de Faraón fueron derrotadas sobrenaturalmente en el mar, así los ejércitos del anticristo serán derrotadas sobrenaturalmente en una gran conflagración (ver Apocalipsis 19; Zacarías 14).[6]

Recuerde: la adoración era el verdadero tema. Moisés confrontaría a Faraón y le diría: *"Dejar ir a mi pueblo a celebrarme fiesta en el desierto"*.

Iba a haber una plaga y una confrontación. Sin embargo, Faraón, un tipo de la figura satánica, endurecerá su corazón y dirá: "No quiero dejarlos ir". Otra plaga vendrá. Finalmente, Faraón estaba deseoso de permitir que una parte del pueblo se fuera, pero no todos (vea Éxodo 5). De la misma forma, hay una progresión que atravesamos para llegar a un lugar establecido de adoración. El enemigo se aferrará a cualquier cosa que pueda dentro de nosotros –individual, corporativa o territorialmente– para impedirnos llegar a ese lugar de adoración que desata las bendiciones del pacto.

Una nueva forma de adoración

Con la plaga inicial Dios dio un giro en la forma cómo su pueblo iba a adorarlo. Esto no es una noción de idiosincrasia; más bien queda claro que la Pascua, que apunta hacia el sumo Cordero de Dios, que es Jesús, instituyó una nueva forma de adoración. Si el pueblo judío iba a ser protegido en medio de esta plaga que en su momento iba a matar a los primogénitos de Egipto, debían ubicar sangre en los dinteles de las puertas.

La sangre de Jesús es el elemento inicial que debemos abrazar si es que vamos a entrar en la verdadera adoración

De igual forma, la sangre del Señor Jesucristo es el elemento inicial que debemos aceptar si es que vamos a entrar en la verdadera adoración, que incluye sacrificio. Dios guiaba a salir al pueblo judío para que lo adoraran; sin embargo, la adoración nunca realmente se grabó en los corazones de esa generación. Debemos tener determinación para cortar lazos con cada patrón de iniquidad de nuestras líneas sanguíneas, de modo que podamos ir hacia el lugar total de adoración, servicio y sacrificio delante del Señor.

El Señor entendió que el pueblo judío no estaba adecuadamente establecido en la adoración. Por lo tanto, no quería que saliera por el camino de la tierra de los filisteos *"Para que no se arrepienta el pueblo cuando vea la guerra, y se vuelva a Egipto"* (Éxodo 13:17). Dios sabía que tendría que establecer modelos de adoración en ellos antes de que fuera confrontados con otros enemigos; de otra manera iban a replegarse a los viejos patrones y al estilo de vida anterior. Cubriré un poco más este tema en un capítulo posterior.

La magnificación del Señor

La Biblia nos instruye para que magnifiquemos al Señor. El Salmo 34:1-3 dice: *"Bendeciré a Jehová en todo tiempo, su alabanza estará de continuo en mi boca. En Jehová se gloriará mi alma, lo oirán los mansos, y se alegrarán. Engrandeced a Jehová conmigo, y exaltemos a una su nombre"*. ¿Por qué? Porque el programa de publicidad terrenal del diablo ha empequeñecido a Dios ante nuestros ojos. ¡Tenemos que hacerlo grande! Magnifícalo. ¿Cómo? Una manera es alabarlo.

Cuando nos alimentamos del Pan de Vida verdadero, comenzamos con Él a llenar ese vacío con la forma de Dios. Al suceder esto, satisfacemos el deseo natural dentro de nosotros para adorar. Pablo escribió: *"Sino que golpeo mi cuerpo, y lo pongo en servidumbre"* (1 Corintios 9:27). John Dickson admite que se tiene que decir a sí mismo "deja ese bocado". Cuando obedece, comienza a gustar y ver que el Señor es bueno. Isaías 55:1-2 dice:

> *A todos los sedientos: Venid a las aguas; y los que no tienen dinero venid, comprad y comed. Venid, comprad sin dinero, y sin precio, vino y leche. ¿Por qué gastáis el dinero en lo que no es pan, y vuestro trabajo en lo que no sacia? Oídme atentamente, y comed del bien, y se deleitará vuestra alma con grosura.*

Dios ha preparado una mesa delante de nosotros en presencia de nuestros enemigos (vea Salmos 23:5). Su Espíritu dice *"Venid"*. Comamos. Meditemos. Ejercitemos lo que obtenemos de parte de Él. Probemos nuestra salvación. Alabemos. Adoremos.

María: un ejemplo a seguir

El mejor ejemplo bíblico de magnificar al Señor en adoración y engrandecerlo viene de María, y está registrado en Lucas 1. El ángel del Señor visita a María y le da favor. Le anuncia que ella será cubierta con sombra por el Espíritu Santo. Esta sombra que la cubriría es una visitación de la gloria de Dios sobre ella, muy parecida a una nube que iba a rodearla.

El ángel le anuncia a María que será la portadora del Hijo de Dios. Luego le dice que con Dios nada será imposible. María debe sobrepasar su entendimiento para aceptar esto. Llega a un acuerdo total con la palabra y dice: *"He aquí la sierva del Señor; hágase conmigo conforme a tu palabra"*.

El ángel también le anuncia que su parienta Elizabet iba a concebir un hijo. Este nacimiento sucedería primero Cuando María visita a Elizabet, que era mucho mayor, y ve que realmente había concebido un niño, la fe comienza a moverse en el ámbito terrenal. Ambas, María y Elizabet se llenan de fe.

María entonces comienza a cantar una canción de magnificación. Esta canción ha sido conocida a través de los siglos como el *Magnificat*. Es un ejemplo majestuoso para nosotros de cómo deberíamos operar en la magnificación del Señor cuando Él pone en nuestros corazones algo que es demasiado grande para nosotros. Esta es la canción de María:

> *Engrandece mi alma al Señor; y mi espíritu se regocija en Dios mi Salvador. Porque ha mirado la bajeza de su sierva; pues he aquí, desde ahora me dirán bienaventurada todas las generaciones. Porque me ha hecho grandes cosas el Poderoso; Santo es su nombre* (Lucas 1:46-49).

La disciplina de la adoración

Parte de nuestra disciplina en el Señor viene cuando lo adoramos a pesar de nuestras circunstancias. Hebreos 12:5-6 dice: *"Hijo mío, no menosprecies la disciplina del Señor, ni desmayes cuando eres reprendido por él; porque el Señor al que ama, disciplina, y azota a todo el que recibe por hijo"*. La palabra "disciplina" utilizada en este versículo expresa muchos más que simplemente castigo por la desobediencia. En griego es *paideuo*, que significa entrenar un niño y educarlo tanto como disciplinarlo con castigo apropiado cuando hay desobediencia. Este pasaje en Hebreos es una cita de Proverbios 3:11-12: *"No menosprecies, hijo mío, el castigo de Jehová, ni te fatigues de su corrección; porque Jehová al que ama castiga, como el padre al hijo a quien quiere".*

John Dickson dice:

Aquí la palabra hebrea para disciplina, *muwcar,* significa advertencia, instrucción; también restricción. El Señor me estaba entrenando como adorador, educando, advirtiendo, instruyendo y restringiéndome tanto como castigando, tal como un padre corregiría a un hijo en quien se deleita. Algunas veces me pregunto: "Dios ¿qué hice mal? Permíteme saberlo y me arrepentiré". Pero no siempre se trataba de algo que había hecho mal, era una cuestión de lo que el Señor estaba edificando en mí. Había escuchado decir que hay gloria sobre la cima de la montaña, pero la fruta crece en el valle. Nuestra alabanza no puede estar limitada a experiencias en la cima de la montaña. Debe ser examinada en el valle.

No necesitas estar en el ministerio de tiempo completo para vivir un estilo de vida de adoración. Simplemente tienes que orientar esa tendencia natural a adorar hacia la dirección correcta: Dios. Él desea ser parte de nuestras vidas diarias, no simplemente de nuestras mañanas de domingo.

¿Solamente podemos adorar en un edificio con el clima controlado, en un asiento suave, dirigido por músicos talentosos y cantando canciones bien escritas? Al comienzo de nuestra vida cristiana, mi esposa, Violeta, y yo estábamos en una iglesia estancada, pero todos los viernes por la noche una iglesia Episcopal carismática en Dallas, la Iglesia de la Resurrección, tenía un servicio especial de alabanza. Parábamos por allí y refrescábamos nuestras almas. Un viernes por la noche habíamos hecho un viaje de 30 kilómetros.

Violeta llevaba a nuestro hijo menor, Michael, a la clase de niños, y yo buscaba una buena ubicación para sentarme. El templo tenía muchos vidrios y el Sol de la tarde brillaba a través de ellos, justo donde yo había elegido el asiento. Era bastante molesto, pero el asiento era bueno, y sabía que pronto el Sol iba a bajar y comenzaría la música y me perdería en la alabanza. Justo en ese momento, el Señor me habló al corazón:

–"Alábame".

–"Sí, Señor, tan pronto como baje el Sol y comience la música, voy a perderme en alabanza a ti".

–"Alábame ahora" –fue la respuesta.

–"¿Ahora, sin nada de música, y con el Sol brillando sobre mis ojos?"

–"Sí, ahora".

Me paré, levante las manos y, antes de que el equipo de adoración tuviera la oportunidad de dirigirme, abrí mi corazón y ofrecí a Dios sacrificio de alabanza. Lo alabé y adoré. El amor del Padre fluyó sobre mí, fue el mejor momento de adoración que tuve jamás en aquella iglesia. Ya no dependía más de un líder de adoración para que me dirigiera.

Determinación para alabarlo

John Dickson tiene muchas historias y ocurrencias grandiosas; aquí hay otra:

Durante varios años fui propietario y trabajé en una librería cristiana. Esta fue una experiencia maravillosa, pero hubo un tiempo cuando el negocio atravesó una profunda crisis financiera. Pensé que iba a fundirse. Fue un tiempo de mucho estrés, tensión y ansiedad. Un sentimiento de temor me quemaba en el estómago, pero el Señor me instruyó que fuera al negocio dos horas antes de abrirlo cada día, y caminara alrededor de su interior, y que levantara mis manos y lo alabara. Mi corazón se derretía como cera en mi interior, sentía mis manos como peso de plomo, mi boca parecía polvo de arena. El temor y el pánico eran mis pensamientos, no la alabanza. Pero sabía lo que necesitaba hacer. Job había testificado: *"Aunque él me matare, en él esperaré"* (Job 13:15). Comencé a caminar alrededor, alabando con todos mis pulmones. Como David, dije: *"Bendice alma mía a Jehová; y bendiga todo mi ser su santo nombre"* (Salmos 103:1). Algunas veces simplemente tenemos que decirle a nuestra alma qué tiene que hacer. Nuestra alma no siempre siente alabarlo. Mientras lo alababa como un acto de mi voluntad, mi espíritu comenzó a despertarse dentro de mí. A medida que mi alma comenzó a alinearse con mis proclamaciones, un fluir de unción comenzó a desatarse. La nube de opresión se levantó, y la presencia de Dios entraba en mi negocio. Con el tiempo la situación se dio vuelta, y supe que no era por mis sutiles negocios perspicaces. Soy un líder de adoración. Rara vez logro balancear mi chequera. Podría escribir tres canciones en el tiempo que me lleva luchar controlando mi resumen de cuenta bancario. Fue el Señor. Él cambió las circunstancias que me rodeaban porque lo alabé en el lugar difícil.

Fue el Señor. Él cambió las circunstancias que me rodeaban porque lo alabé en el lugar difícil

Así que, lo que hago como líder de adoración no fue aprendido en la plataforma, sino en la vida diaria. Allí es donde nuestra adoración debería ser la más fuerte y vibrante. No es nuestro entrenamiento musical el que nos califica como adoradores, sino nuestros corazones entregados a Dios. Y Matt Reman escribe:

> El corazón de Dios ama a un adorador perseverante que, aunque esté colmado de problemas, está mucho más colmado por la belleza de Dios. [7]

Cuando Pablo y Silas fueron golpeados y arrojados en la cárcel, los encontraron alabando (vea Hechos 16:25). Jonás alabó desde el vientre del gran pez (ver Jonás 2). Cuando los azotaron, Pedro y los apóstoles se regocijaron de que habían sido considerados merecedores de sufrir vergüenza por el nombre de Jesús (ver Hechos 5:40-41). Pedro escribió más adelante:

> *En lo cual vosotros os alegráis, aunque ahora por un poco de tiempo, si es necesario, tengáis que ser afligidos en diversas pruebas, para que sometida a prueba vuestra fe, mucho más preciosa que el oro, el cual aunque perecedero se prueba con fuego, sea hallada en alabanza, gloria y honra cuando sea manifestado Jesucristo (1 Pedro 1:6-7).*

Cuando las cosas son maravillosas, lo alabamos. Cuando son horribles, lo alabamos. Estemos felices o tristes, aterrorizados o aburridos, nos hemos decidido a ofrecer a Dios nuestro sacrificio de alabanza. Todo en nosotros debería dar alabanza al Señor.

Una forma de alabarlo todo el día

Mas vosotros sois linaje escogido, real sacerdocio, nación santa, pueblo adquirido por Dios, para que anunciéis las virtudes de aquel que os llamó de las tinieblas a su luz admirable (1 Pedro 2:9).

Pablo nos exhorta a ¡regocijarnos en el Señor *siempre!* (ver Filipenses 4:4). El rey David dijo: *"Su alabanza estará de continuo en mi boca"* (Salmos 34:1, énfasis agregado). Asaf declaró: *"De ti será siempre mi alabanza"* (énfasis agregado). Salmos 119:164 dice: *"Siete veces al día te alabo a causa de tus justos juicios"*.

Si consideramos al último salmista literalmente, significaría que debemos alabar a Dios con pocas horas de diferencia. Podríamos establecer la alarma de nuestro reloj pulsera para que nos alerte: 9 de la mañana, riiiiiing... "Señor no te he alabado desde que me levanté esta mañana. Déjame decirte cuánto representas para mí. Te amo, Señor". 11 de la mañana, riiiiiing... "Señor, llego tarde a mi reunión. Tú eres mi fuerza y mi salvación. Sé que puedes ayudarme. Te alabo con todo mi corazón". "Tú eres mi ayuda siempre presente en tiempos de necesidad". Si hiciéramos esto nuestro día tomaría una perspectiva diferente. Podría aún encontrarnos alabándole en medio de las dificultades. Riiiiiiing... 5 de la tarde: "Señor, ¡me olvide el aniversario! Señor, gracias por tu enorme gracia. Derrama tu gracia en mi esposa en este preciso momento, Señor, antes de que llegue a casa. Tú eres un buen Dios" Riiiiing... 11 de la noche: "Señor, muchas gracias por ayudarme durante todo este día. Te amo y... zzzzzzzzzz".

Comienza la procesión

Algunas personas solamente quieren adorar, y otras solamente ser guerreros. Ambas: alabanza y guerra son necesarias. La guerra debería surgir de la adoración.

En el Cantar de los Cantares de Salomón encontramos un principio clave. Este libro del Antiguo Testamento presenta un apasionado intercambio entre un hombre y una mujer con el amor como tema central. El Cantar celebra el potencial del amor cuando es expresado en el pacto del matrimonio. Esto refleja la relación entre Dios y el hombre.

El Cantar de los Cantares de Salomón dice:

> *¿Quién es esta que sube del desierto como columna de humo, sahumada de mirra y de incienso y de todo polvo aromático? He aquí es la litera de Salomón; sesenta valientes la rodean, de los fuertes de Israel. Todos ellos tienen espadas, diestros en la guerra; cada uno su espada sobre su muslo, por los temores de la noche. El rey Salomón se hizo una carroza de madera del Líbano* (3:6-9).

La litera, o cama matrimonial real, cuando sale del desierto hacia Sión es una descripción de la marcha del Arca del Pacto. Esta es la misma jornada que cada uno de nosotros deberíamos hacer en adoración. ¿Quién es esta que sube del desierto? Es una buena pregunta para que cada uno nos hagamos. Podríamos decirlo así: ¿Vamos a continuar siguiendo la columna de fuego y la nube, o vamos a entrar en la tierra prometida?

Este concepto relaciona la adoración con los guerreros. Implica que los que adoran y acarrean el Arca tendrán espadas y serán expertos en la guerra. Por lo tanto, cuando adoramos, la presencia de Dios nos rodea. Su presencia también nos equipa para la guerra.

Notas

1. David Morris, *A Lyfestyle of Worship* (Ventura, CA. ; Renew, 1998) n.p.
2. Chuck D. Pierce y Rebecca Wagner Sytsema, *The best is yet ahead* (Colorado Springs, CO: Wagner Publications, 2001), pp. 27-28.
3. Dutch Sheets, *God´s Timing for Your Life* (Ventura, CA: Regal Books, 2001), pp. 17-18.
4. *Merriam-Webster's Collegiate Dictionary,* 10th ed., s.v. "buscar".
5. Ibid., s.v. "transformar".
6. Dan Juster, *Revelation: The Passover Key* (Shippensburg, PA: destiny Image Publishers, 1991), p. 19.
7. Matt Redman, *The Unquenchable Worshipper,* (Ventura, CA. :Regal Books, 2001). n.p.

CAPÍTULO 4

Jesús ascendió

Levántate hacia tu trono, León de Judá,
haz conocer tu gloria a través de toda la Tierra,
a medida que ascienden tus alabanzas.
Que tu reino sin fin
sea establecido en toda la Tierra.
CHUCK D. PIERCE, DEJA RUGIR AL LEÓN DE JUDÁ

Jesús fue el máximo adorador. Su ejemplo de búsqueda del Padre debe ser el que siga cada uno de nosotros.

En una boda, cambió el agua en vino. Esto inició el mover de la gloria de Dios sobre la Tierra de una forma que la humanidad jamás había conocido. Su gloria se manifestó en todos los lugares donde iba. Sanó gente. Quebró el poder de la muerte al volver a la vida a algunos. Les enseñó una nueva forma y método de adoración. Reunió discípulos y les enseñó cómo buscar al Padre. Evadió al enemigo, de esa manera se mantuvo en el horario perfecto

establecido por el Padre. Enfrentó a sus enemigos con confianza, revelación y quietud. Resucitó a uno de sus más queridos amigos y le sacó las ropas de la muerte. Esto intensificó la animosidad a lo largo de su camino. Sin embargo, Lucas 9:51 dice: *"Cuando se cumplió el tiempo en que él había de ser recibido arriba, afirmó su rostro para ir a Jerusalén"*.

Cuando Jesús entró en Jerusalén, demostró gran emoción, lloró sobre la ciudad, pues sabía que sería rechazado por su pueblo. Su seguimiento y adoración del Padre lo llevó a la cruz. La burla a la adoración que sucedió al pie de la cruz no le impidió de permanecer colgado en obediencia delante del Padre. En este punto, entregó su Espíritu y se rindió completamente de vuelta al Padre. De la cruz, fue llevado a la tumba. Sin embargo, porque fue obediente y completamente sumiso, la tumba no pudo retenerlo. El Padre Dios lo llenó de poder para vencer la muerte, descender al infierno y luego ascender para estar sentado al lado del Padre en el salón del trono. ¡Qué ejemplo de adorar y continuar avanzando!

Jesús y la ascensión

Por el propósito de este libro, escribo sobre dos ascensiones de Jesús. La primera ascensión es lo que hizo a través de la oración y la comunión íntima con el Padre. Esta es una experiencia que nosotros como humanos también podemos tener. Toda oración bíblica y comunión es un tipo de ascensión al salón del trono y la presencia de Dios.

Por supuesto, Jesús es el ejemplo *por excelencia* de comunión, compañerismo y oración. La oración del Señor es un patrón que dio para que los discípulos siguieran, a fin de enseñarles a tener igual intimidad y compañerismo con el Padre.

La segunda ascensión es la histórica a los cielos, la que está registrada en Hechos 1. Allí vemos que Jesús es recibido dentro de una nube y regresa al Padre. El Nuevo Testamento declara que Jesús ascendió y se sentó a la diestra del Padre (vea Hebreos 1:1-3).

Desde los cielos actualmente reina, y desde los cielos volverá nuevamente a juzgar a vivos y muertos.

Es sobre la base de esta segunda ascensión que Efesios 4:7-12 nos muestra:

> Pero a cada uno de nosotros fue dada la gracia conforme a la medida del don de Cristo. Por lo cual dice: Subiendo a lo alto, llevó cautiva la cautividad, y dio dones a los hombres. Y eso de que subió, ¿qué es, sino que también había descendido primero a las partes más bajas de la tierra? El que descendió, es el mismo que también subió por encima de todos los cielos para llenarlo todo. Y él mismo constituyó a unos, apóstoles; a otros, profetas; a otros, evangelistas; a otros, pastores y maestros, a fin de perfeccionar a los santos para la obra del ministerio, para la edificación del cuerpo de Cristo.

Una maravillosa oración hecha por Pablo está registrada en Efesios 1:15. El apóstol declara que el Dios de nuestro Señor Jesucristo, el Padre de gloria, nos daría el espíritu de sabiduría y revelación, el conocimiento de Él. Luego oró que los ojos de nuestro entendimiento fueran alumbrados, para que pudiéramos conocer la esperanza de su llamamiento para nuestras vidas. Continuó diciendo que Jesús ha puesto todas las cosas bajo sus pies y que le ha sido dado ser cabeza de la Iglesia sobre todas las cosas. Luego dice a la iglesia de Éfeso que, aunque habían caminado en oscuridad y desobediencia, alineados con el príncipe del poder del aire, Dios a través de su rica misericordia y gracia, ha extendido y puesto a disposición su amor, para que podamos revivir con Cristo. ¡Oh, qué maravillosa gracia! El vivificarnos hace que seamos levantados junto a Cristo y estemos sentados con Él en los lugares celestiales. Estamos unidos a Él en su resurrección, ascensión y gobierno. Esta unión nos permite participar de las obras presentes en el poder de su reino.

Porque Jesús ha preparado
el camino para nosotros,
nos ha dado el derecho a ascender

Porque Jesús ha preparado el camino para nosotros, nos ha dado el derecho a ascender y aún nos da un más amplio acceso al salón del trono del Padre que el que tenían los creyentes del Antiguo Testamento. Cuando Él ascendió, otorgó dones a la humanidad. La mayoría de nosotros conoce estos dones como el ministerio de los dones en cinco aspectos. Yo los llamo dones de la ascensión que gobiernan la Tierra. Jesús los desató hacia abajo a los individuos sobre la Tierra, de modo que pudieran mantener los estratos. Sin ascender nosotros nunca podemos llegar a la unidad de estos dones o ejercitar la fe que vence las obras del mal del enemigo en la Tierra.

Operación de los dones hoy

Jesús dio los dones mientras ascendía, con la directiva de que madurarían a través de los siglos hasta que llegáramos a la unidad de la fe y del conocimiento del Hijo de Dios. Sin estos dones en operación, nunca podremos alcanzar esta meta. A través de las generaciones estos dones no fueron maduros y la Iglesia no adoró en su totalidad. Como resultado, el Cuerpo de Cristo fue sacudido con todo viento de doctrina y engaño de hombre.

Hábiles astucias de engañosos argumentos en ciertas generaciones intentaron derribar el poder de Dios para obrar sobre la Tierra a través de la Iglesia. Cuando no adoramos ni intercedemos, y tampoco permitimos que estos dones lleguen al siguiente nivel de madurez en cada generación, la influencia de Dios sobre la Iglesia en el mundo es menor de la que debería ser. Por lo tanto, para que ocurra la total restauración en el ámbito terrenal y que se mantenga, estos dones deben estar en operación.

El deseo de Jesús era que los dones maduraran de generación en generación hasta que Él regresara para buscar a su esposa. La única manera en que podemos llegar a estar sin mancha ni arruga es a través de este proceso de maduración.

¡Este es un tiempo de adoración! Un tiempo para que los intercesores asciendan, adoren y vengan osadamente al salón del trono del Padre. ¡Debemos clamar para que se detengan las astucias sobre la Tierra!

Este es un tiempo para pedir a nuestro Padre que sus dones se manifiesten ¡en todas las naciones sobre la Tierra! Un tiempo para que los profetas se apropien de la revelación que está siendo pedida y declarada de modo que los dones lleguen a una completa operación. Este es un tiempo para los que operan en estos dones, para que adoren de una manera nueva, para lograr las estrategias de Dios y para moverse en su autoridad.

El efecto de la ascensión de Jesús sobre la Tierra

Pensemos acerca de esto por un momento. Mientras la gente miraba, ¡Jesús ascendía! Él había prometido su ascensión durante el tiempo en que entrenó a sus discípulos, antes de su crucifixión. Ahora sus seguidores estaban viéndole cumplir esa promesa.

Es difícil para nosotros apropiarnos del concepto de la ascensión. Sin embargo, si seguimos un poco más, encontramos que la ascensión de Jesús también proveyó promesas y esperanza para nosotros en el futuro; Jesús instruyó a los discípulos sobre el concepto.

Comenzó por enseñares –tal como lo registra Juan 3– sobre el nuevo nacimiento, que es una forma de ascensión. Luego les mostró que por medio del arrepentimiento un nuevo orden de vida se abre para el creyente. Este nuevo orden viene con una abundancia de bendiciones y una relación personal con Dios. El nuevo creyente comenzará a ver el reino de Dios a su alrededor y dentro de él o ella nace la fe. El nuevo creyente en realidad entra en un nuevo ámbito. Así es como experimentamos las promesas de Dios, que se transforman en realidad en nuestras vidas, incluyendo el acceso al salón del trono. Este, sin embargo, no es un concepto fácil de entender. Es probablemente más fácil ascender y entrar en una nueva dimensión de vida espiritual, que entenderlo. Escribo más sobre entrar al salón del trono en los capítulos siguientes.

La relación entre salvación y ascensión

Jesús le dijo a Nicodemo –que era gobernante y fariseo– sobre la experiencia del nuevo nacimiento que debe venir "de arriba"(vea Juan 3). Eso es lo que significa "de nuevo" y "nacer de nuevo". En otras palabras, algo espiritual tendrá que suceder para que sus ojos sean abiertos, y esto tendrá que suceder por el Espíritu.

El Señor le preguntó a Nicodemo cómo podía enseñar a Israel si él no experimentaba lo que enseñaba. Entonces Jesús hace una interesante declaración: *"Si os he dicho cosas terrenales, y no creéis, ¿cómo creeréis si os dijere las celestiales? Nadie subió al cielo, sino el que descendió del cielo; el Hijo del Hombre, que está en el cielo"* (Juan 3:12-13). Esto significa que nuestra experiencia de salvación comienza con un entendimiento de la ascensión, nacer "de arriba".

Jesús continuó diciendo: *"Porque de tal manera amó Dios al mundo, que ha dado a su Hijo unigénito, para que todo aquel que en él cree, no se pierda, mas tenga vida eterna"* (Juan 3:16).

El concepto de la ascensión nos abre la eternidad. Jesús podría haber dicho algo así:

> Si ustedes me aman, me siguen y "nacen de arriba", experimentarán el amor que les tengo. Los he elegido para amarlos. Tengo una inconquistable e imbatible benevolencia que

quiero extenderles. Nunca tendré pensamientos hacia ustedes excepto de muchísimo bien. Estoy motivado para darles amor. Puedo redimirlos del mundo, y de aquel que controla el mundo ¡Adórenme! ¡Asciendan! Y experimenten este amor que les he ofrecido en forma de sacrificio.

Promesas relacionadas con la ascensión

Hay muchas promesas y beneficios relacionados con la ascensión. Por ejemplo, Jesús le dijo a sus discípulos:

> *No se turbe vuestro corazón; creéis en Dios, creed también en mí. En la casa de mi Padre muchas moradas hay; si así no fuera, yo os lo hubiera dicho; voy, pues, a preparar lugar para vosotros. Y si me fuere y os preparare lugar, vendré otra vez, y os tomaré a mí mismo, para que donde yo estoy, vosotros también estéis. Y sabéis a dónde voy, y sabéis el camino. Le dijo Tomás: Señor, no sabemos a dónde vas; ¿cómo, pues, podemos saber el camino? Jesús le dijo: Yo soy el camino, y la verdad, y la vida; nadie viene al Padre, sino por mí* (Juan 14:1-6).

Si nadie puede venir al Padre si no es por Jesús, y Jesús está enseñando en estas increíblemente consoladoras Escrituras el principio de la ascensión, entonces, es probablemente sabio aprenderlo.

Estas están entre las palabras más consoladoras de toda la Escritura, de los propios labios de Jesús recibimos la promesa de su regreso. Él habló estas palabras durante su más íntimo tiempo con sus discípulos, y recibimos su eco como una preciosa promesa a la esposa de Cristo. En este texto Jesús nos habla de paz, un lugar y una promesa. Comienza con una exhortación consoladora para que no estemos atribulados: "tengan paz". Nuestra paz está basada en la fe que tenemos en Dios y Cristo. Sabemos que Él es confiable y que nos da un fundamento de paz sobre el que edificar nuestras vidas.

Segundo, Jesús habló de un lugar. Ha prometido preparar para nosotros un lugar donde tendremos eterno compañerismo con Él. Finalmente, tenemos su promesa personal que regresará para buscarnos. ¡Piénselo! Su firma personal está sobre nuestra salvación; tal como lo hemos recibido, Él viene a recibirnos. Esperamos ese día con expectativa, nos preparamos: *"Y todo aquel que tiene esta esperanza en él (...) se purifica a sí mismo"* (1 Juan 3:3).[1]

Principios de ascensión

Aquí tenemos algunas promesas bíblicas que vienen con la ascensión. Cuando ascendemos en adoración, podemos esperar experimentar estas cosas.

1. Tenemos la seguridad de que se nos ha preparado un lugar celestial (vea Juan 14:1-2).
2. Hay poder en la conexión sobrenatural, y tenemos acceso al Padre y todo su amor (ver Juan 14:5-7).
3. Recibiremos revelación de quién es nuestro Padre (vea Juan 14:21).
4. Jesús ascendió para que el Ayudador (el Espíritu Santo) pudiera venir a la Tierra a favor de nosotros. Por lo tanto, si adoramos y ascendemos se nos promete que el Espíritu Santo llenará nuestras vidas. Traerá convicción cuando pecamos, abrirá el camino para que experimentemos nuestra justicia a través de la fe y condenará al diablo por nosotros (ver Juan 16:7-9).

5. Él nos consolará en nuestros sufrimientos (ver Hechos 7:54-60).

6. Porque Él ascendió, puede revelar el llamado celestial (Hechos 9:1-18).

7. Podemos ver las nuevas puertas que se abren para ministrar sobre la Tierra (ver 2 Corintios 2:12-14).

8. Pueden desatarse sobre nosotros y estar alineados con los dones que nos permitirán demostrar el poder de Dios, su autoridad y gobierno en el ámbito terrenal (ver Efesios 4:7-12).

9. Podemos demostrar el poder que cambia vidas del Evangelio (ver Colosenses 3:1-4).

10. Podemos experimentar al Señor a nuestro lado, que nos fortalece para cumplir su voluntad sobre la Tierra. Podemos experimentar el poder de su ascensión y liberación de toda obra mala (ver 2 Timoteo 4:16-18).

11. Desde su ascensión demostró que la gloria, no la muerte, es la palabra final que obra en nuestras vidas (ver Hebreos 2:9).

12. De la ascensión siempre podemos tener una victoria final (ver Apocalipsis 1:1).

Siga a Jesús en la ascensión

Jesús nos llamó y dijo: *"Síganme"* (ver Juan 1: 43). Amo los pasajes en Juan 1 que registran cómo Él seleccionó a sus discípulos. Llamó a Andrés y a Pedro. Luego encontró a Felipe. Luego, la Palabra de Dios dice que Felipe encontró a Natanael. Felipe comenzó a traer a Natanael a Jesús. Juan 1:47-49 nos relata la historia:

> *Cuando Jesús vio a Natanael que se le acercaba, dijo de él: He aquí un verdadero israelita, en quien no hay engaño. Le dijo Natanael: ¿De dónde me conoces? Respondió Jesús y le dijo: Antes que Felipe te llamara, cuando estabas debajo de*

la higuera, te vi. Respondió Natanael y le dijo: Rabí, tú eres el Hijo de Dios; tú eres el Rey de Israel.

Me encanta cómo la adoración y la ascensión obran juntas. Una vez que vamos hacia el salón del trono y obtenemos revelación de parte del Padre, descendemos –nuevamente, este es un movimiento espiritual no físico– y comenzamos a disfrutarlo aquí sobre la Tierra.

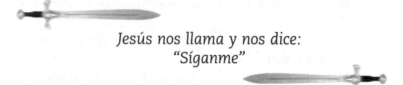

Jesús nos llama y nos dice: "Síganme"

Aprecio la actitud escéptica de Natanael. He descubierto en las tres décadas de caminar con el Señor que permanentemente hago preguntas y tengo dudas. Amo buscar a Dios y luego decirle a otros lo que Él me ha mostrado. Pero mucha gente, por causa de que no han ido al salón del trono a través de la adoración por sí mismos, tienen dificultades para comprender la revelación. De esa manera es cómo respondió Natanael a Felipe. Pero entonces, cuando Natanael vino hacia Jesús junto con Felipe, Jesús le cambió completamente su perspectiva. Jesús desató sobrenaturalmente entendimiento en el carácter de Natanael. Natanael sabía que había sido confrontado con el Hijo de Dios.

Jesús tenía las palabras correctas: *"Antes que Felipe te llamara, cuando estabas debajo de la higuera, te vi"* (v. 48). Porque Jesús se sienta a la diestra del Padre, tiene una vista asombrosa. Sabe todo sobre nosotros. Cuando ascendemos a nuestra posición en los cielos, Él comienza a revelar información y entendimiento. Nos muestra por qué fuimos creados y lo que Dios desea que hagamos. Una vez que Natanael reconoció que Jesús tenía una perspectiva celestial, Jesús pudo revelarle los principios sobre la fe, ascensión, revelación y perspectiva celestial.

Se abre un portal celestial

Respondió Jesús y le dijo: ¿Porque te dije: Te vi debajo de la higuera, crees? Cosas mayores que estas verás. Y le dijo: De cierto, de cierto os digo: De aquí adelante veréis el cielo abierto, y a los ángeles de Dios que suben y descienden sobre el Hijo del Hombre (Juan 1:50-51).

Una vez que reconocemos quién es Jesús, los cielos se abren para nosotros. Esto es lo que Jesús le dijo a Natanael: "Ahora que me has reconocido, tienes acceso a la revelación que nunca antes has tenido".

Una experiencia similar sucedió en la vida de Jacob. Génesis 25-28 nos relata la historia. Isaac dio una poderosa bendición sobre Jacob que iba a trascender a través de las generaciones. Sin embargo, esta bendición pasó por alto el orden terrenal normal del primogénito.

La esposa de Isaac, Rebeca, había visto la debilidad de carácter de su hijo primogénito, Esaú, y por lo tanto puso en su lugar a su favorito Jacob, para que recibiera la bendición. Intentó convencer, reacomodar y manipular los eventos.

En su plan, la bendición pasaría a través de Jacob a las generaciones venideras. ¿Cómo sucedería esto? ¿Cómo se conecta la bendición de Dios y se pasa de generación a generación? La respuesta está relacionada al principio de ascenso y descenso en la adoración.

Nuestros errores no detienen
la formación de la cadena que está ligada
al propósito divino de Dios

Para que Jacob experimentara la totalidad de esta bendición, fue enviado lejos a encontrar una esposa que estuviera alineada con el linaje de la promesa. Mientras tanto, a través del matrimonio, Esaú se encadenó a sí mismo con la descendencia de Ismael. Este es un cuadro de nosotros que entra en las promesas de Dios. También es un cuadro de la verdadera adoración. Tal como notamos anteriormente sobre Caín, Esaú también eligió su propia manera. Sin embargo, Jacob salió a la búsqueda del destino prometido. Jacob y Rebeca tenían sus problemas, pero a través de la adoración, se produjo la redención de este desastre total.

A pesar de nuestras intrigas y connivencias, un Señor soberano aún obra para realizar sus planes. Nuestros errores no detienen la formación de la cadena que está ligada con el propósito divino de Dios. Aún con todas nuestras formas carnales, Dios puede forjarnos para ser acarreadores de sus promesas. Puede ubicarnos en el lugar correcto, en el tiempo correcto y llevarnos hacia su presencia. Porque el Señor ve los eventos desde una perspectiva celestial y gobierna desde una posición de ascensión, Él sabe cómo poner todo en su orden apropiado para que sus propósitos sobre la Tierra puedan ser cumplidos. Él reorganiza completamente lo mejor que está dentro de cada uno de nosotros y nos guía de modo que lo mejor pueda manifestarse. Esto es lo que le sucedió a Jacob.

La transformación de lugares

Jacob, cuando huye de Harán, percibió la presencia del Señor en un sueño: *"Y despertó Jacob de su sueño, y dijo: Ciertamente Jehová está en este lugar, y yo no lo sabía. Y tuvo miedo, y dijo: ¡Cuán terrible es este lugar! No es otra cosa que casa de Dios, y puerta del cielo"* (Génesis 28:16-17). Antes del sueño, el lugar había sido solamente un paraje para detenerse cuando se ponía el Sol (ver el versículo 11), pero cuando se despertó se había transformado en tierra santa.

La presencia de Dios había penetrado en un lugar ordinario, profano, en una forma que había despertado una aguda conciencia de parte de un ser humano. Lo sagrado –santo– y profano están unidos en una experiencia de adoración.

La conciencia de la presencia santa trae a la luz una respuesta de los que la perciben. La respuesta es la adoración y puede tomar muchas formas. La respuesta puede ser privada e intensamente personal, en la forma de oraciones, confesiones, silencio y experiencias de meditación. Jesús dejó a los discípulos detrás en un lugar llamado Getsemaní y se fue a una cierta distancia de ellos para caer sobre la tierra y orar solo al Padre (ver Marcos 14:32-35). De acuerdo con Mateo 26:39, se *"postró sobre su rostro y oraba"*. De acuerdo a Lucas 22:41, *"puesto de rodillas oraba"*. Cada una de estas es una postura física considerada apropiada para adorar en oración.

La respuesta de Jacob hacia la presencia santa de Dios fue tomar la piedra que había utilizado de almohada y establecerla como un pilar: declaró que era casa de Dios. Aparentemente, tenía la intención de que un templo o santuario se edificara allí. Este sería un lugar donde la comunicación podía suceder entre el ámbito divino o celestial, y el ámbito humano o terrenal. Los mensajeros de Dios continuamente subirían y bajarían llevando las peticiones de los adoradores y las respuestas de Dios. Así, Jacob propuso que su experiencia personal de la presencia de Dios quedara a disposición de otros.

Un eslabón entre la adoración personal y la corporativa

La adoración en La Biblia oscila entre las experiencias corporativas y personales. La adoración personal puede suceder en circunstancias muy privadas, o puede estar relacionada a la adoración pública. Esto es ilustrado en el libro de Salmos por la oscilación entre los oradores expresada en forma plural y singular (ver Salmo 44).

La adoración personal y la corporativa son mutuamente interactivas. La adoración corporativa se potencia por la experiencia personal, pero la experiencia personal necesita afirmación e interpretación en un sitio corporativo. Por ello, a los cristianos primitivos se les aconsejaba no dejar de congregarse en adoración *"como algunos tienen por costumbre"* (Hebreos 10:25), para que pudieran darse aliento unos a otros en la fe y en la vida espiritual.

Un tiempo y un lugar para la adoración

La adoración en La Biblia aparece de formas variadas. El tiempo y el lugar están entre los factores más importantes. La adoración, especialmente del tipo corporativo, normalmente sucede de acuerdo a algún tipo de agenda o calendario. Hay tiempos y estaciones de adoración, aunque en La Biblia Dios está presente con el pueblo de Dios en todo tiempo.

Una conciencia más clara de la presencia divina puede resultar de los ejercicios intensivos de adoración durante tiempos y lugares especiales. Estas ocasiones y lugares también son los contextos para la educación religiosa y el desarrollo y disfrute del compañerismo entre los adoradores. Por lo tanto, en el antiguo Israel había una orden divina de que *"tres veces en el año se presentará todo varón delante de Jehová el Señor...[y] tres veces en el año me celebraréis fiesta"* (Éxodo 23:14, 17). Los Salmos, con expresiones de lamento, confesión, agradecimiento, alabanza, enseñanza y celebración, muestran la amplitud de la adoración del Antiguo Testamento.

Los seguidores de Jesús, que después llegaron a ser conocidos como cristianos, recibieron una rica herencia de adoración del judaísmo, pero las nuevas dinámicas de su experiencia con Cristo trajeron consigo cambios más grandes. Los festivales de Pascua y Pentecostés fueron conservados, pero en diferentes formas.

La Cena del Señor, la crucifixión y la resurrección de Jesús están todas íntimamente relacionadas a la celebración de la Pascua (ver Mateo 26:17, 26-28; 1 Corintios 11:23-26). La celebración cristiana de la Pascua es una forma de la Pascua judía. De acuerdo con Hechos 2:1-42, Pentecostés fue la ocasión en que los discípulos fueron llenos y facultados por el Espíritu Santo, interpretado como la llenura mencionada en Joel 2:28-32. Las referencias en el Nuevo Testamento (ver Hechos 20:16; 1 Corintios 16:8) indican que los cristianos primitivos transformaron Pentecostés en una ceremonia cristiana. Muchas iglesias han continuado observándolo el séptimo domingo posterior a la Pascua.

El Festival de los Tabernáculos o Tiendas no ha continuado en la adoración cristiana, excepto en las formas relacionadas de ritos de días de acción de gracias y festivales de las cosechas. El día de la expiación es utilizado teológicamente para interpretar el sacrificio de Cristo en Hebreos 8–9, pero no parece ser una parte regular de la adoración cristiana, excepto en la forma de períodos penitenciales tales como cuaresma. Para los cristianos, la totalidad del complejo de actividades en el Templo, sacerdocio, sacrificio, *sabbath* y rituales para la limpieza de los pecados, o bien se transformaron en obsoletas o fueron reinterpretadas. Por ejemplo, la Iglesia en sí misma se transforma en el templo (ver 1 Corintios 6:19; Efesios 2:21-22; 1 Pedro 2:9).

Este estudio indica que la adoración en el contexto del Antiguo Testamento fue multifacética y compleja. El Nuevo Testamento y gran parte de la expresión cristiana contemporánea se ha alejado de la rígida adhesión a calendarios y lugares, pero la experiencia de la adoración corporativa es aún importante.

El Señor en este lugar

La conciencia de la presencia divina, de cualquier manera que sea simbolizada y comprendida, es absolutamente esencial en la adoración. Como Jacob, cada verdadero adorador se transforma en alguien consciente de que "¡El Señor está en este lugar!" Tal como en el caso de Jacob, el sentido de la presencia puede ocurrir en la experiencia personal y privada.

El corazón de la adoración cristiana
es el poder de la presencia de Cristo en una
comunidad de discípulos reunidos

Sin embargo, el patrón básico se encuentra en la promesa de Jesús, de acuerdo a Mateo 18:20: *"Porque donde están dos o tres*

congregados en mi nombre, allí estoy yo en medio de ellos". El corazón de la adoración cristiana es el poder de la presencia de Cristo en una comunidad de discípulos reunidos (ver Juan 14:12-14; Hechos 2:43-47; 4:9-12, 32-37; 1 Corintios 5:3-4; Apocalipsis 2:1).

De acuerdo con el Nuevo Testamento, la presencia de Cristo se manifiesta especialmente al partir el pan en la Cena del Señor (ver Lucas 24:28-32, 35). Sin embargo, la presencia de Dios no se limita a la Cena y puede ocurrir en cualquier lugar y momento en que dos o tres estén reunidos en el nombre de Jesucristo.

Notas

1 Dinámicas del Reino, *Spirit Life Bible* (Nashville, TN: Thomas Nelson Publishers, 1991), p. 1602.

CAPÍTULO 5

Portales
de gloria

Muchos de ustedes que leen este libro están exhaustos de todas las luchas, discusiones y pruebas que han estado relacionadas a la promesa que han estado persiguiendo. ¡Deténganse y descansen! Eso fue lo que hizo Jacob: *"Y soñó; y he aquí una escalera que estaba apoyada en tierra, y su extremo tocaba en el cielo; y he aquí ángeles de Dios que subían y descendían por ella"* (Génesis 28:12). Esta era realmente una visitación de parte de Dios.

En esta visitación Dios reveló a Jacob que Él es el Señor del pasado, del presente y del futuro. Esto llevó a Jacob a una relación con el Señor. Hizo que tuviera fe para poder retener la promesa y bendición que había sido pronunciada sobre él. Esto también le dio confianza de que podría tener una relación con el Dios santo, tal como su padre y su abuelo, Isaac y Abraham.

Desde esta experiencia, Jacob comenzó a adorar a Dios personalmente de las siguientes maneras:

1. Reconoció que el Señor había estado en ese lugar con él, aunque antes de ese momento no lo había visto.
2. Constituyó un memorial en el lugar, estableció una piedra y derramó aceite sobre ella.
3. Le cambió el nombre al lugar, lo llamó Bethel, Casa de Dios.
4. Reconoció a Dios como proveedor.
5. Sintió el deseo de dar una porción de lo que tenía para el Señor.
6. El temor de Dios comenzó a ser parte de su vida.
7. Declaró que "una puerta del cielo" se había abierto para siempre en aquel lugar. Esto iba a vincular su propósito sobre la Tierra con la eternidad.

En ¡*Adore a Dios!*, Ernest Gentile escribe:

La repentina aparición de las escaleras celestiales le deben haber parecido a Jacob una invitación de parte de Dios para ascender hacia su presencia. El Dios trascendente creó un camino directo para reunirse con este hombre común. Con la escalera, Dios inició la adoración. Hizo un camino para que los hombres vinieran ante Dios. Luego Jacob vio ángeles como modelos de la acción de responder de un adorador. El texto habla de los ángeles primero ascendiendo y luego descendiendo. Simbólicamente, los ángeles mostraron lo que debe suceder en las vidas de las personas si quieren ser siervos verdaderos y exitosos del Señor. Primero, una vez que "ven" la invitación celestial, ascienden las resplandecientes escaleras a través de su adoración. Luego, después de estar en la presencia de Dios, descienden la escalera nuevamente hacia la Tierra para realizar actos de servicio. Primero ascienden para encontrarse con Dios, luego pueden bajar al

mundo con el ministerio de servicio. Otra interpretación popular de este evento ubica a los ángeles como
los que llevan la bendición de Dios al hombre y la respuesta del hombre a Dios. Los ángeles en realidad hacen ese trabajo, pero esto fuerza el texto para enfatizar
excesivamente a los ángeles como intermediarios entre Dios y los hombres, cuando hay *un* solo mediador.[1]

Una abertura para la presencia de Dios sobre la Tierra

En *La iglesia portal,* el pastor Frank Damazio se refiere al significado de las puertas.

La puerta en la Escritura es un símbolo muy poderoso y se utiliza en relación con la iglesia potente.
Jesús conectó las dos en Mateo 16:16-18. La palabra "puerta" en el idioma original puede ser definida como una estructura para cerrar, o encerrar; una
abertura a través de una pared o una barrera creada
para que la gente y las cosas puedan pasar a otra
área, una nueva. Una puerta abre el camino hacia
algo. Es un pasaje o canal, una avenida. Las puertas, por causa de su función en las ciudades del Antiguo Testamento, adquirieron un significado
simbólico. Y ambos, los profetas y Cristo mismo,
usaron este simbolismo. La Biblia describe cuatro
funciones de las puertas de la ciudad durante las
épocas del Antiguo Testamento:

1. Un lugar que controlaba el acceso y presta-
   ba protección muy fortificada (ver Josué 2:7;
   7:5; Jueces 16:2-3; 18:16-17; 2 Reyes 11:6;
   14:13).

2. Un lugar donde los líderes legales o gubernamentales de la ciudad se sentaban para tratar las decisiones judiciales (ver Génesis 19:1; Deuteronomio 25:7; 2 Samuel 19:8; Lamentaciones 5:14).

3. Un lugar donde se realizaban los negocios y las funciones sociales, y donde se hacían y se era testigo de los contratos de negocios (ver Génesis 34:24; Rut 4:1, 11; 2 Samuel 15:2).

4. Un lugar donde los mensajes proféticos eran dados por los profetas y entregados a los ancianos de la ciudad (vea 1 Reyes 22:10; 2 Crónicas 18:9; Jeremías 7:2; 17:19).

Las puertas son símbolos poderosos de la autoridad de Dios sobre su pueblo. Como vemos en el libro de Isaías, las leyes de Dios que cuidan a su pueblo y la salud espiritual de la nación podrían estar simbolizadas por el uso de la palabra "puerta".

- Abrid las puertas, y entrará la gente justa, guardadora de verdades (26:2).

- Tus puertas estarán de continuo abiertas; no se cerrarán de día ni de noche, para que a ti sean traídas las riquezas de las naciones, y conducidos a ti sus reyes (60:11).

- ¡Pasad, pasad por las puertas! ¡Barred el camino al pueblo; allanad, allanad la calzada, quitad las piedras, alzad pendón a los pueblos! (62:10).

Las puertas también son símbolos de los poderes del mal que guerrean contra las almas de las personas y contra la iglesia que Cristo está edificando (subrayado agregado):

- *Yo dije: A la mitad de mis días iré a las puertas del Seol; privado soy del resto de mis años* (Isaías 38:10).

- *Yo iré delante de ti, y enderezaré los lugares torcidos, quebrantaré <u>puertas de bronce</u>, y cerrojos de hierro haré pedazos* (Isaías 45:2).
- *Así ha dicho Jehová de los ejércitos: El muro ancho de Babilonia será derribado enteramente, y sus altas <u>puertas</u> serán quemadas a fuego; en vano trabajaron los pueblos, y las naciones se cansaron sólo para el fuego* (Jeremías 51:58).
- *Y yo también te digo, que tú eres Pedro, y sobre esta roca edificaré mi iglesia, y <u>las puertas del Hades</u> no prevalecerán contra ella* (Mateo 16:18).[2]

Las puertas se abren para el Rey de gloria

Alzad, oh puertas, vuestras cabezas, y alzaos vosotras, puertas eternas, y entrará el Rey de gloria. ¿Quién es este Rey de gloria? Jehová el fuerte y valiente, Jehová el poderoso en batalla. Alzad, oh puertas, vuestras cabezas, y alzaos vosotras, puertas eternas, y entrará el Rey de gloria. ¿Quién es este Rey de gloria? Jehová de los ejércitos, él es el Rey de la gloria (Salmo 24:7-10).

Este es el tiempo de abrir las puertas para que entre el Rey. El Rey con su procesión se acerca a la puerta. Pide entrar. El guardián pregunta: "¿Quién es este que se acerca a la puerta?" Y la palabra de contraseña es anunciada con voz fuerte "Jehová, el fuerte y valiente, Jehová el poderoso en batalla". Esto le otorga el paso inmediato. ¿Quién es este Rey de Gloria? Él es Jehová de los Ejércitos, Jehová Sabaoth.

Él es el capitán de todos los ejércitos angelicales, los ejércitos de Israel, las huestes de las naciones, gobernador de todo en los cielos y la Tierra. Cuando esa puerta celestial se abre, le permitimos a este Rey tener acceso a nuestra vida, ciudad, adoración corporativa o nación. Abran los portales de gloria para que Él pueda entrar.

El poder del acuerdo

En *La Futura Guerra de la Iglesia,* Rebecca Wagner Sytsema y yo escribimos lo siguiente concerniente a los cielos y la Tierra que se ponen de acuerdo:

> El poder de la Iglesia del Tercer día será como ningún otro que hubo antes... Veamos el cielo y la Tierra y cómo Dios está llenando la separación entre las dos:
>
> ### El tercer cielo
> Al pensar en el cielo, estamos considerando más que el "tercer cielo" (2 Corintios 12:2). Este es el lugar donde Dios el Padre está sentado en su trono y Jesús cerca de Él. Jesús íntimamente sabe lo que está en el corazón del Padre, y nosotros sabemos que desde ese lugar a la diestra de Dios Jesús intercede por nosotros (ver Romanos 8:34).
> Efesios 1 y 2 son hermosos pasajes sobre nuestra herencia en el Señor y cómo estamos sentados en una posición junto con Jesús en los lugares celestiales (ver Efesios 2:6). Este es el lugar donde no hay obstrucción alguna para que la voluntad de Dios se haga en su totalidad. Este es el lugar donde recibimos nuestras órdenes de marcha.

Dios dio estos dones para equipar
a los santos para la obra
del ministerio y para
la edificación del Cuerpo de Cristo

Cuando Jesús ascendió a este lugar dio dones a la raza humana. Los encontramos en una lista de Efesios 4:11: *"Unos apóstoles, otros profetas, algunos evangelistas y otros pastores y maestros"*. Él dio estos dones para equipar a los santos para la obra del ministerio y para la edificación del Cuerpo de Cristo. Dio estos dones para producir unidad de la fe en el conocimiento de sí mismo y continúa desatando revelación de modo que no seamos arrastrados de un lado a otro por las astucias y engaños del enemigo. Él asimismo está desatando revelación que hará que "maduremos" en relación a su autoridad. Todo esto sucede desde el lugar de Jesús en el Salón del Trono en el tercer cielo

El primer cielo

Vivimos en nuestros cuerpos físicos aquí en el ámbito terrenal, en un lugar que podemos ver, tocar y sentir. Este universo en el que vivimos, que incluye la Luna y las galaxias de estrellas y planetas, puede ser llamado el primer cielo. A través de la muerte y resurrección de Cristo, aquí sobre la Tierra tenemos acceso a comunicarnos más allá de este universo y hacia el ámbito del tercer cielo donde Dios está sentado. El medio de comunicación es lo que llamamos oración.

El Salmo 24 dice: *"De Jehová es la tierra y su plenitud"*. Por lo tanto, Él gobierna el ámbito terrenal. Cuando Jesús fue a la cruz y luego venció la tumba, quebró el manejo de Satanás en este ámbito, estableció una estructura en reemplazo sobre la Tierra con un gobierno de dones y un ejército –la Iglesia– para reforzar su gobierno.

El segundo cielo

Por lo tanto, si vivimos sobre la Tierra pero tenemos acceso a los lugares celestiales a través de la oración, ¿por qué no siempre se hace la voluntad de Dios como en los cielos? La respuesta se halla en el segundo cielo donde Satanás, el *"príncipe de la potestad del aire"* (Efesios 2:2), y sus demonios contienden con el Reino de Dios y sus ángeles. Satanás es el príncipe de este mundo (vea Juan 12:31; 14:30; 16:11).

La palabra "mundo" es *cosmos* en el griego. En Mateo 4:8 leemos: *"Otra vez le llevó el diablo a un monte muy alto, y le mostró todos los reinos del mundo y la gloria de ellos".* Los reinos de este mundo han sido ordenados de tal manera que tienen una gloria tentadora a su alrededor; esta región *cosmos* tiene la habilidad de atrapar.

El príncipe de este mundo también es conocido como el dios de este siglo:

> *En los cuales el dios de este siglo cegó el entendimiento de los incrédulos, para que no les resplandezca la luz del evangelio de la gloria de Cristo, el cual es la imagen de Dios* (2 Corintios 4:4).

El enemigo intenta bloquear la voluntad celestial para que no se realice en la Tierra a través de una jerarquía demoníaca que está ubicada entre nosotros y el tercer cielo (vea Efesios 2:2). Esta jerarquía establece un gobernador como el hombre fuerte. Este gobierna y reina sobre un reino de espíritus de las tinieblas. Encontramos una lista de esta jerarquía –principados, poderes, gobernadores de las tinieblas de este siglo y huestes espirituales de maldad en los lugares celestiales– en Efesios 6:12. Esta jerarquía obtiene derecho legal para bloquear la voluntad del cielo sobre la Tierra a través de nuestras propias rebeliones contra Dios y nuestra complicidad con el programa del diablo. Satanás logra el acceso a nosotros y a territorios enteros a través del pecado individual y corporativo. En una sociedad tan individualista puede ser difícil para nosotros comprender que, como un todo, somos responsables a los ojos de Dios por el pecado corporativo. Tal como en nuestras propias vidas y en las generaciones de nuestra familia, el pecado puede también ser una grieta para que Satanás establezca fortalezas que se opongan directamente al plan de Dios para un territorio. Los siguientes son unos pocos ejemplos de pecado corporativo que pueden dar a Satanás derecho legal en una región o en nuestras vidas.

Idolatría

La idolatría es ese sitio donde nos hemos postrado física o espiritualmente y exaltado algo –sea una imagen de talla o la semblanza de algo– a una altura mayor que la de Dios (ver Éxodo 20:3-4). Muchos lugares en el mundo hoy son cautivos por el enemigo por causa de la idolatría. Como resultado, Satanás tiene derecho legal de enceguecer los ojos de los incrédulos para el Evangelio glorioso de Jesucristo.

Derramamiento de sangre

El primer asesinato registrado fue el de Caín contra su hermano, Abel. Dios dijo a Caín: *"¿Qué has hecho? La voz de la sangre de tu hermano clama a mí desde la tierra"* (Génesis 4:10). De aquí podemos inferir que el derramamiento de sangre afecta a la misma Tierra sobre la que ha ocurrido la violencia. A medida que la sangre de la violencia penetra la Tierra, el príncipe del poder del aire adquiere derechos sobre la Tierra. Las maldiciones sobre la Tierra física con frecuencia dan una posición para que haga pie a través de la violencia y el derramamiento de sangre.

Inmoralidad

El ejemplo bíblico clásico de cómo la inmoralidad puede afectar territorios enteros es Sodoma y Gomorra. La inmoralidad y perversidad habían tomado de tal manera aquellas ciudades que Dios ni siquiera podía encontrar diez hombres justos dentro de sus muros. Cualquier plan redentor que Dios tuviera para aquellas ciudades fue barrido mientras todos, incluso los niños, fueron destruidos.

Romper un pacto

Durante el reinado del rey David una hambruna vino sobre la Tierra. Cuando David le preguntó al Señor con respecto a esta, Dios le dijo: *"Es por causa de Saúl, y por aquella casa de sangre, por cuanto mató a los gabaonitas"* (2 Samuel 21:1). Los gabaonitas eran un grupo de personas que habían entrado en pacto con Israel en los días de Josué. Este pacto garantizaba su seguridad. Con todo, Saúl rompió el pacto pues asesinó a muchos de ellos y planificó para masacrar al resto.

Como resultado, el hambre vino sobre la Tierra en el momento en que Dios quitó su bendición y le fue permitido a Satanás tener acceso. El hambre no golpeó inmediatamente sino más bien vino cuando un nuevo rey llegó al poder. Esto debería ser un llamado de atención para los Estados Unidos donde más de 350 tratados con los americanos nativos han sido quebrados...

Atravesar el segundo cielo

La única entidad sobre la Tierra con poder para quebrar fortalezas de Satanás y atravesar su dominio en el segundo cielo, es la Iglesia. Mientras que siempre hemos tenido las herramientas, apenas en las últimas décadas hemos llegado a un mayor entendimiento de la guerra espiritual necesaria para destruir las estrategias y estructuras que el enemigo tiene ubicadas en el segundo cielo.

La única entidad sobre la Tierra con poder para quebrar fortalezas de Satanás y atravesar su domino en el segundo cielo es la Iglesia

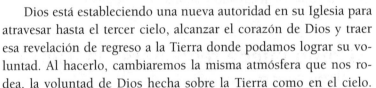

Dios está estableciendo una nueva autoridad en su Iglesia para atravesar hasta el tercer cielo, alcanzar el corazón de Dios y traer esa revelación de regreso a la Tierra donde podamos lograr su voluntad. Al hacerlo, cambiaremos la misma atmósfera que nos rodea, la voluntad de Dios hecha sobre la Tierra como en el cielo. ¡Esto es lo que oramos cada vez que pronunciamos la oración del Señor!

Sin embargo, muchos de nosotros tratamos de esquivar el segundo cielo. Apocalipsis 12:7 dice: *"Después de esto hubo una gran batalla en el cielo: Miguel y sus ángeles luchaban contra el dragón; y luchaba el dragón y sus ángeles"*. Dick Eastman escribe acerca de la expulsión de Satanás como resultado de una gran batalla entre las huestes de los cielos y las hordas del infierno, tal como lo describe en este pasaje:

> En esta batalla, los guerreros celestiales echan a Satanás y sus demonios para siempre del ámbito celestial. Pero debemos observar que la victoria no se logra solamente por los ángeles, sino también por el uso que los creyentes hacen de las armas espirituales. Los ángeles pelean, pero los santos de Dios les

proveen la "artillería". Esto se muestra claramente en el versículo 11: *"Y ellos le han vencido por medio de la sangre del Cordero y de la palabra del testimonio de ellos"*. Los ángeles no vencieron por sí solos al acusador, los santos estaban en compañerismo a través de la oración de guerra; los ángeles de Dios eran los medios para administrar la victoria que la oración reforzaba. Observen la mención de Miguel, el arcángel (versículo 7, uno de los cuatro lugares donde se lo menciona en Las Escrituras). En cada mención la guerra espiritual está claramente implícita. Esto es así en Daniel 10, donde la participación de Miguel en la batalla para la victoria es el resultado directo del ayuno y la oración de Daniel.[3]

Cómo puede regocijarse la Tierra

Alistair Petrie escribe:

La Tierra toma las características sobre la base de lo que hacemos sobre ella, sea bueno o malo. La Tierra puede ser contaminada o bendecida por la gente que la habita. A través de Las Escrituras encontramos numerosos ejemplos de cómo los administradores de una época tuvieron un efecto distintivo sobre su medio. En Génesis 3:17 se nos informa que la Tierra se transformó en maldita por causa de la administración caída de Adán y Eva, y los versículos 18 y 19 describen las *"espinas y cardos"* que ahora serían parte de la experiencia diaria al trabajar la tierra.

En Génesis 4, tenemos un registro de la sangre de Abel que clama desde la tierra luego de su asesinato a manos de su hermano, Cain. La Tierra estaba describiendo la naturaleza de la desafortunada administración. Génesis

4:11-12 muestra el efecto sobre Caín, que fue expulsado de la tierra por causa de la maldición que pesaba sobre él, y vemos que sería *"errante y extranjero en la Tierra"*.

Cuando adoramos, una extensión del reino de Dios en los cielos comienza a manifestarse sobre la Tierra

Con referencia a este pasaje, el pastor Beckett asegura que: "Ser un vagabundo significa no tener hogar, y esto es una maldición. Ir de un lado a otro nos deja con un desesperado sentimiento de falta de pertenencia. Bajo tales circunstancias no puede haber cambio de visión ni destino que eche raíces". ¡Pero la Tierra ha estado clamando por justicia!"[4]

Cuando adoramos vemos una manifestación de la justicia de Dios dentro de los patrones inicuos de la Tierra.

La visitación y gloria angelical están ligadas con la gente. Por lo tanto, sanar la Tierra estará conectado con los individuos.

Cuando adoramos, una extensión del reino de Dios en los cielos comienza a manifestarse sobre la Tierra. Petrie continúa elaborando las siete bendiciones de Dios que comienzan a asentarse sobre la Tierra:

1. **Salud ecológica**: *Yo daré vuestra lluvia en su tiempo, y la tierra rendirá sus productos, y el árbol del campo dará su fruto* (Levítico 26:4).

2. **Salud económica**: *Vuestra trilla alcanzará a la vendimia, y la vendimia alcanzará a la sementera y comeréis vuestro pan hasta saciaros, y habitaréis seguros en vuestra tierra* (Levítico 26:5).

3. **Seguridad personal**: *Y yo daré paz en la tierra, y dormiréis y no habrá quien os espante* (Levítico 26:6).

4. **Seguridad civil:** *Y haré quitar de vuestra tierra las malas bestias, y la espada no pasará por vuestro país* (Levítico 26:6).

5. **Seguridad internacional:** *Y perseguiréis a vuestros enemigos, y caerán a espada delante de vosotros. Cinco de vosotros perseguirán a ciento, y ciento de vosotros perseguirán a diez mil, y vuestros enemigos caerán a filo de espada delante de vosotros* (Levítico 26:7-8).

6. **Honor y crecimiento:** *Porque yo me volveré a vosotros, y os haré crecer, y os multiplicaré, y afirmaré mi pacto con vosotros* (Levítico 26:9).

7. **Innovación y creatividad:** *Comeréis lo añejo de mucho tiempo, y pondréis fuera lo añejo para guardar lo nuevo* (Levítico 26:10).

Dios da muchas más promesas a su pueblo por su obediencia: *"Y pondré mi morada en medio de vosotros y mi alma no os abominará; y andaré entre vosotros, y yo seré vuestro Dios, y vosotros seréis mi pueblo. Yo Jehová vuestro Dios, que os saqué de la tierra de Egipto, para que no fueseis sus siervos, y rompí las coyundas de vuestro yugo, y os he hecho andar con el rostro erguido"* (Levítico 26:11-13). Estas bendiciones pueden ser citadas como los siete principios de transformación de los que estamos siendo testigos en este tiempo alrededor del mundo. A medida que las comunidades de toda magnitud van limpiándose de su pecado y administración caída, estos principios de transformación quedan expuestos en sus aspectos sociales, políticos, económicos y espirituales.[5]

El conflicto del pacto

¡Este es un tiempo para buscar apertura en lo personal, corporativo, territorial y generacional! Bíblicamente, el año siempre comienza con Rosh Hoshana. La mayoría de las personas no entienden los tiempos demasiado bien, dado que no conocen el marco terrenal de tiempo que refleja La Biblia. En septiembre de

2001 vimos al mundo dar un giro hacia un nuevo pensamiento. Con los aviones que chocaron contra los edificios del Pentágono y el World Trade Center, ingresamos en un tiempo de guerra. Ahora debemos girar hacia un estado de victoria y avance.

Este es un tiempo en el que Dios juzga nación tras nación sobre la forma en que confiesan estar alineados con su plan de pacto. Por ejemplo, en los Estados Unidos confesamos ser una nación cristiana. Eso significa que estamos injertados en la viña del pacto de Abraham. Este pacto fue cumplido y puesto a disposición nuestra por el Señor Jesucristo cuando fue a la cruz.

Este pacto está actualmente bajo severa prueba. El sistema del anticristo comienza ahora a verse en el mundo. Este sistema odia cualquier cosa que esté relacionada con el pacto soberano de Dios con la Tierra y la nación de Israel. El sistema del anticristo odia a los que profesan tener fe en Jesucristo. Una persona así es una amenaza para el enemigo. En septiembre de 2001 entramos en una estación histórica. Para el tiempo hebraico fue el año 5762. Esto en realidad significa el comienzo de las guerras.[6] Creo que siempre existe un ciclo de tiempo de siete años. Estos próximos siete años de entrenamiento y confrontación hará que el remanente del pueblo de Dios consiga grandes botines para Él. Esta estación, cuando se ponga a disposición delante del Señor, producirá un asombroso lanzamiento de las bendiciones del pacto. La forma en que podemos ser victoriosos en esta estación es adorar a Jehová Dios como nunca antes lo hayamos adorado.

Las bendiciones del pacto

Podemos ver muchas bendiciones manifestadas sobre la Tierra en este tiempo. Estamos entrando en un conflicto con referencia al pacto, lo que significa que guerreamos para ver estas bendiciones extenderse a través del ámbito terrenal. El Salmo 24:1 declara que *"De Jehová es la tierra y su plenitud"*. Dios tiene un plan de plenitud. Debemos ir a la guerra para que su plenitud se manifieste. Cuando abrimos los portales del cielo, esas bendiciones que han estado cerradas e imposibles de ver serán manifestadas sobre la Tierra.

Lo que sucede en la guerra espiritual muchas veces se manifiesta en lo natural.

Uno de los puntos clave que he enseñado en público al comienzo del nuevo milenio fue que esta sería una estación para que nos pongamos un manto de guerra. Con frecuencia me preguntaban si pensaba que iríamos a la guerra físicamente. Siempre dije sí y expliqué que sentía que una guerra física era inminente y ocurriría alrededor de septiembre de 2001. En realidad profeticé esto en octubre de 2000.

Cuando comuniqué esta profecía encontré algo de resistencia, porque era difícil para la gente entender la relación entre la guerra espiritual y la física. Lo que sucede en una guerra espiritual muchas veces se manifiesta en lo natural (vea Apocalipsis 12). Una guerra espiritual corporativa afecta cada aspecto de la sociedad natural: religión, políticas –legales y militares– economía y educación. Por lo tanto, Dios levanta *intercesores adoradores* en cada uno de estos escenarios de poder. Desde un punto de vista espiritual vimos un giro en la sociedad. Hemos visto el comienzo de la guerra.

La tragedia de los ataques al World Trade Center y el Pentágono fueron manifestaciones físicas de la estación que se avecina. A medida que dos aviones comerciales con pilotos suicidas se acercaban al World Trade Center y otro se dirigía hacia el Pentágono (y un cuarto se estrellaba en Pennsylvania) el mundo como lo conocíamos cambió.

Los choques que resultaron, el derrumbe de las dos torres y la pérdida de aproximadamente tres mil vidas impulsó al mundo, incluyendo a los Estados Unidos, hacia una estación de conflicto sin precedentes. El pastor Dutch Sheets escribió lo siguiente:

Mientras todos observamos y lamentamos los resultados de los recientes ataques terroristas en los Estados Unidos, la respuesta del Cuerpo de Cristo y la forma en la que oremos podrían muy bien determinar si nuestra nación se vuelve a Dios o se aparta de Él. El dolor puede llevar a la amargura, que produce una contaminación perpetua (vea Hebreos 12:15), o al arrepentimiento que resulta en salvación (vea 2 Corintios 7:10). Las respuestas medidas, acertadas y bíblicas de los que somos representantes de Dios, son críticas.

¿Cómo debemos definir los eventos?

Hay que ser muy cauteloso al utilizar la palabra "juicio" para *definir* estos eventos. Muchos cristianos entienden que los Estados Unidos ha experimentado un grado de juicio durante algún tiempo, la paga del pecado (ver Romanos 6:23). Pero la mayoría de los juicios bíblicos son la inevitable resultante del pecado, no de la mano directa de Dios. Él no pronunció maldiciones luego de la caída de Adán y Eva porque fuera un Dios que ama maldecir a los pecadores. Lo hizo porque era el resultado inherente de sus acciones. Y lo hizo mientras cubría su desnudez y les prometía redención, una redención que involucraba enorme amor sacrificial de su parte, la encarnación y muerte de su Hijo (ver Génesis 3:15).

También, antes que la mano directa de Dios, los juicios son con frecuencia simplemente el resultado de dejar a un lado el favor y la protección de Dios. Jonás 2:8 nos dice: *"Los que siguen vanidades ilusorias, su misericordia abandonan"*.

Una explicación prudente y compasiva sobre lo que se cosecha, o las consecuencias del pecado y del alejarnos de Dios, debería ser nuestra definición de los eventos. Yo aconsejaría ni siquiera utilizar el término "juicio", porque el mundo probablemente no escuchará nada más de lo que digamos. Otras Escrituras pertinentes que podrían ser utilizadas para explicar el fruto del pecado y de abandonar la protección de Dios son:

Salmo 127:1-2: *Si Jehová no edificare la casa, en vano trabajan los que la edifican; si Jehová no guardare la ciudad, en vano vela la guardia. Por demás es que os levantéis de madrugada, y vayáis tarde a reposar, y que comáis pan de dolores, pues que a su amado dará Dios el sueño".*

Proverbios 14:34: *"La justicia engrandece a la nación; mas el pecado es afrenta de las naciones".*

Proverbios 28:13: *"El que encubre sus pecados no prosperará; más el que lo confiesa y se aparta alcanzará misericordia".*

Isaías 59:1-2: *"He aquí que no se ha acortado la mano de Jehová para salvar, ni se ha agravado su oído para oír; pero vuestras iniquidades han hecho división entre vosotros y vuestro Dios, y vuestros pecados han hecho ocultar de vosotros su rostro para no oír".*

Lucas 13:34-35: *"¡Jerusalén, Jerusalén, que matas a los profetas y apedreas a los que te son enviados! ¡Cuántas veces quise juntar a tus hijos, como la gallina a sus polluelos debajo de sus alas, y no quisiste!"*

Lucas 19:41-44: *"Y cuando llegó cerca de la ciudad, al verla, lloró sobre ella, diciendo: ¡Oh, si también tú conocieses, a lo menos en este tu día, lo que es para tu paz! Mas ahora está encubierto de tus ojos. Porque vendrán días sobre ti, cuando tus enemigos te rodearán con vallado, y te sitiarán y por todas partes te estrecharán, y te derribarán a tierra, y a tus hijos dentro de ti, y no dejarán en ti piedra sobre piedra, por cuanto no conociste el tiempo de tu visitación.*

¿Qué debería ser nuestro mensaje?

Nuestro *mensaje*, por lo tanto, debe ser uno cuidadosamente equilibrado entre *gracia* y *verdad* (ver Juan 1:17). El deseo de Dios siempre es perdonar y redimir, no destruir. Nuestro Evangelio incluye –además de la encarnación, muerte y resurrección de Jesús– otros dos mensajes importantes: arrepentimiento del pecado y gracia para el arrepentimiento. Cristo vino para los enfermos, no para los sanos; para buscar y salvar a los perdidos, no a los encontrados: *"Porque de tal manera amó Dios al mundo, que ha dado a su Hijo unigénito (...) Porque no envió Dios a su Hijo al mundo para condenar al mundo, sino para que el mundo sea salvo por él"* (Juan 3:16-17).

Este mensaje de gracia no necesita dejar fuera las consecuencias del pecado, pero cuando se anuncia debe estar unido con la esperanza y el corazón misericordioso de Dios. Su deseo es *hacernos volver* del pecado, no *destruirnos* por eso (ver 2 Crónicas 7:14). Él es *"lento para la ira, y grande en misericordia y verdad"* (Salmo 86:15). En ocasiones Dios en realidad anunciaba juicios en medio de lágrimas (ver Lucas 19:41-44), y Las Escrituras son claras al decir que Él no se complace en el juicio de los malvados (ver Ezequiel 18:23-32).

Dios perdonó a una ramera llamada Rahab, luego le dio un plan prominente en la historia de Israel como la tatarabuela del rey David y una parte del linaje que llegó hasta Cristo. Dios deseaba perdonar a Sodoma; perdonó a Nínive cuando se arrepintió. Y en otra ocasión sin éxito buscó un intercesor para poder perdonar a Israel (ver Ezequiel 22:30-31).

Por lo tanto, sí, nuestro mensaje debe llamar a los pecadores al arrepentimiento –no podemos comprometer la verdad– pero el corazón de Dios de compasión, misericordia y gracia *debe* llenarlo de esperanza: *"Volveos a mí, y yo me volveré a vosotros"* (Malaquías 3:7), debería ser el corazón de nuestro mensaje. El resultado de nuestro volver será la sanidad y la restauración.

¿Cuál debería ser nuestra actitud?

En vez de dureza que anuncia juicios, nuestra *actitud* debe ser una de compasión y aflicción. Como Jeremías y Cristo mismo, debemos explicar los resultados del pecado a través de lágrimas sentidas con el corazón (ver Lamentaciones 1:16; 2:11; 3:48-49; Lucas 19:41-44).

Con demasiada frecuencia el mundo advierte nuestra actitud hacia las consecuencias de los pecados de otros –sea la muerte de alguien que aceptó el aborto o por el SIDA que contrajo como homosexual– como insensible o aún de disimulada alegría. Satanás es un experto en distorsionar la percepción de Cristo y de la Iglesia a los ojos del mundo. Debemos ser más sabios que él y asegurar que el Cristo que revelamos –el que ama a los pecadores– es así.

Debemos también ser listos para reconocer nuestra responsabilidad en la situación de los Estados Unidos:

- Algunos líderes inmaduros, incluso profetas inmaduros en su llamamiento, han traído a la luz únicamente dureza y condenación en sus intentos por llamar a la nación al arrepentimiento. Esto pone a los corazones de los no creyentes *lejos* de Dios.
- Por otra parte, muchos pastores y consejeros han sobre enfatizado la misericordia y la gracia, se han negado a llamar a los individuos a rendir cuentas de acuerdo a como lo enseña la Biblia.
- La Iglesia en los Estados Unidos como un todo ha predicado un Evangelio humanístico de "qué puedo sacar para mí aquí", y ha dejado afuera el mensaje de llevar la cruz y perder nuestras vidas. Esto ha producido grandes concesiones y enfriamiento en el Cuerpo de Cristo.

- Muchos de nosotros hemos fallado en el verdadero cuidado y al ministrar a los pobres y sufrientes, y en general hemos tenido falta de genuina compasión.
- Nosotros en la Iglesia hemos condenado al materialismo, la codicia y el amor al dinero como una gran parte del problema en los Estados Unidos, mientras que un poco menos del 20% de nosotros aún diezma, y mucho menos da ofrendas sacrificiales. Nuestra hipocresía contribuye al problema.
- Hemos fracasado en cuanto a orar por los gobernantes y los perdidos.

Debemos reconocer que el juicio comienza en nuestra casa (ver 1 Pedro 4:17) y hacer nuestra parte en cuanto al arrepentimiento. [7]

Una escalera de Jacob espiritual

Todos saben que los Estados Unidos entraron en trauma y dolor el 11 de septiembre de 2001. Gran parte del mundo se apenó con nosotros. El 11 de marzo de 2002 recordamos ese momento trágico con una hora de oración y silencio. También, donde estuvo ubicado el World Trade Center, dos luces atravesaban el cielo.

Bill Yount escribe:

El 11 de marzo, mientras las resplandecientes luces que representaban las torres gemelas se encendían en la oscuridad, se escuchó un estruendo en los cielos como si la ciudad de Nueva York hubiera captado la atención del cielo; parecía que la luz podía ser vista desde los portales del cielo. Inmediatamente vi ángeles que comenzaban a descender sobre estos rayos de luz como lo hicieron en la "Escalera de Jacob", como si los ángeles estuvieran esperando en línea para el momento que los rayos de luz fueran encendidos... que crearon un cielo abierto para los ángeles encargados de descender. Escuché al Padre hablar a estos ángeles ministradores: "Estos rayos de luz son la manera que los hombres tienen para acercarse a mí. Aunque no me conocen están buscando un "rayo de esperanza" en sus tinieblas. ¡Debemos descender!" A medida que los ángeles comenzaron a descender, las "Torres gemelas" de luz en un momento se cubrieron sólidamente con ángeles desde la punta hasta la base. Sentí que muchos de estos ángeles fueron los que estuvieron presentes el 11 de septiembre y habían acompañado a los que morían hasta la presencia del Señor. Ahora estos mismos ángeles estaban descendiendo nuevamente para ministrar y traer consuelo y esperanza a los que habían sufrido gran pérdida de seres amados (Hebreos 1:14) *"¿No son todos espíritus ministradores, enviados para servicio a favor de los que serán herederos de la salvación?"* Había una tarea definida dada a estos ángeles para que guerrearan contra la desesperanza de la vida e influenciaran a muchos a volverse a Jesús, su única esperanza. Escuché la voz del Padre decir a la ciudad de Nueva York y a los Estados Unidos, Isaías 60:1: *"Levántate* [de la depresión y postración en la cual las circunstancias te han retenido; ¡levántate a una nueva vida!] *Resplandece* [sé radiante con la gloria del Señor]; *porque ha venido tu luz y la gloria de Jehová ha venido sobre ti! Porque he aquí que tinieblas cubrirán la tierra, y oscuridad las naciones; mas sobre ti amanecerá Jehová y, sobre ti será vista su gloria. Y andarán las naciones a tu luz, y los reyes al resplandor de tu nacimiento.*[8]

El resplandor de su rostro

Cuando el mundo parece oscuro
y las sombras son profundas,

aunque las paredes nos rodeen
podemos caminar por lo desconocido
a la luz de su rostro.
Los edificios pueden derrumbarse
al tiempo que amenazan con temor
a través de los hecho malvados.
Con todo, valientemente seguimos su mapa
a la luz de su rostro.

La marea está cambiando; prevaleceremos
mientras avanzamos recobrando territorio
reclamado por aquel que cayó de la gracia.
Quien rugió amenazante, pero ahora debe replegarse
bajo la luz de su rostro.

Intercesores se están levantando, uniendo,
mientras la fuerza de la juventud va hacia arriba
llevando a todas las corrientes de
creyentes hacia torrentes más fuertes.
Todos uniéndose en una fuerza victoriosa
totalmente *facultados por la luz de su rostro.*

Su Iglesia, el Cuerpo de Cristo prevalecerá
lleno del poder de su amor
que rodea la Tierra
cubriéndola con
el resplandor de su rostro.[9]

Notas

1. Ernest B. Gentile, *¡Adora a Dios!* (Pórtland, OR: City Bible Publishing, 1994), p. 90

2. Frank Damazio, *The Gate Church* (Portland,OR:City Bible Publishing, 2000)pp .1-3.

3. Chuck D. Pierce y Rebecca Sytsema, *The Future War of the Church* (Ventura, CA.;Renew Books, 2001), pp. 77-84.

4. Alistair Petrie, *Releasing Heaven on Earth* (Grand Rapids, MI.: Chosen Books, 2000) p. 42.

5. Ibid. p. 200-201.

6. Yitzchak Ginsburg, "A Torah Message for the Month of Tishrei, Rosh HaShana 5762, el año de la señal de Bendición", *The Inner Dimension* *http* //www.inner.org/times/tishrei/tishrei 62thm (accessed August 12, 2002).

7. Dutch Sheets, "A Biblical Response to the Terrorist Attacks on America for the Purpose of Prayer an Evangelism", September 14, 2001.

8. Bill Yount, "Twin Tower Lights Create a "Spiritual Jacob's Ladder, *One Church Com, www.ourchurch..com/member/b/BillYount/(accesed* March 12, 2002).

9. Keat Wade, "La luz de su rostro", motivo: 2001.

La fe para ascender

E n los relatos bíblicos la guerra siempre tuvo un significado religioso. Dado que Israel era la primicia de Dios y su herencia, los sacerdotes recordaban a los ejércitos que Jehová estaba con ellos para pelear las batallas (ver Deuteronomio 20:1-4). Para abrir una campaña o entrar en un compromiso, los sacerdotes realizaban ritos sacrificiales (ver 1 Samuel 7:8-10; 13:9). Si la gente se *preparaba para la guerra* y presentaban los sacrificios apropiados a un Dios Santo, esto iba a *santificar* la guerra (ver Jeremías 6:4; 22:7; 51:27-28; Joel 3:9; Miqueas 3:5).

Isaías 13:3 declara que Jehová reúne sus ejércitos y manda a *"sus consagrados"*. Los sacerdotes, consagrados por los sacrificios ofrecidos antes de la guerra, en realidad eran los adelantados en la batalla.

El Señor llama hoy a sus adelantados. Hay una santificación piadosa que ocurre en el Cuerpo a medida que Él nos prepara para levantarnos contra las fuerzas que han retenido cautivas a nuestras familias, iglesias y ciudades. Si vamos a ir a la guerra, entonces no queremos ir sin el Señor como líder. Él es Emanuel, *¡Dios con nosotros!*

Prepárese con adoración

De acuerdo con Isaías 7, una coalición se había formado para hacer la guerra contra Judá. Siria y una facción de Israel se habían alineado para forzar a Judá hacia una dirección que no era la voluntad de Dios. El Señor envió a Isaías y su hijo, Sear-Jasub ("un remanente regresará") a profetizar al rey. El nombre de este hijo era una señal de que aunque reinaría el juicio siempre iba a existir un remanente. Isaías comenzó entonces a profetizar que el Señor mismo le daría una señal a Acaz: *"He aquí que la virgen concebirá, y dará a luz un hijo, y llamará su nombre Emanuel"* (v. 14). Dios decía que la señal sería una afirmación de que en el medio de la adversidad siempre iba a haber esperanza.

Creo que esta es la clave para que recordemos que Dios desea estar con nosotros en todo tiempo. *¡Si lo adoramos, estará allí para ayudarnos!*

Una palabra de parte de Dios

Cuando mi hijo Daniel tenía siete años le hizo a su mamá y a mí una pregunta: "¿qué es el ántrax?" Los dos nos quedamos asombrados de que a su edad nos hiciera tal pregunta. Mi padrastro (el abuelo de Daniel) tenía vacas y tierra, así que asumí que él le había mencionado el tema del ántrax dentro de un contexto natural. Sin embargo, cuando mi esposa y yo le preguntamos a Daniel acerca de dónde había escuchado la palabra "ántrax" dijo: "El Señor me habló y me dijo que está viniendo a los Estados Unidos".

Le expliqué qué era el ántrax. Siempre hemos sido honestos con nuestros hijos, así que le dije todo. Cuando tocara algo, inmediatamente debía lavarse las manos. Esto nos llevó a una crisis como familia.

Durante uno de mis devocionales una mañana comencé a buscar al Señor, preguntándole cómo iba a sacarnos de esta difícil situación y traer libertad y confianza a Daniel. El Espíritu de Dios me dijo: "Esto no se transformará en un tema para la vida de Daniel hasta que tenga veinte años". En el desayuno esa mañana, cuando comenzó a indagar obsesivamente sobre el ántrax con nosotros, le dije lo que el Señor había dicho. Pam me miró y dijo: "¿Cómo se te ocurre decir esto? ahora tendré que vivir con este temor obsesivo por los próximos trece años". Nada cambió realmente, excepto que había escuchado a Dios.

Responder en adoración

Cuando no sé qué hacer, o bien adoro o le pregunto a Dios qué puedo dar. Descubrí que puedo comenzar a escucharlo cuando comienzo a adorar, y Él siempre me va a decir dónde dar. Entonces puedo escucharlo sobre los temas que cargan mi corazón. Aquella noche cuando puse a Daniel en la cama, le dije: "Vamos a adorar". Escuchamos y cantamos con un casete de salmos. Al finalizar la música le dije: "Sabes cuánto te queremos mamá y yo. Hemos tratado de ayudarte de todas las maneras que conocemos para que se pueda pasar el temor de lo que Dios te ha mostrado. El perfecto amor echa fuera todo temor. Dios no nos ha dado espíritu de temor. Por lo tanto, pide al Señor que te muestre cuánto Él te ama. Ya que hemos adorado ¿quieres pedirle algo al Señor?"

Daniel contestó: "He estado tratando de atrapar una mariposa toda la semana, y no he podido".

Como todo buen padre, quería salir y encontrar todas las mariposas que pudiera y ponerlas en su cuarto para que cuando se despertara, lo estuvieran rodeando. Sin embargo, sabía que no podía hacer eso. Tenía que confiar en el Señor. A la mañana siguiente, cuando se levantó y estábamos sentados afuera, él aún temía el ántrax. Mientras oraba por él antes de salir a mi trabajo, sucedió algo interesante. Una mariposa vino y voló hacia nuestro patio y aterrizó sobre la camisa de Daniel. Él ahuecó sus manos alrededor de la mariposa, alzó los ojos hacia el Señor y dijo: " Porque me has mostrado cuánto me amas, voy a dejar libre a esta mariposa". Este fue un gran momento.

El ántrax llegó a los Estados Unidos

En el cumpleaños veinte de Daniel, los titulares de los diarios de los Estados Unidos anunciaban: "El ántrax golpea". Daniel trabajaba en una agencia de seguridad en nuestra región, y estaba enrolado en la academia de policía. Estaba viajando y lo llamé en el día de su cumpleaños.

La adoración hace que experimentemos el amor del Padre

Recordando la palabra de Dios sobre el ántrax, le pregunté cómo le iba. Dijo: "Papá, desde que adoramos aquella noche y Dios me reveló su amor al día siguiente, nunca más he cuestionado acerca de su amor protector sobre mí en medio de esta crisis particular". Él había recibido la fe que duraría para los próximos trece años de su vida y se extendería hacia el futuro.

La adoración nos hace experimentar el amor del Padre. La fe obra por amor. A medida que adoramos, la fe se desata.

La capacidad de Dios

Escuché estas palabras en mi espíritu "¡Dios puede!" El Espíritu Santo parecía que me llevaba a orar por el pueblo de Dios. En mis oraciones debía declarar *"Dios es poderoso para hacernos a cada uno capaces de vencer"*. Podía percibir que mucha gente está escuchando la voz del Señor; sin embargo, nuestro oír no se transformaba en la fe necesaria para vencer. Le pregunté al Señor cuál era el problema, y Él me dijo lo siguiente: "Mi pueblo debe ir de fe en fe. Luchan en su andar. Tienen fe débil. Sus expectativas y esperanzas de que voy a producir en el futuro sucesos que ocasionarán resultados favorables en sus vidas, son dejadas de lado por las circunstancias. Estas circunstancias les impiden entrar en mi poder creativo. Este nuevo vigor y fuerza que puedo desatar los catapultará hacia la próxima dimensión. *"Yo puedo, no te apoyes en tus propias capacidades, porque Yo puedo capacitarte".*

La fe debería ser creciente y continua. La fe debería producir obras en el Reino de Dios. Veo que ha aumentado la ansiedad por las cosas de este mundo. Hemos caído en el temor al fracaso, temor de herirnos, temor del abandono y temor del futuro. Hemos olvidado la capacidad de bendecir de Dios. ¡Dios puede darnos la fe para esto!

Uno de los significados de la palabra "sobrellevar" es reparar un pie quebrado para que de esa forma podamos dar un paso adelante, continuar en nuestras jornadas y poseer las promesas que Dios tiene para nosotros.

¡Levántese y adore! Permita que el Señor calce sus pies con paz. Que en cualquier lugar de su andar espiritual donde la paz haya sido quebrada, pueda ser reparada. Adore y continúe en su jornada hacia el cumplimiento profético. *"Y poderoso es Dios para hacer que abunde en vosotros toda gracia, a fin de que teniendo siempre en todas las cosas todo lo suficiente, abundéis para toda buena obra"* (2 Corintios 9:8). Reciba su gracia superabundante para que cada impedimento que haya en su camino y que le impide llegar "allá" sea vencido y el ciclo de su vida sea completado.

El rol de la fe en la adoración

En general, la fe es la persuasión de la mente que determinada declaración es cierta (ver Filipenses 1:27; 2 Tesalonicenses 2:13). Debemos ver que cuando algo es verdad entonces merece nuestra confianza, que es el principio básico que obra aquí. Tal como vimos cuando anteriormente analizamos las "cámaras" en Amós 9:6, la fe tiene niveles o grados. Vamos desde cámaras de oscura resistencia hasta que llegamos a la seguridad total de que lo que buscamos se manifestará.

La fe viene por enseñar, leer y escuchar La Palabra (ver Romanos 10:14-17), la que desata conocimiento. Conocimiento es un elemento esencial en toda fe y se observa algunas veces como equivalente de la fe (ver Juan 10:38; 1 Juan 2:3). Sin embargo, la fe difiere del conocimiento porque incluye el asentimiento. Este es un acto de la voluntad a través de la adoración. Ascender en adoración y recibir la verdad es la esencia de la fe. El terreno máximo sobre el que nuestro asentimiento, sobre cualquier verdad revelada, descansa en la veracidad de nuestro buscar y tocar a Dios. La exactitud o precisión de cómo operamos sobre la Tierra depende de nuestro ascenso por fe al interior del salón del trono.

Diferentes dimensiones de fe

Hay cámaras de fe, cada una con una dimensión de revelación. Los siguientes son diferentes tipos de niveles de fe y cómo se desata cada una:

1. **Fe histórica.** Este tipo de fe es cuando nos apropiamos y ascendemos basados sobre ciertas declaraciones y relatos históricos que han sucedido. Leemos un hecho de la historia, y eso hace que nuestra fe se levante. Un buen ejemplo es el avivamiento que sucedió en Gales al comienzo del siglo XX. Este avivamiento estuvo caracterizado por música increíble y manifestaciones de sanidad. El mundo fue grandemente afectado por esta manifestación de Dios sobre la Tierra. Por lo tanto, cuando leemos sobre eso, decimos: "¡Hazlo nuevamente, Señor!"

2. **Fe salvadora.** Fe y vida eterna están inseparablemente conectadas. El catecismo abreviado de la Asamblea dice lo siguiente: "Fe en Jesucristo es una gracia salvadora, de donde recibimos y descansamos en Él solamente para la salvación,

tal como Él nos es ofrecido en el Evangelio". Desde el momento que el Señor vistió a Adán y Eva luego de la caída, la fe salvadora se transforma en el objeto de la Palabra revelada de Dios. Este acto especial de fe nos une a Cristo (ver Juan 7:38; Hechos 16:31). Este acto de fe justifica pecadores delante de Dios (ver Juan 3:16-36; Romanos 3:22, 25). Este tipo de fe sabe que Jesús es nuestro mediador en lo referente a todos nuestros problemas. Este tipo de fe hace que confiemos y descansemos en Cristo para la redención. Este tipo de fe abraza a Jesús como Salvador. Este tipo de fe renueva nuestras voluntades. La adoración es una repuesta de la voluntad del hombre que regresa a su Creador. Cuando respondemos a nuestro Creador, este es un tipo de adoración que hace que nosotros, aún como pecadores, tomemos nuestro lugar en el tiempo y la creación. En realidad comenzamos a ubicarnos en lo que Dios hace sobre la Tierra en nuestra generación y nos alineamos. No hay ningún mérito en particular sobre esta fe, sino que desata una gracia en nosotros que nos alinea con la eternidad. Este tipo de fe descansa inmediatamente en *así dice el Señor*: escuchamos la Palabra, las buenas nuevas, y respondemos de acuerdo con eso. Estas buenas nuevas nos permiten saber que podemos tener vida eterna. Estas buenas nuevas entonces comienzan a mostrarnos que podemos comenzar a vivir la vida abundante aquí sobre la Tierra. Estas buenas nuevas nos libran de la condenación y nos justifican delante de Dios. Este tipo de fe nos da paz con Dios y comienza a santificar nuestra vida (ver Juan 6:37, 40; 10:27-28; Romanos 8:1).

3. **Fe temporal.** La fe temporal aparece cuando el Espíritu Santo nos vivifica. De pronto tenemos verdad e influencia de modo que podemos hacer la decisión correcta. Sin embargo, este tipo de fe debe echar raíces. Veo a individuos que son vivificados con un toque de parte de Dios y luego, tal como dice la Palabra, este tipo de fe es desplazada por

el afán del mundo o los pájaros del campo comienzan a remover lo que ha sido vivificado en ellos (ver Mateo 13: 4, 19). Este tipo de fe nos despierta, pero no nos mantiene despiertos. Únicamente si adoramos luego de haber sido vivificados, podemos comenzar a establecer esta vida dentro de nuestro espíritu.

4. **Fe sobrenatural.** John Dickson tiene *don de fe*; esta es una manifestación sobrenatural de un Dios santo dentro de nuestro hombre espiritual. Habitualmente viene a través de la adoración. Este tipo de fe tiene evidencia visible. Esta fe va más allá de la fe natural y salvadora a una confianza sobrenatural donde ninguna duda puede sacudirnos de lo que hemos escuchado. Pam, mi esposa, también opera en esto. Yo adoro diariamente y realmente estoy más orientado a caminar en guerra de fe. John o Pam están adorando y comienzan a orar sobre un tema que está en sus corazones y de manera repentina saben que Dios ya se ha ocupado de ese tema. Esta es una fe sobrenatural. Miran a la persona por la que están orando, y esa persona ya está sana. Esto podría no manifestarse hasta el año siguiente, pero en su corazón, está hecho. Habitualmente tengo que guerrear a través del año hasta que viene la manifestación.

5. **Guerra de fe.** Existe una progresión de fe que viene, creo que cuando adoramos. Cuanto más ascendemos, más grande es la fe desatada que viene a nuestro hombre espiritual. Quizá tiene un tema, una carga o un proyecto por el que ha orado. Adora y recibe una parte del rompecabezas. Dios le habla durante la adoración. De la voz de Él hace guerra hasta la próxima estación, y luego consigue nuevo territorio. Adora más, y obtiene más revelación. De esta revelación, guerrea. En 1 Timoteo 1:18 dice: *"Para que conforme a las profecías (...) en cuanto a ti, milites por ellas la buena milicia"*. Obtiene revelación. Cuando guerrea, obtiene más revelación. Cuando guerrea, en su momento ve el proyecto o edificio acabado. Llamo a esto la fe tipo Nehemías.

Cuanto más ascendemos, mayor fe desatada viene a nuestro hombre espiritual

6. Fe vencedora.

"Entonces oí una gran voz en el cielo, que decía: Ahora ha venido la salvación, el poder, y el reino de nuestro Dios, y la autoridad de su Cristo; porque ha sido lanzado fuera el acusador de nuestros hermanos, el que los acusaba delante de nuestro Dios día y noche. Y ellos le han vencido por medio de la sangre del Cordero y de la palabra del testimonio de ellos, y menospreciaron sus vidas hasta la muerte" (Apocalipsis 12:10-11).

Hay una guerra continua en el ámbito terrenal. Porque el Reino ha venido y está entre nosotros, tenemos la capacidad para vencer a nuestros enemigos. Cuando el sonido del cielo se imparte a nuestro hombre espiritual, se levanta la fe. Este es el sonido del triunfo. Es el sonido de la sangre. Es el sonido de la autoridad. Es el sonido de la redención. Es el sonido de la victoria. Una vez que nos apropiamos de este sonido, la victoria de la obra terminada de Cristo comienza a manifestarse.

7. Manifestada o fe de gloria.

"El que tiene mis mandamientos, y los guarda, ese es el que me ama; y el que me ama, será amado por mi Padre, y yo le amaré y me manifestaré a él" (Juan 14:21).

Manifestarse es hacer resplandecer. Manifestarse significa revelar, aparecer o presentarse a la vista. Por lo tanto, Dios manifiesta su presencia a nosotros, y sentimos su peso sobre nosotros y en medio de nosotros. Yo llamo a esto "fe de gloria". Estamos en realidad vestidos con vestiduras celestiales –su gloria–. Esto produce honor, esplendor, poder, se desata la riqueza, autoridad, fama, magnificencia, dignidad y excelencia. Este es el tipo de fe que hizo que los individuos del capítulo de la fe –Hebreos 11– fueran así. Este es el tipo de fe que deberíamos vestir en el ámbito terrenal. Creo que este es el tipo de fe que cubrirá la Tierra en los últimos días.

En el interior del salón del trono

Por tanto, teniendo un gran sumo sacerdote que traspasó los cielos, Jesús el Hijo de Dios, retengamos nuestra profesión. Porque no tenemos un sumo sacerdote que no pueda compadecerse de nuestras debilidades, sino uno que fue tentado en todo según nuestra semejanza, pero sin pecado. Acerquémonos, pues, confiadamente al trono de la gracia, para alcanzar misericordia y hallar gracia para el oportuno socorro (Hebreos 4:14-16).

Venir "confiadamente" significa no ser reservados y acercarnos con franqueza total y apertura al hablar. Muchos de nosotros no venimos al salón del trono en forma osada, porque nos olvidamos que nos estamos acercando al trono de la gracia. Pensamos del salón del trono en términos de juicio. Obtenemos misericordia para todo lo que hayamos hecho en el pasado. Y luego obtenemos nueva gracia y fe para nuestras circunstancias presentes. Podemos también obtener la fe suficiente para que nos impulse hacia el futuro.

No solamente podemos venir confiadamente al salón del trono por medio de la adoración a Dios, sino que la adoración entroniza a Dios (ver Salmos 22:3).

Dick Eastman escribe lo siguiente en *Heights of Delight: An invitation to Intercessory Worship* (*Cumbres de deleite: una invitación a la adoración intercesora*):

El actual movimiento creciente de adoración intercesora de las arpas y las copas es precisamente esto, ser llevados a nuevas alturas en la búsqueda de Dios. Y puedes unirte a este movimiento diariamente. Es simple: declara en canción (adoración) y oración (intercesión) que Dios habita, o es entronado, en cada situación. Este es el resultado de toda esta adoración intercesora. Dios *está siendo* entronado porque su pueblo *está* buscándolo en adoración apasionada como nunca antes. Las zonas del trono *se están* estableciendo a través de la Tierra donde Dios puede habitar en toda su plenitud. Una intercesión radical, revolucionaria, es el resultado, y un nuevo clima se crea para transformar a las personas y naciones a través del evangelismo fructífero. Y esto es solamente el comienzo.[1]

El apóstol Juan fue probablemente el último de los apóstoles originales que caminó sobre la Tierra. Estos apóstoles eran los responsables de pasar su manto de revelación de generación a generación.

Encontramos a Juan en la Isla de Patmos, un lugar sobre la Tierra, pero ascendiendo hacia un lugar en los cielos. Desde este lugar nos comunicó la revelación e información de los cielos y su modelo. Es necesario que nosotros entendamos esto a medida que avanzamos a través de los siglos. Su corazón adorador recibió visiones y sonidos del cielo. Vio modelos en el cielo que Dios quería manifestar en la Tierra. Juan vio a Dios entronado como nuestro omnipotente Creador. Le mostró a Juan el trono. Todo en el cielo se desarrollaba alrededor de este trono real. Vio a las criaturas vivientes y a los ancianos unirse con las criaturas vivientes en adoración. Luego vio a Jesús como un león conquistador y un tierno cordero.

Me gusta lo que escribe Ernest Gentile en *Worship God (Adora a Dios)*:

El Cordero es el Jesús viviente ¡radiante en su gloria! Las heridas que produjeron su muerte destellan como la prueba de que es el autor de la salvación. Por causa de su muerte, Jesús recibió el título de Cordero de Dios (ver Juan 1:29) para abrir el libro del destino y permitir llevar los propósitos históricos de Dios a su clímax. El precioso cuerpo y sangre del Cordero están en el mismo corazón y seno de Dios el Padre, y como tal, están ubicados *"en medio del trono"*. En principio, únicamente el Dios Omnipotente, Padre-Creador era adorado, pero ahora el Hijo Salvador, quien hizo la expiación, triunfante, también lo es. El cielo reverbera con la adoración apasionada y extravagante de las huestes celestiales. Clamores de *"¡Digno es el Cordero!"* atraviesan los cielos en tonos siempre crecientes. Las palabras de este grandioso himno de J. Mountain expresan en una pequeña medida las visiones y sonidos de esta escena celestial:

He aquí la Iglesia triunfante cantando
digno es el Cordero.
Los cielos resonando en alabanzas,
digno es el Cordero.
Tronos y poderes delante del Él se postran,
dulces fragancias ascendiendo con la voz
expanden el coro que no cesa.
¡Digno es el Cordero!

Cada pueblo, lengua y nación,
digno es el Cordero,
se une para cantar la grandiosa salvación,
digno es el Cordero.
Fuerte y poderoso rugir resuena,
corrientes de poderosas aguas se derraman,

postrados a sus pies adorando,
¡digno es el Cordero!

Arpas y canciones que suenan eternamente
digno es el Cordero.
Poderosa gracia sobre el pecado abunda,
digno es el Cordero.
Con su sangre amorosamente nos compró,
perdidos del redil Él nos fue a buscar,
y nos trajo a la gloria segura.
¡Digno es el Cordero![2]

El Salmo 11:4-5 dice: *"Jehová está en su santo templo; Jehová tiene en el cielo su trono; sus ojos ven, sus párpados examinan a los hijos de los hombres. Jehová prueba al justo; pero al malo y al que ama la violencia, su alma los aborrece".* Aunque somos probados en el ámbito terrenal, tenemos acceso al salón del trono para encontrar gracia para continuar. Desde este lugar, gobernamos con Él. Aunque se edifican tronos de maldad en la Tierra, cuando adoramos al Dios santo su presencia se desata para quebrar cada estructura malvada que se opone a su Reino.

Abraza la gloria

Juan adoró alrededor y delante del trono. Fue testigo de la adoración que salía del trono. Estaba justo en medio del trono. Cuando fue arrebatado al cielo, estaba en "la gloria".

Juan tuvo mayores visiones que ningún hombre de su generación. Recibió un mensaje claro que está registrado en Apocalipsis 22:6-11:

Y me dijo: Estas palabras son fieles y verdaderas. Y el Señor, el Dios de los espíritus de los profetas, ha enviado su

119

ángel, para mostrar a sus siervos las cosas que deben su-
ceder pronto. ¡He aquí, vengo pronto! Bienaventurado el
que guarda las palabras de la profecía de este libro. Yo
Juan soy el que oyó y vio estas cosas. Y después que las
hube oído y visto, me postré para adorar a los pies del
ángel que me mostraba estas cosas. Pero él me dijo: Mi-
ra, no lo hagas; porque yo soy consiervo tuyo, de tus her-
manos los profetas, y de los que guardan las palabras de
este libro. Adora a Dios. Y me dijo: No selles las palabras
de la profecía de este libro, porque el tiempo está cerca.
El que es injusto, sea injusto todavía; y el que es inmun-
do, sea inmundo todavía; y el que es justo, practique la
justicia todavía; y el que es santo, santifíquese todavía.

Lo que se vio en el salón del trono no debía ser sellado o mantenido en secreto para ninguna generación. La revelación salida del
cielo era relevante para todos los cristianos hasta la venida del Señor en el cumplimiento completo del plan de su Reino.

La Palabra de Dios declara: *"Por tanto, nosotros todos, miran-*
do a cara descubierta como en un espejo la gloria del Señor, somos
transformados de gloria en gloria en la misma imagen, como por el
Espíritu del Señor" (2 Corintios 3:18, subrayado agregado). A través de la muerte sacrificial de nuestro Señor Jesús, Él abrió un camino para que nosotros fuéramos hacia el salón del trono y
experimentáramos su gloria. Vamos de un lugar de gloria hacia
otro. A través de su muerte, el velo del lugar santísimo donde habita su presencia se partió en dos. Dios hizo disponible su presencia para los que creyeran en Él. En este punto, la casa de Dios
Betel, el tabernáculo de David y el templo de Salomón cambiaron
de ser edificios externos hacia el mismo corazón de la humanidad. Por lo tanto, su gloria puede habitarnos y manifestarse a través de nosotros.

Pablo escribió a los corintios: *"¿No sabéis que sois templo de*
Dios, y que el Espíritu de Dios mora en vosotros?" (1 Corintios 3:16).
Estar lleno de fe es estar lleno de la presencia de Dios.

¿Quién es este Rey de gloria? La gloria de Dios es el Espíritu de Dios. A medida que abrimos las puertas de nuestros corazones, su gloria entra. Recuerdo la primera vez que realmente experimenté la gloria de Dios. Tenía 18 años y fue como si su amor me rodeara. Luego, a los 24, tuve otro increíble encuentro con el Señor. Acababa de ver ciertos pecados y patrones inicuos que habían estorbado dos generaciones anteriores de mi familia. Escribo sobre esto en *Poseyendo vuestra herencia,* en el capítulo titulado *Entendiendo el pecado y la iniquidad generacional.*

> Cuando entramos en relación con Dios a través de Cristo, en realidad entramos en un pacto de sangre con Él (ver Mateo 26:28 y paralelos; Marcos 14:24; Lucas 22:20; 1 Corintios 1:25). En ese momento sucedió un intercambio divino. Dios desató la sangre santa de Cristo para hacer expiación por nuestros pecados. Enorme poder está disponible para nosotros en la sangre de Cristo, más allá de nuestra salvación. Sin embargo, tenemos que elegir apropiarnos de ese poder tal como hicimos cuando vinimos primeramente a Cristo. La salvación estaba disponible para nosotros, pero no fuimos salvos realmente hasta que vinimos a Dios y recibimos a Cristo. A través del poder de la sangre de Cristo podemos intercambiar tales cosas como maldiciones por bendiciones; culpa por pureza; enfermedad por salud; carencia por provisión; pena por gozo; esclavitud por libertad y muerte por vida eterna.[3]

El poder limpiador de la sangre del Señor Jesucristo permite a su Espíritu manifestarse dentro de nosotros, lo que hace que su gloria invada cada célula de nuestro ser. Hebreos 9:14-15 nos dice:

> *¿Cuánto más la sangre de Cristo, el cual mediante el Espíritu eterno se ofreció a sí mismo sin mancha a Dios,*

limpiará vuestras conciencias de obras muertas, para que sirváis al Dios vivo? Así que, por eso es mediador de un nuevo pacto, para que interviniendo muerte para la remisión de las transgresiones que había bajo el primer pacto, los llamados reciban la promesa de la herencia eterna.

Sobre este punto Bob Sorge escribe:

La verdad es que la gloria de Dios irrumpe. Es indomable, incontrolable, imparable y peligrosamente todo-consumidora. Destruye agendas, calendarios, órdenes de servicios, listas de canciones y planes cuidadosamente trazados. Frustra, expone, confunde y anula los mecanismos controladores de los líderes de las iglesias. La gloria es peligrosa y revolucionaria. Explosiva, no domesticable, volátil, fraccionadora e invasiva. La gloria se abre paso con fuerza como una ola de marea, arrastra las redes y líneas de la familiaridad que nos han ayudado a sentirnos seguros. El reloj podría ayudarnos a establecer cuándo comienza una reunión, pero es inservible para determinar cuándo podría terminar. Los edificios se repletan, apenas pueden mantenerse limpios los servicios sanitarios, los niños pareciera que están por todas partes, los críticos abundan y los vecinos se quejan[4]

Sé cuando la gloria de Dios comenzó a manifestarse en mi vida. Dio vueltas todas las cosas. Veo que sucede lo mismo en las iglesias.

Gloria versus religión

Cuando la gloria de Dios viene a nuestro medio, las cosas cambian. Lo normal se quiebra. Creo que ir de gloria en gloria es una de las cosas más duras que debemos conquistar en la cristiandad. Una vez que el Señor nos visita y manifiesta su gloria, comienza un nuevo orden. Tal como Bob Sorge lo hizo notar, todo se modifica. Para procesar la irrupción de la gloria de Dios, el liderazgo debe establecer nuevos procedimientos de administración. Estos en su momento se transforman en los métodos de la visitación de la gloria de Dios. Sin embargo, cuando es tiempo de que una nueva revelación nazca para que la Iglesia sea relevante en la sociedad de su tiempo, Dios visita nuevamente. Su gloria irrumpe otra vez. La trampa en que caemos es querer seguir operando en los métodos que usábamos en la última manifestación de la gloria de Dios.

Cuando la gloria de Dios viene a nuestro medio, las cosas cambian. Lo normal se quiebra

En Efesios 6:11 la Palabra de Dios nos instruye a ponernos la armadura completa de Dios para que podamos estar firmes contra las asechanzas del diablo. En el griego esta palabra "asechanzas" es *methodeia* y significa el método o engaño que aguarda. Esta es la manera como los espíritus religiosos compiten y detienen el próximo mover de la gloria de Dios sobre la Tierra. Cuando no queremos continuar y experimentar lo que Dios tiene para nosotros hoy, somos engañados a pensar que lo que habíamos experimentado en el pasado es suficientemente bueno. Por lo tanto, la gloria de Dios comienza en realidad a irse de nosotros. Encontramos un ejemplo de esto en 1 Samuel 4. El liderazgo y el pueblo habían caído en tal desorden que el arca del Señor fue capturada en batalla. La esposa de Finees dijo durante su laborioso trabajo de parto: *"¡Traspasada es la gloria de Israel!"* (v. 21).

Cuando dejamos de avanzar en la adoración, el asombro, la gloria y la presencia de Dios, llegado el momento se van. Esto no sucede de repente. Habitualmente comienza cuando resistimos el cambio y el progreso en el tiempo.Creo que perdemos nuestra desesperación por Dios. Preferiríamos no cambiar y establecernos en una forma de piedad que buscar al mismo Dios. Tenemos que recordar el principio en 1 Samuel 4. Israel había caído en desorden por causa de un sacerdocio impío. Esto hizo que la gloria de Dios se fuera. Sin embargo, vemos que la presencia de Dios permanecía. El arca del pacto de Dios representaba su presencia. En cierto momento, el arca fue capturada por el campamento enemigo.

De la misma manera tenemos acceso a la gloria y la presencia de Dios; sin embargo, porque no reconocemos y honramos su gloria y presencia en nuestro medio, Él permite apartarse.

El primer milagro

Amo el primer milagro de Jesús. Creo que siempre deberíamos mirar las cosas que sucedían en primer lugar en La Biblia; es de ellas que obtenemos nuestros prototipos. Jesús y sus discípulos están con su madre en una boda. Su madre lo alienta a hacer algo con respecto al vino que se había terminado antes de que finalizara la boda. Las bodas por lo general duraban siete días. Entonces durante todo el festejo podían sacar el vino viejo y usar ese cuando ya nadie se daba cuenta que el vino no era de la misma calidad que antes.

Jesús entra en acción para revelar su verdadera identidad sobre la Tierra. Juan 2:6-7 hace la crónica del hecho: *"Y estaban allí seis tinajas de piedra para agua, conforme al rito de la purificación de los judíos, en cada una de las cuales cabían dos o tres cántaros. Jesús les dijo: Llenad estas tinajas de agua. Y las llenaron hasta arriba".* Las tinajas eran utilizadas en una forma de ceremonia ritual. Jesús estaba a punto de mostrarles un nuevo camino de celebración. Todos conocemos la historia: transformó el agua en un muy buen vino.

Si todos le permitimos al Señor irrumpir en nuestra adoración ritualista, comenzaremos a recibir lo mejor que Él tiene para nosotros. Este milagro era el comienzo de las señales que Jesús hizo en Caná de Galilea. Permitió la manifestación de su gloria y demostró su deidad y propósito. Sus discípulos comenzaron a creer en Él, porque en realidad habían visto la gloria revelada. Dios está desatando su gloria hoy. Que podamos recibirla en nuestro medio.

Las huestes celestiales

Imagine a ángeles que aparecen para anunciar que la gloria de Dios ha venido a la Tierra. Los ángeles con frecuencia preceden la gloria de Dios, y también vienen después. Estamos entrando en una estación de visitación angélica. Ya nos están visitando más cantidad de ángeles que los que sabemos.

Con frecuencia viajo alrededor del mundo para enseñar sobre la gloria de Dios. Estoy agradecido a los ángeles que van antes que yo y junto a mí mientras viajo. Marty Cassady; líder de oración estratégica para Global Harvest, nos cuenta la siguiente historia:

Mi amigo y yo estábamos en Nápoles, Italia, en una jornada de oración. Habíamos completado todo lo que programamos y nos dimos cuenta que aún nos quedaba un día completo de viaje. Al comenzar a mirar el mapa y orar para ver qué haríamos, los dos sentimos que debíamos visitar Pompeya. Como estábamos parando en un hogar privado y no teníamos transporte propio, nuestros anfitriones nos dijeron cuál micro de la ciudad nos llevaba a la estación del tren y cuál era el tren que nos llevaría a Pompeya. Nos pusimos en viaje conscientes, aunque no demasiado, de cuánta atención despertábamos en el micro. Los dos estábamos vestidos de forma informal, pero la mayoría a nuestro alrededor en forma muy tosca, para decirlo suavemente. Sabíamos que habíamos orado sobre la decisión y no sentíamos temor, sin ninguna duda, que debíamos continuar nuestra jornada.

Llegamos a la estación del tren y compramos nuestros boletos. Esperar el tren fue un poco incómodo, dado que las miradas y el comportamiento de los que nos rodeaban se había tornado de lo peor. Realmente parecía ser un sector de la ciudad muy malo, conocido por su ilegalidad. Pero no estábamos demasiado preocupados, y nos hicimos la idea de aferrarnos a nuestras carteras y ocuparnos de lo nuestro. Entramos al tren y los asientos se dividían en secciones de cuatro, cada uno con dos asientos enfrentados. Nunca olvidaré la primera vez que el tren se detuvo para que los pasajeros subieran y bajaran. Entró un caballero de aspecto tan americano vestido con un par de pantalones color caqui y camisa blanca de golf, y un blazer azul marino y con chinelas. Se dirigió directamente a los dos asientos enfrentando a mi amigo y a mí y se sentó. Tan pronto como se sentó, se inclinó hacia mí y me habló en perfecto inglés, con una voz llena de autoridad: "Quítate ese reloj y los aros de oro". Fue algo tan extraordinario ver a un hombre vestido como él abordar el tren en las afueras de Nápoles, Italia, que hice exactamente lo que dijo y me saqué el reloj y los aros. Nos preguntó: "¿A dónde van?" Le dijimos que a Pompeya. Luego nos preguntó: "¿En qué estación van a bajar?" Le dijimos la estación que nuestros anfitriones nos habían sugerido. Inmediatamente nos dijo que esa no era la correcta y que debíamos seguirlo y descender del tren para comprar otros boletos. Nos dijo que debíamos utilizar la misma estación cuando regresáramos a la ciudad por la tarde.

Faltaban aún un par de paradas –más o menos veinte minutos de viaje– y ni mi amigo ni yo dijimos una palabra en el resto del viaje. Esperamos solamente para seguirlo y descendimos para comprar nuestros boletos. Al dejar el tren, nos señaló la boletería y fuimos a comprar nuestros boletos. Cuando nos dimos vuelta para agradecerle, no lo vimos por ninguna parte. Los dos nos miramos uno al otro y dijimos al unísono: "¡Ese era un ángel!" Pensando sobre esto al pasar los años, con frecuencia me pregunto por qué no le hice preguntas. ¿De dónde era? ¿Cómo sabía cuál era la parada correcta? Y otras cosas. Tuvimos mucho tiempo a medida que el tren continuaba, pero había algo en la atmósfera de aquel tren cuando él entró que no admitía ninguna pregunta. Cuando pienso en ese día, fue como si la atmósfera y autoridad del cielo hubieran entrado en el vagón del tren, e hicimos tal como nos dijo. Cuando pienso en ese encuentro y me doy cuenta ahora que mi amigo y yo corríamos bastante peligro, lo que más me sacude es la gran confianza que me dejó. Ahora sé que sé que si hacemos del Señor nuestra habitación, ningún daño vendrá sobre nosotros. ¡Porque a sus ángeles mandara acerca de nosotros para que nos cuiden en todos nuestros caminos!"[5]

Existen muchas historias maravillosas como esta, donde la gente sabe que los ángeles los han visitado.

Visitación angelical a través del portal

La visitación angelical es un concepto importante para entender una vez que el portal de gloria ha sido establecido y que ha conectado el cielo con la Tierra. He visto ángeles unas pocas veces, pero reconozco la presencia angelical. Creo que este es el tipo de discernimiento que viene a través de la adoración y el conocimiento de la gloria de Dios y cómo su presencia se manifiesta a nuestro alrededor. Realmente no existen reglas establecidas para las apariciones angelicales. Hebreos 1:14 declara: *"¿No son todos espíritus ministradores, enviados para servicio a favor de los que serán herederos de la salvación?"*

Los ángeles sirven a ambos, a Cristo y al hombre. En esa sección de Hebreos Jesús es presentado como el creador del cielo y de la Tierra y como el Inmutable. Su superioridad es evidente al ser entronado. Una vez que entronamos al Señor, los ángeles son enviados para guiar, dirigir y colaborar con nosotros para cumplir su propósito sobre la Tierra. Hebreos 1:13 declara: *"Pues, ¿a cuál de los ángeles dijo Dios jamás: Siéntate a mi diestra, hasta que ponga a tus enemigos por estrado de tus pies?"* Esta es Escritura de guerra.Veremos el orden de Dios para la guerra y la victoria en el próximo capítulo.

Notas

1   Dick, Eastman, *Heights of Delight* (Ventura, CA.:Regal Books, 2002), pp. 52-53.

2   Ernest B. Gentile, *¡Worship God!* (Portland, OR.; City Bible Publishing 1994), pp. 105-106.

3   Chuck D. Pierce y Rebecca Wagner Sytsema, *Poseyendo su herencia* Ventura, CA.: Renew Books, 1999), p. 184.

4   Bob Sorge, *Gloria. Cuando los cielos invanden la tierra* (Greenwood, MO.: Oasis House, 2000) p. 41.

5   Marty Cassady, e-mail enviado al autor, 22 de marzo de 2002.

CAPÍTULO 7

Las huestes celestiales, Judá y el León

Estoy sacudiendo mi melena, y alistándome a lanzar mi rugido
El Señor de los ejércitos guiará a su pueblo hacia adelante.
Y estoy a las puertas,
parado en juicio ante las puertas.

Contra la injusticia y el hombre fuerte de opresión,
rujo contra los que quiebran el pacto y el derramamiento
de sangre inocente.
Los espíritus de Jezabel y Acab, falsos gobernadores que buscan más.
La idolatría y la pobreza escucharán el rugido del León.
Sacudo mi cabellera y me preparo a lanzar mi rugido.
Estoy levantando mi Iglesia y entrenando su mano para la guerra.
Estoy de pie ante las puertas, haciendo guerra.

Judá, Judá va a arar,
Judá, Judá significa alabanza (al Dios verdadero).
Judá, Judá irá primero.
Ilegalidad, escucha mi rugido.
Descreimiento y temor les digo: "basta".
Depresión, pena, aflicción... estoy a la puerta.
Falsa adoración y falsa religión,
avivo mi celo para la guerra.

Estoy sacudiendo mi cabellera y alistándome para lanzar mi rugido.
¿Quién puede soportar el soplo de la presencia del Señor?
Y de pie ante las puertas, estoy tomando mi lugar.

Sacudo mi cabellera, sacudo mi cabellera,
sacudo mi cabellera.
Este león fuerte, confiado, agresivo, se ha
despertado en nosotros y sacude su cabellera
preparándose para rugir.
Nosotros somos su voz.

CHUCK D. PIERCE Y JOHN DICKSON, *LA CABELLERA DE JUDÁ*

Jehová rugirá desde lo alto, y desde su morada santa dará su voz; rugirá fuertemente contra su morada; canción de lagareros cantará contra todos los moradores de la tierra (Jeremías 25:30).

Los cielos se abren

Soy disciplinado en mi búsqueda de Dios. Trato de tener tiempo consistente en el estudio de la Palabra y en la adoración.

Cuando trabajaba en el centro de Houston, algunos días tomaba el micro desde y hacia mi casa en la parte norte de la ciudad. Una mañana me había levantado y adorado desde las 05:00 hasta las 06:00 y estaba inundado de la presencia de Dios. Luego me alisté y tomé el micro a las 07:00. De camino al trabajo, comencé a leer el libro de Efesios. Recién había comenzado cuando llegué a Efesios 1:3-6:

> Bendito sea el Dios y Padre de nuestro Señor Jesucristo, que nos bendijo con toda bendición espiritual en los lugares celestiales en Cristo, según nos escogió en él antes de la fundación del mundo, para que fuésemos santos y sin mancha delante de él, en amor habiéndonos predestinado para ser adoptados hijos suyos por medio de Jesucristo, según el puro afecto de su voluntad, para alabanza de la gloria de su gracia, con la cual nos hizo aceptos en el Amado.

Comencé a alabar y agradecer al Señor por elegirme antes de la fundación del mundo. Los cielos se abrieron. Pude ver todas las futuras bendiciones que Dios tenía para mí. También pude ver las bendiciones que estaban allí para las generaciones anteriores que nunca habían sido tomadas y las bendiciones que el Señor tenía para mis hijos que estaban por venir. De repente el Señor comenzó a derramar fe en mi espíritu, fue como si un túnel se hubiera extendido desde el cielo directamente hasta dentro del micro.

No podía contenerme, así que grité: "¡Aleluya!" Los que estaban a mi alrededor me miraron, asombrados. Pensé para mí mismo: *Seguramente pueden sentir y ver lo que yo veo y siento,* y dije: "Señor, estoy tan lleno de fe, que no sé qué hacer". Él me dijo: "Dásela a alguien que esté sentado cerca de ti". Le pedí a una señora que estaba sentada adelante si tenía alguna necesidad por la que pudiera orar. Ella comenzó a contarme sus problemas. Supe entonces qué significaba orar la oración de fe.

131

La adoración y los ángeles

La adoración y los ángeles van juntos. En toda la Palabra encontramos la visitación angelical asociada con la adoración. He visto ángeles un par de veces.

Una vez, cuando era niño, nuestra familia visitaba a mis abuelos, que vivían en una avenida bastante transitada de Texas. Estábamos a punto de cruzar el camino. Mi hermano menor, que tenía ocho años en ese momento, bajó de la acera a la calzada y ya comenzaba a cruzar la avenida antes que nadie. Cuando lo hizo, vi a una persona que lo tiraba hacia atrás, hacia la banquina, mientras un auto pasaba a alta velocidad, casi rozándolo. Quedó tirado en el borde, y todos nosotros temerosos y asombrados, buscábamos a quien lo había empujado fuera del camino. Aunque éramos niños, asumimos que un ángel había intervenido.

A través de toda La Palabra
encontramos la visitación angelical
asociada con la adoración

En otra oportunidad, estaba dirigiendo una reunión de avivamiento en una ciudad de Nueva México, y vi un ángel de pie en el lado izquierdo del púlpito. Yo tenía cuatro equipos de ministerio a lo ancho del frente del santuario. En cualquier momento en que una persona venía hacia el lado izquierdo del púlpito, veía cómo el ángel los tocaba. La persona inmediatamente respondía al poder que había sido desatado dentro de su vida. Este poder se manifestaba en restauración o sanidad, ambas física y espiritual. Toda la gente en la reunión reconoció el poder sobrenatural de Dios manifestado en el lado izquierdo del santuario. Mientras que no siempre veo ángeles, siento la presencia angelical, especialmente durante la adoración.

Personas que ven ángeles

En el capítulo anterior conté una historia de Marty Cassady. Ella con frecuencia ve ángeles. Cuando le pedí que me contara un poco más cómo fue que comenzó, me narró lo siguiente:

Para hablar sobre mi historia sobre ángeles, debo dar crédito a mi hija, Beth, que ahora está con el Señor. Debido a una increíble experiencia que tuvo con un ángel comencé a orar para que el Señor me permitiera "ver" dentro de ese ámbito del Reino en donde existen los ángeles.

Ella tenía solamente 23 años, recién salida de la universidad, y trabajaba por primera vez como miembro activo de un grupo dinámico de estudio de la universidad y de la iglesia local. El líder de este grupo tenía un corazón por los desposeídos, y como el corazón de Beth también estaba por los solitarios, los carentes y los pobres, era natural que se uniera en las visitaciones del grupo para ministrar en la ciudad. Este sábado por la noche en particular eligieron los bares del centro de Cincinnati. El plan era que simplemente iban a entrar en los bares, medir la situación espiritual y bendecir a las personas mientras dejaban un folleto con la descripción de su ministerio e invitaban a los individuos del bar a asistir. Ya habían visitado tres bares en esa fría tarde de noviembre y todo había salido de acuerdo al plan. Muchos de los clientes de los bares no querían tomar el folleto y aceptar su invitación, pero varios expresaron interés. En ningún momento nadie del grupo había sentido que existiera peligro.

Les quedaba solo un bar, y la entrada a ese establecimiento en particular tenía la puerta muy estrecha. Mientras que los otros tenían puertas que permitían que un grupo ingresara al mismo tiempo que otro salía, esta puerta solamente permitía que lo hiciera una persona por vez, tanto para entrar como para salir. Había cinco ministrando esa noche, y Beth contaba más tarde la mismísima presencia del mal que sintieron al entrar al bar. A medida que los miembros del equipo estaban todos sintiendo la misma pesadez, el líder los animó a quedarse parados y esperar para salir. Él rápidamente había medido la situación y sabía que ministrar en este lugar iba a ser imposible. Pero había una turba que estaba comenzando a salir justo en el momento en que ellos entraban. La única cosa que el grupo podía hacer era pararse y esperar para que los que salían atravesaran la puerta antes de que ellos. Tal como Beth lo describió, había tal sentido de temor y miedo que entendían que su seguridad estaba en riesgo. Aunque sabían que el tiempo que le llevaría salir al grupo sería muy corto, Beth contó que estaba aterrorizada. Dijo que cerró los ojos con fuerza e hizo una oración pidiendo al Señor que los protegiera. Solamente habían pasado unos segundos, y al abrir sus ojos vio a un ángel enorme parado, que daba la espalda al grupo de cinco. Estaba de pie ¡justo frente a Beth! Ella dijo que tenía por lo menos tres metros y medio de altura y estaba tan cerca y era parte tan cierta del ámbito "natural" que sentía que si se estiraba hubiera podido tocarlo. Describió el sentido de paz que vino sobre ella inmediatamente que vio esto, el blanco increíble de sus alas, el plateado que parecía ser parte del blanco, y el efecto deslumbrante que tenía este ser angelical. Era como si al mirar a este ser por más de unos pocos segundos una persona podría quedarse ciega. Casi en forma instantánea y simultánea, el líder animaba al grupo a salir, dado que la turba había pasado a través de la puerta angosta y ahora el camino estaba libre para que el grupo saliera. Cuando se pararon afuera en la acera para comentar el temor y miedo que habían sentido, el líder del grupo preguntó: "¿Sintieron todos la ola de paz mientras estábamos parados allí esperando para salir?" Y Beth preguntó: "¿Vieron al ángel que vino y se paró frente a nosotros?" Nadie había visto la presencia angelical, excepto Beth. Fue tan solo un minuto o menos, pero la experiencia dejó una gran impresión en ella, y su descripción del incidente me impactó enormemente.

El Señor me mostró que tal como habló a Jeremías, podría hablarme.

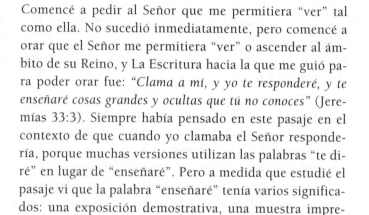

Comencé a pedir al Señor que me permitiera "ver" tal como ella. No sucedió inmediatamente, pero comencé a orar que el Señor me permitiera "ver" o ascender al ámbito de su Reino, y La Escritura hacia la que me guió para poder orar fue: *"Clama a mí, y yo te responderé, y te enseñaré cosas grandes y ocultas que tú no conoces"* (Jeremías 33:3). Siempre había pensado en este pasaje en el contexto de que cuando yo clamaba el Señor respondería, porque muchas versiones utilizan las palabras "te diré" en lugar de "enseñaré". Pero a medida que estudié el pasaje vi que la palabra "enseñaré" tenía varios significados: una exposición demostrativa, una muestra impresionante o ¡algo exhibido especialmente para maravillar! También descubrí que se traduce "declarar", "haré aparecer", y finalmente, y más interesante que todo lo demás, "mensajero". El Señor comenzó a mostrarme que tal como Él hablo a Jeremías cuando estaba confinado en el patio de la guardia –dado que esa era la situación de Jeremías cuando Dios le habló esta Escritura– Él podía hablarme en los "confines" de lo natural y "mostrarme" esas cosas grandes y ocultas que no sabía que existían en el ámbito espiritual cuando ascendemos. Comencé a orar diligentemente que el Señor me permitiera ver un ángel.[1]

No existen reglas establecidas para las apariciones angelicales. Lo único que sí sabemos es que la Palabra de Dios declara que los ángeles son espíritus ministradores para servir a los que heredarán la salvación (ver Hebreos 1:14). También sabemos que los espíritus ministradores trascienden el ámbito natural desde el ámbito espiritual. A medida que ascendemos en adoración, sabemos también que se abre un portal para la visitación angelical. Durante nuestros tiempos de oración y clamor a Dios, durante esos tiempos cuando adoramos con abandono como lo hizo David, entramos el ámbito del espíritu. El Salmo 37:4 nos muestra que a medida que nos deleitamos en el Señor, Él nos da los deseos de nuestro corazón.

Marty tenía más para decir sobre lo que le sucede cuando asciende en adoración:

Muchas veces consigo dar una rápida mirada al ámbito celestial, y con frecuencia incluye visión de ángeles. Pero igualmente con frecuencia estoy en mis actividades normales y tengo un vistazo breve de ángeles. Justo la semana pasada, mientras regresaba de un viaje a Florida volando vía Chicago, miré hacia abajo del avión y vi una hueste de ángeles sobre la ciudad de Chicago. Supe que su presencia era una respuesta a la oración de alguien o a su experiencia de ascensión para proteger la ciudad, y que era para que comenzara un avivamiento. En noviembre de 2001, mientras estaba delante del Señor, tuve una visión de los cielos. El Señor me permitió ver miles y miles, aún cientos de miles de ángeles. Estaban de pie con sus espadas en sus manos, listos para ser enviados ante una palabra del Señor. Y escuché al Espíritu del Señor decir: "Estos son los miles que he reservado para los tiempos finales. Clama a mí cuando necesites que sean soltados y recuerda que tal como ves estos, hay muchos más que están por ti que el número de los que están en contra de ti"[2]

En *Ángeles: agentes secretos de Dios*, Billy Graham escribe: La Biblia declara que los ángeles, igual que los hombres, fueron creados por Dios. En un tiempo no existían ángeles; en realidad no había nada más que el Trino Dios: Padre, Hijo y Espíritu Santo. Pablo, en Colosenses 1:16 dice: *"Porque en él fueron creadas todas las cosas, las que hay en los cielos y las que hay en la tierra, visibles e invisibles"*. Los ángeles sin duda, están entre las cosas invisibles hecha por Dios: *"Todo fue creado por medio de él y para él"*. Este Creador, Jesús, *"Es antes de todas las cosas, y todas las cosas en él subsisten"* (Colosenses 1:17). Así que aún los ángeles dejarían de existir si Jesús, que es Dios Todopoderoso, no los sostuviera con su poder.

Pareciera que los ángeles tienen la habilidad de cambiar su apariencia y lanzarse del cielo a la Tierra y volver. Aunque algunos intérpretes han dicho que la frase "hijos de Dios" en Génesis 6:2 se refiere a los ángeles, La Biblia con frecuencia deja claro que los ángeles son inmateriales. Hebreos 1:14 los llama "espíritus" ministradores. Intrínsecamente, no poseen cuerpos físicos, aunque pueden tomar forma de cuerpos físicos cuando Dios los convoca para tareas especiales. Es más, Dios no les ha dado la habilidad de reproducirse, y no se casan ni si dan en casamiento (Marcos 12:25). El imperio de los ángeles es tan vasto como la creación de Dios. Si cree en La Biblia, creerá en el ministerio de ellos. Atravesaron el Antiguo y Nuevo Testamentos, son mencionados directa o indirectamente cerca de trescientas veces.[3]

Ángeles: ¿quiénes son?

Un ángel es un mensajero celestial que entrega un mensaje a los seres humanos, cumple la voluntad de Dios, lo alaba o guarda el trono. El término "ángel" deriva de la palabra griega *angelo*, que significa "mensajero". El equivalente hebreo, *malak,* también significa "mensajero". La tarea de los ángeles es llevar el mensaje o hacer la voluntad de Dios, que los envía. Los intercesores efectivos, individuos que "se ponen en la brecha", entienden la ayuda angelical porque son llamados a mediar a través de la oración.

Otros términos aplicados a los ángeles incluyen "hijos de Dios", "los santos" y "huestes celestiales". Estos son seres celestiales que adoran a Dios, están presentes en el Trono de Dios o son parte del ejercito de Dios. Estas "huestes" colaboran con la grandeza, poder o hechos de Dios.

Ángeles con alas son otra categoría de los seres celestiales. Encontramos querubines y serafines que aparecen en las visiones de Isaías (ver Isaías 6:2-6) y Ezequiel (ver Ezequiel 1:4-28; 10:3-22). Los querubines hacen guardia o están presentes en el trono divino. Los serafines están en el trono de Dios y también expresan alabanzas. Los ángeles parecen tener un orden y sistema de rangos fijados (ver 1 Tesalonicenses 4:16; Judas 9).

Hay variadas apariciones de ángeles a través de la Palabra de Dios. Muchas veces en el Antiguo Testamento los ángeles aparecen como hombres ordinarios. Sin embargo, en otras oportunidades claramente vienen como seres no humanos. En el Nuevo Testamento pueden también tener una apariencia blanco brillante.

Los ángeles son seres creados, y responsables de guardar los propósitos de Dios sobre la Tierra. Mateo 18:10 cita a Jesús: *"Mirad que no menospreciéis a uno de estos pequeños; porque os digo que sus ángeles en los cielos ven siempre el rostro de mi Padre que está en los cielos"*. Esto nos muestra claramente que los individuos tienen ángeles protectores. Los ángeles también pueden guardar iglesias específicas (ver Daniel 10:13; Hechos 12:15 y Apocalipsis 1:20; 2-3).

Los ángeles son llamados príncipes sobre las naciones. Encontramos este ejemplo en Daniel concerniente a Miguel. Algunas de las tareas básicas de los ángeles incluyen anunciar, proclamar, proteger y castigar. En un capítulo posterior examinaré cómo los ángeles se relacionan con nosotros sobre la Tierra a través de la adoración y la guerra.

Jehová Sabaot: el Señor de las huestes

Uno de los nombres y características de Dios es Jehová Sabaot. La palabra hebrea *tsebha'oth* significa huestes o ejércitos. También encontramos referencias a Jehová Sabaot en el Nuevo Testamento en Romanos 9:29, en donde el autor se refiere al libro de Isaías y declara: *"Si el Señor de los ejércitos no nos hubiera dejado descendencia, como Sodoma habríamos venido a ser, y a Gomorra seríamos semejantes"*. Dios en su misericordia asegura un remanente a través de la obra de las huestes celestiales. Él hace esto para impedir que la apostasía reine sobre la Tierra. Vemos en el contexto que Jehová Sabaot es el Dios Todopoderoso que lidera las huestes del cielo. El Señor Sabaot es el:

1. Dios de los ejércitos sobre la Tierra.
2. Dios de los ejércitos de las estrellas.
3. Dios de los ejércitos de ángeles invisibles.

Cuando adoramos, Dios comienza a ordenar y alinear sus ejércitos para la victoria. "Huestes" significa un grupo organizado bajo autoridad. Dios tiene una multitud de siervos listos y capacitados. Esto sugiere que el Señor es el comandante en jefe de los ejércitos en los cielos.

El uso que más prevalece de este nombre de Dios se encuentra en Zacarías. Cuando fue el tiempo de reedificar el templo, Dios intervino como Jehová Sabaot. Zacarías 4:6 es una Escritura maravillosa: *"No con ejército, ni con fuerza, sino con mi Espíritu, ha dicho Jehová de los ejércitos"*. Este versículo muestra cómo Jehová Sabaot obra. Él desata fuerza, poder, fortaleza, valor, sustancia y riqueza. Organiza un ejército que está disponible para edificar nuestro futuro. El Señor de los Ejércitos viene para quitar cualquier obstáculo que haya sido ubicado en nuestros caminos.

Uno de los himnos eternos que reconocen este carácter de Dios es "Castillo fuerte es nuestro Dios". Basado en el Salmo 46, esta canción fue escrita por Martín Lutero:

Castillo fuerte es nuestro Dios,
defensa y buen escudo.
Con su poder nos librará en todo trance agudo.
Con furia y con afán acósanos Satán;
por armas deja ver astucia y gran poder
cual él no hay en la Tierra.

Nuestro valor es nada aquí,
con él todo es perdido.
Mas con nosotros luchará de Dios el escogido.
Es nuestro Rey Jesús, el que venció en la cruz,
Señor y Salvador, y siendo el solo Dios,
Él triunfa en la batalla.

Y si demonios mil están
prontos a devorarnos.
No temeremos, porque Dios sabrá cómo ampararnos.
¡Que muestre su vigor Satán, y su furor!
Dañarnos no podrá, pues condenado es ya
Por la Palabra Santa.

Esa palabra del Señor,
que el mundo no apetece,
por el Espíritu de Dios muy firme permanece.
Nos pueden despojar de bienes, nombre, hogar,
el cuerpo destruir; mas siempre ha de existir
de Dios el Reino eterno.

El sonido de la restauración

El sonido de Dios obra desde el cielo y ordena gran parte de lo que sucede en el ámbito terrenal. Cuando Él está listo para traer restauración a la Tierra, desata su sonido.

El sonido de Dios obra
desde el cielo y ordena gran
parte de lo que sucede en el ámbito terrenal

El sonido físico se crea cuando algo vibra. Algunas veces podemos ver la vibración, y otras veces no. Cuando aplaudimos con nuestras manos o golpeamos con nuestros pies, sucede una vibración. Esto hace que el aire se mueva. La fuente del sonido vibra y empuja las moléculas a través del aire hacia nuestros oídos, y nuestro cerebro entonces lo interpreta como sonido.

El sonido, cuando no está organizado, produce ruido. Cuando está organizado, produce música. Cuando alguien sopla un instrumento, el aire adentro resuena. El sonido de un instrumento depende de lo rápido que vibre el aire y de la longitud de la columna de aire en el interior del instrumento. Las vibraciones cortas producen notas agudas, las largas producen notas graves. La regularidad de las vibraciones del aire produce música en oposición al ruido.

La música jugó una parte importante de la cultura hebrea. Jubal, el hijo de Lamec, *"fue padre de todos los que tocan arpa y flauta"* (Génesis 4:21). Estar en relación cercana entre los pastos, el campo y las artes musicales se muestra en que Jubal tenía un hermano mayor, Jabal, que fue *"padre de los que habitan en tiendas y crían ganados"* (Génesis 4:20). La música fue utilizada en la mayoría de las ocasiones clave en La Biblia. Labán le reprochó a Jacob por huir sin permitirle festejar su partida *"con alegría y con cantares, con tamborín y arpa"* (Génesis 31:27).

El sonido de la música

Había canciones de triunfo luego de la victoria en la batalla (ver Éxodo 15;1; Jueces 5:1); Miriam y las mujeres celebraron la caída del faraón y sus hombres de a caballo *"con pandero y con danzas"* (Éxodo 15:20), y Josafat regreso victorioso a Jerusalén *"con salterios, arpas y trompetas"* (2 Crónicas 20:28). Música, canto y danza eran comunes en las fiestas (ver Isaías 5:12; Amós 6:5). En particular, eran característicos de los festivales de las vendimias (ver Isaías 16:10) y de las celebraciones de bodas. Los reyes tenían cantores e instrumentistas (ver 2 Samuel 19:35; Eclesiastés 2:8). El niño pastor tenía su lira (ver 1 Samuel 16:18). Los hombres jóvenes a las puertas disfrutaban su música (ver Lamentaciones 5:14).

> La música se utilizaba en tiempos de lamentación. Las endechas que constituyen el libro de Lamentaciones y el lamento de David sobre Saúl y Jonatán (ver 2 Samuel 1:18-27) son ejemplos notables. Se transformó en costumbre convocar a lamentadores profesionales que asistían a los funerales. Estos generalmente incluían a flautistas (ver Mateo 9:23). Aún la ramera aumentaba sus poder seductores con canciones (ver Isaías 23:16).[4]

Sonido en el aire

El aire es tan transparente que podemos olvidarnos fácilmente de él. Sin embargo, es real y substancial. Sin aire, la vida sobre la Tierra sería imposible. El aire no solamente provee el oxígeno que los humanos y todos los otros animales necesitan para respira, sino que también es una parte importante de nuestro ambiente. La atmósfera de aire que rodea nuestro planeta nos protege de los efectos nocivos de los rayos cósmicos y los meteoritos y, como un blando acolchado, mantiene cálida la superficie de la Tierra. Envuelve al mundo en una gruesa colcha de gases llamada atmósfera. Sin esa colcha que nos proteja, seríamos asados por el Sol durante el día, y congelados durante la noche cuando todo el calor escapara hacia el espacio. El alcance exterior de la atmósfera está a muchos cientos de millas sobre nosotros. Pero la mayoría de los gases están apretujados aproximadamente dentro de las nueve millas inferiores.[5]

Ya hemos visto que cuando el sonido viene al aire, el aire cambia. Cuando Dios desata su voz, la creación debe responder. Cuando servimos como la voz de Dios sobre la Tierra, la tierra responde al sonido que desatamos. El Salmo 29 declara:

Tributad a Jehová, oh hijos de los poderosos,
dad a Jehová la gloria y el poder.
Dad a Jehová la gloria debida a su nombre;
adorad a Jehová en la hermosura de la santidad.
Voz de Jehová sobre las aguas;
truena el Dios de gloria,
Jehová sobre las muchas aguas.
Voz de Jehová con potencia;
voz de Jehová con gloria.
Voz de Jehová que quebranta los cedros;
quebrantó Jehová los cedros del Líbano.
Los hizo saltar como becerros;
al Líbano y al Sirión como hijos de búfalos.
Voz de Jehová que derrama llamas de fuego;
voz de Jehová que hace temblar el desierto;
hace temblar Jehová el desierto de Cades.
Voz de Jehová que desgaja las encinas,
y desnuda los bosques;
en su templo todo proclama su gloria.
Jehová preside en el diluvio,
y se sienta Jehová como rey para siempre.
Jehová dará poder a su pueblo;
Jehová bendecirá a su pueblo con paz.

Cuando nos expresamos en adoración al Señor, el aire vibra con nuestra adoración. Eso transforma nuestro ambiente. En su libro ¡*Adora a Dios!*, Ernest B. Gentile nos explica varias de las formas de adoración que encuentra en los Salmos, que resumimos en estas ocho líneas:

> Cuando desatamos un sonido de adoración, la Tierra debe responder. Hay poder al levantar nuestras *voces* en aclamación al Dios vivo y verdadero. Podemos hablar, cantar; gritar. Entonces, el poder expresivo de las *manos* genera un sonido. Podemos aplaudir, podemos tocar instrumentos. Podemos también levantar nuestras manos en adoración. Adicionalmente, hay una postura de adoración. Podemos pararnos, postrarnos; danzar.[6]

Música, avivamiento y despertar

La música siempre ha sido un producto natural resultante del avivamiento. En el gran avivamiento de David (1000 a.C.) la música explotó en la tienda que el armó para cobijar el Arca del Pacto.

Nuevos instrumentos tuvieron que ser inventados para facilitar la nueva adoración que venía. El nacimiento de la Iglesia trajo consigo un resurgir de la música a medida que Dios comenzó a restaurar la tienda caída de David. Relatos de la Iglesia Primitiva describen tiempos de vigorosa alabanza y adoración.

Los corazones llenos de Cristo siempre han encontrado una forma de expresión en los salmos, himnos y canciones espirituales. Tenemos antecedentes de himnos de padres de la iglesia tales como Ambrosio, el obispo de Milán y Agustín de Hipona, que los utilizaban para llevar los corazones de las personas hacia Dios y reforzar la doctrina profunda, que era erosionada por el gobierno romano.[7]

Los corazones llenos de Cristo siempre han encontrado una forma de expresión en los salmos, himnos y canciones espirituales

En los siglos VI y VII, Gregorio el Grande (540-604) coleccionó y recopiló himnos y cánticos para ser utilizados por toda la Iglesia, los que llegaron a ser conocidos como los cánticos gregorianos.[8] En el siglo octavo Carlomagno deseaba que esos cánticos se cantaran en su reino ("El Santo Imperio Romano"). Aún no se utilizaba ningún método de notación musical occidental, así que, con el tiempo los detalles rítmicos fueron agregados a los cánticos para ayudar a su difusión, y luego comenzaron a aparecer manuscritos con las graduaciones definidas de las voces. Para el XI once se habían desarrollado repertorios enteros escritos de los cánticos con la música.[9]

A medida que la Reforma Protestante se extendió en los siglos XV y XVI y después, frescos himnos nuevos brotaron en las nuevas iglesias, que reemplazaron los cánticos gregorianos. Primeramente los moravos, luego los luteranos utilizaron himnos para expresar sus corazones hacia Dios.

Martín Lutero escribió y reunió himnos que capturaron la vida de este avivamiento. Algunas de las melodías utilizadas fueron originales; otras fueron tomadas de canciones seculares conocidas o derivaban de los mismos cánticos gregorianos. La letra, como en aquellos tiempos de los padres de la iglesia primitiva, reforzaba las doctrinas de la fe e inspiraban los corazones cristianos. Así que más adelante a través de los siglos siguientes, los escritores de himnos capturaron el fuego de cada nuevo avivamiento a medida que su llama se extendía. En el siglo XVIII William Williams fue considerado poeta del avivamiento galés; se inspiró en la vigorosa predicación de Howell Harris. Williams se unió a las filas de los predicadores del avivamiento y produjo ochocientos himnos galeses. Poco después, en América, el Gran Despertar apareció en escena bajo la predicación de John Wesley. Su hermano, Charles, eclipsó a todos los otros autores de himnos: escribió la asombrosa cantidad de seis mil quinientos himnos.

Más adelante en el siglo XIX y al comienzos del XX, los himnos jugaron su parte en los avivamientos que impulsaron la iglesia en su avance: desde el segundo gran avivamiento al avivamiento pentecostal, hasta el movimiento de la lluvia tardía. En América y otros lugares, los escritores de himnos comenzaron a apartarse del sonido de la "alta iglesia" que Europa había tomado de la sombría majestad de los cánticos gregorianos. Muchos himnos comenzaron a copiarse del "sonido folk" de la gente común y más tarde del "sonido gospel" del siglo XX.

El más grandioso cambio en la música de la iglesia desde la reforma sucedió en 1960 con el movimiento carismático. La gente comenzó a cantar simples coros y canciones de La Escritura junto con los himnos, y en algunas oportunidades reemplazó a estos por aquellas. A través de los siguientes movimientos de renovación de 1970, 1980 y 1990, estas canciones sencillas se desarrollaron en estilo y contenido; unieron una variedad de sonidos y estilos, ambos seculares y los únicamente cristianos. La tecnología de la era de la información facilitó la difusión rápida de innumerables canciones a las congregaciones de todo el planeta. La Licencia del Copyright Internacional ha catalogado 60.000 canciones cristianas en circulación en la actualidad. Pero aún esto no tiene en cuenta los incontables miles de canciones que las congregaciones han utilizado y que crearon sus propios miembros.

Con este resurgir de la adoración creativa que tipificaba el Tabernáculo de David, ingresamos en forma explosiva al nuevo milenio equipados con las claves de David para ascender atravesando los estratos de los cielos, a fin de obtener las estrategias necesarias para poseer todas las naciones sobre las que ha sido invocado el nombre de Dios (ver Amós 9). Vimos llegar un sonido de renovación durante los años 1980 y 1990. Luego, por supuesto, un sonido profético entró dentro del sonido de la renovación, que apuntó la Iglesia hacia un nuevo lugar. Hemos entrado ahora dentro de una estación de guerra. Desde una ubicación de intimidad creo que obtendremos el sonido que producirá la victoria sobre la Tierra.

Dios tiene una orden para la victoria

Tal como la música formaba una parte integral de la vida social hebraica, asimismo tenía su lugar en la vida religiosa. En 1 Crónicas 15:16-24 leemos un relato detallado de la organización que hizo David del coro levítico y de la orquesta. Además de este pasaje hay únicamente referencias salteadas e indirectas al uso de la música en la adoración religiosa; sin embargo, tenemos suficiente evidencia bíblica para formarnos una clara impresión del carácter del servicio musical del templo. Aunque no tenemos evidencia con referencia a la música instrumental del templo, podemos descubrir por la forma de los Salmos, que la intención era que fueran cantados en forma antifonal o bien por dos coros (ver Salmos 13: 20; 38) o por un coro y la congregación (ver Salmos 136; 118:1-4). Pareciera que luego de la cautividad los coros fueron formados por igual número de voces masculinas y femeninas (ver Esdras 2:65).

En el primer sitio en que encontramos a Dios comenzando a movilizar sus tropas para avanzar a tomar la herencia es Éxodo 6:26, donde declara: *"Sacad a los hijos de Israel de la tierra de Egipto por sus ejércitos"*. Para hacer eso, tenía una orden. El tabernáculo de Moisés, que era sombra de las cosas por venir, estaba rodeado por las tribus y sus ejércitos. Las tribus del este y el sur acamparon primero. Judá era la tribu líder (ver Números 2).

Judá lidera

Existe una grandiosa herencia individual que Dios tiene para cada uno de nosotros. También tiene una herencia corporativa a la que está llamado a entrar al Cuerpo de Cristo, la que afectará cada territorio a través de todas las naciones de la Tierra. El tiempo para guerrear por nuestra herencia es *ahora*. Hay promesas personales que Dios desea manifestar.

Este es un tiempo de preparación y de traspaso del manto de autoridad hacia la próxima generación

Este es un tiempo de preparación y de traspaso del manto hacia la próxima generación. ¿Cómo procederemos?

Observe cómo lo relata Jueces 1:1-2:

> Aconteció después de la muerte de Josué, que los hijos de Israel consultaron a Jehová, diciendo: ¿Quién de nosotros subirá primero a pelear contra los cananeos? Y Jehová respondió: Judá subirá; he aquí que yo he entregado la tierra en sus manos.

Judá fue elegida como la tribu de la preeminencia divina en la bendición patriarcal de Jacob.

Génesis 49:8-10 nos da más conocimiento:

> Judá, te alabarán tus hermanos; tu mano en la cerviz de tus enemigos; los hijos de tu padre se inclinarán a ti. Cachorro de león, Judá; de la presa subiste, hijo mío. Se encorvó, se echó como león, así como león viejo: ¿quién lo despertará? No será quitado el cetro de Judá, ni el legislador de entre sus pies, hasta que venga Siloh; y a él se congregarán los pueblos.

Judá debe ir primero. La alabanza debe tener la preeminencia dentro de nuestras vidas, iglesias, ciudades, Estados y nación.

Cuando Judá va primero, el cetro de autoridad está entonces en su lugar para lograr una victoria máxima. Este es un tiempo en que el León de Judá rugirá más fuerte ¡que el león que nos anda buscando para devorarnos!

Judá significa alabanza

Judá significa alaba a Jehová. En esta época está por suceder un cambio mayor en la manera en que adoramos y reconocemos a Dios corporativamente. La palabra "alabanza" se origina en dos voces: "valor" y "precio". Jehová significa el Dios del pacto.

Este es un tiempo cuando Dios valora nuestra adoración. También este es un tiempo cuando comenzamos a valorar el pacto que Dios nos ha permitido tener con Él. ¡Qué precio que pagó para darnos acceso al Salón del Trono! Nuestra adoración tomará gran significado de pacto en este tiempo. Nuestra adoración desatará grandes bendiciones en el ámbito terrenal. El redimido del Señor lo dirá así. Este es un tiempo cuando la adoración del tipo zarza ardiente "Yo soy", vendrá en medio del pueblo de Dios. Esto va a desatar un llamado de liberación a lo largo de la Tierra.

¡Se levantarán liberadores! Grupos enteros de personas comenzarán a ser liberados de las ataduras y opresión que los han mantenido postrados, y empezarán a estar delante del Señor con grandiosos gritos de victoria. Este es un tiempo de mucha confrontación. Pero cuando la confrontación del enemigo viene por una íntima comunión y adoración, tenemos la victoria asegurada. Este es un tiempo cuando debemos dar a Judá –nuestra alabanza y adoración– la libertad para experimentar hasta que lleguemos al sonido que traerá la victoria al ámbito terrenal. Debemos distinguir el sonido de Judá. *"Y Jehová rugirá desde Sion (...) y temblarán los cielos y la tierra (...) pero Jehová será la esperanza de su pueblo, y la fortaleza de los hijos de Israel"* (Joel 3:16, subrayado agregado).

Dios ruge cuando entra en batalla. Él rugirá contra los enemigos de su pacto. El pueblo de su pacto también comenzará a rugir y se transformarán en un temible, santo remanente, con el que contenderá en el ámbito terrenal. Él será refugio y fortaleza a los que respondan a su sonido y llamado. La adoración en este tiempo determinará cómo las multitudes que están en el valle de la decisión comenzarán a decidirse a seguir a Dios. Hay un rugido heredado dentro de usted. Permita al Señor que lo atraiga y lo desarrolle, de modo que este sonido aparezca en el momento apropiado en su vida en estos tiempos.

Tiempo de avanzar en alabanza

La alabanza hace que nos movamos en agradecimiento con nuestro cuerpo hacia nuestro creador. Alabanza (o *yaddah*) es adorar a Dios con las manos extendidas. Con las manos levantadas, declaramos el mérito de Dios, y le agradecemos por todo lo que Él ha puesto en nuestras manos. Encontramos este concepto mencionado por primera vez en La Biblia cuando Lea concibió su cuarto hijo y lo nombró Judá, que quiere decir alabanza. Cuando Jacob reconoció a Judá, extendió su más alta bendición sobre él y declaró que aún sus hermanos lo alabarían. También declaró que Judá (alabanza) triunfaría sobre todos sus enemigos con autoridad real (el cetro) y autoridad legal (el legislador). La palabra "Judá" también significa extender su mano y arrojar o disparar una piedra o flecha contra su enemigo. Por lo tanto, encontramos que la alabanza será un arma clave del Espíritu de Dios en nuestras vidas en los días que se avecinan.

La alabanza es una respuesta a la revelación que Dios hace de sí mismo, la que todo hijo de Dios debería expresar. La alabanza humana a un Dios santo es un tema mayor a través de la Palabra de Dios. La alabanza es expresar a Dios nuestro aprecio y comprensión del valor que Dios tiene. La alabanza dice "gracias" por cada aspecto de la naturaleza de Dios. La alabanza expande nuestra conciencia del carácter de Dios. "Alabanza" viene de una palabra latina que significa "valor" o "premio". Cuando alabamos a

Dios, proclamamos su mérito o valor y lo valioso que es para nosotros aquí sobre la Tierra. Encontramos otras palabras relacionadas a la alabanza en La Biblia, como "gloria", "bendición", "agradecimiento" y "aleluya". Durante este tiempo, estas son todas palabras que amo expresar sobre ustedes. Me gusta el orden en la oración del Señor en Lucas 11:2: "...*Padre (...) santificado sea tu nombre. Venga tu reino*".

Primero Jesús alabó a Dios. Luego hizo su pedido. Alabar a Dios nos pone en el encuadre mental correcto para comenzar a declarar nuestras necesidades a un Padre santo. Con nuestras manos extendidas podemos adorar a Dios de tal manera que nuestra provisión diaria pueda ser desatada. A través de la adoración podemos tener la seguridad de que seremos provistos siempre en forma oportuna. La alabanza y el agradecimiento son lo opuesto a la preocupación.

Una de las mayores preocupaciones es poder cubrir nuestras necesidades. Este es un tiempo para ser agradecidos por todas las cosas que Dios hace en nuestras vidas. Nos agrada el único leproso que regresó y dio gracias a Jesús por su sanidad. Este agradecimiento no produjo solamente sanidad, sino algo completo. ¡Sé íntegro!

Hay también un precio que pagar para entrar en alabanza y adoración. Existe un costo en este proceso, y nos enfrentamos con un tema fundamental: ¿elegiremos disfrutar de los esfuerzos ajenos, o entraremos en sacrificio de alabanza? Es más, ¿elegiremos ofrecer este sacrificio en los buenos tiempos al igual que en los tiempos de prueba? En *El poder de la alabanza y la adoración,* Terry Law escribe:

> Dios no está únicamente interesado en la alabanza que le entregamos en los tiempos en que todo va bien. Busca esa alabanza que viene en medio de gran prueba, de gran dificultad, dolor, enfermedad, opresión demoníaca, tentación, dificultades en las relaciones y problemas financieros. Él aún requiere alabanza. Aún la demanda. Cuando se la damos en tiempo de dificultad, significa mucho más para Él. *Estamos operando de acuerdo al principio del sacrificio, y Dios se agrada.*[10]

El camino a la presencia de Dios

Judá lideró a la tribu de Israel a través del desierto. En Números 2:3 podemos leer: *"Estos acamparán al oriente, al este; la bandera del campamento de Judá, por sus ejércitos"*; Judá también lideró la conquista de Canaán. Por lo tanto, será la alabanza la que nos liderará hacia nuestras batallas y victorias por venir.

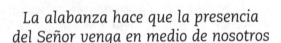

*La alabanza hace que la presencia
del Señor venga en medio de nosotros*

La alabanza hace que la presencia del Señor venga en medio de nosotros. Aún cuando Dios es omnisciente, manifiesta su autoridad y gobierno en nuestro ambiente cuando lo alabamos. Cuando alabamos, Dios viene y nos guía hacia delante. La palabra "habita" o "entrona" significa establecerse o casarse. Cuando alabamos y adoramos, restauramos nuestra comunión con un Dios santo. ¡Nos hacemos uno! Él no solamente nos visita, sino que permanece y se alinea con nosotros para caminar por la senda que nos ha elegido.

Él está con nosotros tal como un cónyuge. Cuando alabamos, nuestra fe y confianza aumentan. La palabra "habita" o "entrona" (*yashab*) también significa "juzgar en acecho". Por lo tanto, Él se sienta en el mismo centro de nuestras vidas y juzga a los enemigos que nos rodean. Simplemente piense sobre Dios sentado en el mismo centro de su vida. Ningún enemigo puede destronarlo a usted porque Él no puede ser derrotado. ¡Eso es adoración!

Ser dirigidos a la guerra que viene

Al saber que entramos en una batalla de terreno inexplorado, la adoración y la alabanza parecen ser nuestra clave hacia la victoria en los días venideros. Ahora hemos entrado en la estación de la guerra. Cuando comenzamos este último milenio, se aceleraron los cambios y conflictos. Nos encuentra vacilando en la estabilidad, haciendo pie y ubicándonos.

El mundo cambia tan rápidamente que muchos se despiertan con ansiedad cada nuevo día. Las instituciones de la sociedad cambian en un ritmo tal que de región a región la Tierra entera pareciera estar en un constante estado de terremoto.

Una palabra sinónima a conflicto es guerra. En la guerra debemos chocar con un enemigo, sea de naturaleza tangible o percibido por discernimiento. Durante este tiempo de la historia, pienso que encuentro mucho aliento en Eclesiastés 3:1, 8: *"Todo tiene su tiempo, y todo lo que se quiere debajo del cielo tiene su hora (...) ¡tiempo de guerra!"*

Cuando es tiempo de guerra, ¡debemos tener un paradigma para la guerra! Estamos experimentando un tiempo en nuestra nación en el que entramos en una nueva guerra. Sin embargo, esta guerra no es simplemente física, sino espiritual. La Iglesia es preparada para entrar en su estación más dinámica de guerra, adoración y cosecha. Examinaremos esto en forma más completa un poco más adelante en este libro. El tema real es que sin la presencia de Dios, estamos destinados a la derrota.

Pablo nos dice que estos relatos del peregrinaje de Israel hacia la Tierra Prometida nos fueron dados como ejemplo (ver 1 Corintios 10:1-11). Dios nos demuestra algo en el orden de la procesión de las tribus. Usted o yo podríamos pensar que Rubén debería haber sido el primero. Era el más grande, y con la edad vienen la sabiduría y la experiencia. Pero ese no fue el factor decisivo para Dios. José era el favorito, así como el más exitoso y poderoso de sus hermanos, pero este no fue el criterio que Dios siguió. El ejemplo que Dios deseaba darnos era que la alabanza debía siempre guiar el camino.

Lea, tal como todos sabemos, no era la amada. Raquel era la que Jacob había amado y por la que había trabajado. Pero Jacob fue engañado para tomar a Lea en su lugar. No es un buen comienzo para una relación; pero ella intentó con todas sus fuerzas poder ganarse el afecto de Jacob.

En aquellos días se daba un alto mérito a la mujer que concibiera hijos. Dios hizo a Lea fructífera, y le dio tres hijos a Jacob; en cada oportunidad esperaba procurar el amor de su esposo por ello, pero fue en vano. Finalmente ella volvió su corazón al Señor: *"Concibió otra vez, y dio a luz un hijo, y dijo: Esta vez alabaré a Jehová; por esto llamó su nombre Judá"* (Génesis 29:35).

Por lo tanto, el nombre Judá nos llega como una verdadera representación de lo que debería ser la alabanza adorando con las manos extendidas hacia Dios en medio de cualquier tipo de circunstancias. Lea podría haber sucumbido al rechazo y llamado a su hijo "amargo" o "insatisfecho", pero su corazón estaba ahora establecido en Dios, no en el hombre. Eligió alabar a Dios antes que albergar autocompasión. Judá fue el último niño que Lea iba a tener, y su nombre por siempre iba a estar ante ella para recordarle su decisión.

Es este tipo de alabanza que Dios envía primero, no la alabanza que depende de las circunstancias, porque las circunstancias podrían no siempre ser favorables. Pero la alabanza que va primero debe siempre ser inamovible.

Dios nos da estrategias que no son de la sabiduría de este mundo. El ejemplo que nos ha presentado es enviar a Judá primero, no necesariamente el más sabio o fuerte. Permitamos que la alabanza guíe el camino. La alabanza va quebrando. Josafat pudo ganar el día enviando primero su equipo de alabanza (vea 2 Crónicas 20:20-22).

La alabanza inamovible labra los terrenos más duros. Dios dice en Oseas 10:11 *"arará Judá"*. Cuando la tierra es dura, cuando las circunstancias son adversas, el favor de Dios está sobre aquel que lidera con alabanza. La tierra sin cultivar se abrirá. El arado de la alabanza cortará la tierra improductiva y preparará el camino para que la buena semilla de la Palabra sea plantada.

Luego, tal como lo registra Jueces, Israel se encontraba ante un diferente tipo de desafío. Era un enemigo que estaba en medio de ellos. Una de sus mismas tribus, Benjamín, albergaba una pandilla homosexual culpable de violación y asesinato (vea Jueces 19:16-30). Las otras tribus se reunieron y pidieron que estos hombres desenfrenados fueran entregados para ser castigados, pero Benjamín se puso de su lado. *"Luego se levantaron los hijos de Israel, y subieron a la casa de Dios y consultaron a Dios, diciendo: ¿Quién subirá de nosotros el primero en la guerra contra los hijos de Benjamín? Y Jehová respondió: Judá será el primero"* (Jueces 20:18).

Por lo tanto, a Judá nuevamente se le pide que lidere el camino, pero esta vez a un costo desconcertante. Israel es derrotado y pierde muchos guerreros. Al día siguiente Dios le dice a Israel que vaya nuevamente, y una vez más sufre mucho y tiene que retroceder. Pero es aquí donde la alabanza inamovible no se rinde. *"Venid y volvamos a Jehová; porque él arrebató, y nos curará; hirió, y nos vendará. Nos dará vida después de dos días; en el tercer día nos resucitará, y viviremos delante de él"* (Oseas 6:1-2).

Hay poder para el pueblo de Dios en el tercer día, porque ese es el día del poder de la resurrección. Aunque Israel fue obediente, habían sido despedazados y heridos en los primeros dos días. Con frecuencia es en ese momento donde nos rendimos, justo un día antes de la resurrección. Salmos 30:5 dice: *"Por la noche durará el lloro, y a la mañana vendrá la alegría"*. La alabanza inamovible debe continuar.

Al tercer día Israel le preguntó a Dios y Él dijo que fueran otra vez. Lo hicieron y Dios entregó a Benjamín en sus manos. El poder de los pecados que habían acechado y engañado a Benjamín estaba quebrado, y pudieron ser restaurados.

Judá va primero cuando atravesamos la experiencias de desierto. Judá va primero en la guerra por nuestra herencia. Judá va primero para arar un camino en nuevo territorio. Judá va primero cuando el costo es grande.

Una nueva canción: el león de Judá rugirá

En una conferencia, Barbara Wentroble enseñaba sobre cómo Satanás anda como león rugiente, buscando a quien devorar, pero que nosotros tenemos al León de Judá en nuestro interior. John Dickson dice:

> Dios depositó una canción en mi espíritu a medida que ella hablaba, y cuando terminó, me miró y me preguntó: "¿John, tienes una canción?" Dije sí, y canté la canción que Dios me había dado:

> **LEVÁNTATE Y RUGE**

> Cuando ese viejo león ruge en contra de mí,
> mi Dios se levanta dentro de mí.
> Él tiene un rugido propio.
> Yo sé que el León de Judá es el Rey de la jungla,
> y ruge desde su trono.
> Levántate y ruge, levántate y ruge,
> levántate y ruge, el Rey está sobre su trono.
> Mayor es Aquel que está en mí que el que está en el mundo[11]

El libro de Apocalipsis 5:5 nos dice que Jesús es el León de Judá. Ese león vive en nosotros. Satanás solamente anda "como" león rugiente; Jesús es un león rugiente. Debemos permitir que ese aspecto de la alabanza esté en nosotros. Ese León en nosotros es fuerte, poderoso, confiado, agresivo y no debe ser despertado.

Hay un sonido de Dios que se desata
en la Tierra en este preciso momento
a través de su pueblo

"En pos de Jehová caminarán; él rugirá como león; rugirá, y los hijos vendrán temblando desde el occidente" (Oseas 11:10). Hay un sonido de Dios que se desata en la Terra en este preciso momento a través de su pueblo, que es la señal de la fortaleza de Dios en estos tiempos. El enemigo anda rugiendo como un león buscando a quien devorar, haciendo sonar acusaciones y produciendo temor. Dios está desatando su rugido, que es mucho mayor que el del enemigo. Luego consideraremos cómo la nueva canción rompe el viejo ciclo y quiebra huestes demoníacas.

Hasta que Siloh venga

Judá debe liderar hasta que Siloh venga (ver Génesis 49:10). Siloh era una ciudad donde el tabernáculo fue establecido (ver Josué 18:1). Aquí en Génesis aparece como un nombre propio o designación mesiánica de Jesús. Una idea es que *shiloh* significa "el pacífico". Otro aspecto es que *siloh* es un sustantivo con un pronombre como sufijo que debería ser entendido como "su hijo"; por lo tanto, ni princesas ni legisladores serían quitados de Judá hasta que su hijo venga. Otra posibilidad es dividir *siloh* en dos palabras *shay* y *loh*, que significarían "Aquel a quien se le trae tributo". El significado más factible de *siloh* es uno aceptado por la mayoría de las antiguas autoridades judías que entendían que era una palabra compuesta por *shel* y *loh*, que quiere decir "a quien pertenece". *Shelloh* puede ser expresado por las frases, "a quien pertenece el dominio", "de quien es el reino" y " Aquel cuyo derecho es reinar".

Los primeros años de Samuel proveyeron otra conexión con Siloh (ver 1 Samuel 1-4). Luego de su nacimiento, Ana lo trajo a Siloh en gratitud a Dios (ver 1 Samuel 1:24-28). Por lo tanto, Siloh se transformó en el hogar de Samuel mientras vivía bajo el cuidado de Elí, el sumo sacerdote, y sus dos malvados hijos, Ofni y Finees.

Samuel fue el primer profeta de la transición que encontramos durante el cambio de gobierno y forma de la adoración en la Palabra de Dios. Luego Samuel recibió el mensaje del Señor de que el sacerdocio sería retirado de la familia de Elí (ver 1 Samuel 3).

Años después, luego de una derrota en Afec, los ejércitos israelitas mandaron buscar el Arca del Pacto desde Siloh. Equivocadamente pensaron que el Arca les traería la victoria, y perdieron la segunda batalla de Afec ante los filisteos. Los resultados incluyeron la pérdida del Arca; las muertes de Ofni, Finees y Elí, y la aparente conquista de Siloh (ver 1 Samuel 4). Por lo tanto, en otras palabras, Judá continuaría dirigiendo hasta que el domino perteneciera al legítimo Rey del reino.

El sonido del salón del trono

Un sonido físico siempre ha guiado el avance de los ejércitos de Dios. Siempre lo visualicé de este modo: Dios está en su trono, y Jesús está sentado a su lado. Jesús es la puerta que tenemos al trono del Padre. La Palabra de Dios no dice en Santiago 5 que nos sometamos a Dios, que nos acerquemos a Él y luego resistamos al diablo. Creo que a medida que adoramos y nos sometemos a un Dios santo, podemos entrar en contacto íntimo con Él. Aunque caminemos aquí sobre la Tierra en nuestra adoración sumisa, ascendemos al cielo. Mientras individualmente buscamos a Dios y ascendemos hacia el salón del trono, podemos escuchar el sonido del cielo en nuestro hombre espiritual sobre la Tierra.

Dios siempre guió a su pueblo a avanzar con el sonido. Encontramos en Números 10 que las trompetas deberían sonar. También vemos lo mismo a través de todo el libro de Apocalipsis. El libro de Apocalipsis es sencillamente un increíble y elaborado espectáculo interpretado para nosotros por cantores de los cielos, excelentes, junto con criaturas y ancianos.

Juan vio una puerta abierta en los cielos, y la voz que escuchó fue como de una trompeta que hablaba y decía: *"Escribe las cosas que has visto, y las que son, y las que han de ser después de estas"* (ver Apocalipsis 1:19).

La voz del Señor muchas veces suena como una trompeta que nos llama. La trompeta, o *shofar*, en la Palabra de Dios tenía un sonido distintivo para reunir y llamar al pueblo de Dios a la guerra. Encontramos otro sonido antes de que Dios guíe sus tropas a avanzar: *"Y cuando oigas ruido como de marcha por las copas de las balsameras"*. En 2 Samuel 5 David había experimentado una gran apertura en su propia vida. Lo que le fue profetizado durante los veintinueve años anteriores había llegado a cumplirse. Entonces tenía que guiar a los ejércitos a ir hacia la batalla.

David tenía un propósito que lo movía: traer de regreso el Arca del Pacto a la posición que le correspondía en medio del pueblo del pacto con Dios. Cuando los filisteos escucharon que David había sido ungido como rey, se levantaron en su contra. David los derrotó y los hizo retroceder hasta fuera de la jurisdicción de su autoridad. Sin embargo, ellos se reagruparon y comenzaron a regresar otra vez. El entonces le preguntó al Señor si debía perseguirlos. En 2 Samuel 5:24 el Señor responde: *"Cuando oigas ruido como de marcha por las copas de las balsameras, entonces te moverás"*.

El sonido de la marcha no es solamente el viento soplando sobre las copas de los árboles, sino las huestes celestiales y los ejércitos de Dios que se mueven enérgicamente entre las hojas y esa manera simbolizan su presencia para ayudar a David en la victoria.

En el libro de Apocalipsis encontramos que el tema real es la relación entre los sonidos del cielos y la demostración de Dios sobre la Tierra. El sonido nos lleva hacia delante.

Cómo liderar la adoración ascendente

Hay muchos aspectos de la adoración. Todos entran en juego cuando nos reunimos como la Iglesia. La adoración corporativa tiene una dimensión más amplia que cualquiera de los estilos de vida de adoración individual. Varias dinámicas cambian cuando nos unimos como la Iglesia:

1. **Aumento de fuerza.** Uno puede perseguir a mil, pero dos a diez mil (vea Deuteronomio 32:30). Este es un valioso principio de multiplicación.

2. **El poder del acuerdo.** Jesús nos dijo: *"Otra vez os digo, que si dos de vosotros se pusieren de acuerdo en la tierra acerca de cualquiera cosa que pidieren, les será hecho por mi Padre que está en los cielos"* (Mateo 18:19). Este es el poder del acuerdo que aumenta la efectividad de nuestras oraciones. La palabra "acuerdo" significa que nos ponemos en armonía. En realidad significa que hacemos el mismo sonido sobre la Tierra que el que viene del cielo. Por lo tanto, nuestros sonidos están en armonía.

3. **La presencia del Señor.** Tenemos una promesa especial de parte de Jesús que Él mismo aparecerá cuando nos reunimos juntos en su nombre. *"Porque donde están dos o tres congregados en mi nombre, allí estoy yo en medio de ellos"* (Mateo 18:20). Cuando nos reunimos, Él está allí con nosotros.

4. **El Cuerpo de Cristo colectivo.** Uno de los más grandiosos misterios, es que cuando nos reunimos nos transformamos en mucho más de lo que somos individualmente. Nos transformamos en el Cuerpo de Cristo. Él es la cabeza, nosotros el cuerpo. Esto determina la expresión de nuestra adoración. El cuerpo debe responder de acuerdo a lo que piensa la cabeza. *"Vosotros, pues sois el cuerpo de Cristo, y miembros cada uno en particular"* (1 Corintios 12:27). En este pasaje Pablo explica cómo cada uno de nosotros tiene un don espiritual distinto, un aspecto diferente del ministerio de Cristo que cuando se une forma su plenitud en un cuerpo colectivo. *"Pero a cada uno le es dada la manifestación del Espíritu para provecho"* (1 Corintios 12:7). El cuerpo humano es un organismo complejo. Tiene una cualidad sinergética donde muchas partes trabajan juntas para producir una expresión completa. Cada miembro del cuerpo depende de los otros. Cada uno también contribuye a lo mejor del otro. Simplemente piense qué sucedería si todos

nos uniéramos en un lugar de adoración donde respondiéramos completamente a la cabeza. Qué glorioso. *"Porque así como el cuerpo es uno, y tiene muchos miembros, pero todos los miembros del cuerpo, siendo muchos, son un solo cuerpo, así también Cristo"* (1 Corintios 12:12). *"Mas ahora Dios ha colocado los miembros cada uno de ellos en el cuerpo, como él quiso"* (1 Corintios 12:18). Cuando obedecemos y nos expresamos de la manera que la cabeza hubiese querido que lo hiciéramos, creamos una sinfonía individual de adoración.

Una orden de sumisión para la adoración

David presenta un grandioso ejemplo de sumisión a Dios y su relación con la adoración. El orden en la adoración bajo el reinado de David también presenta un gran ejemplo de cómo la adoración colectiva es ordenada y sumisa. El equipo de adoración sometido a los líderes de adoración. Por lo tanto, la unción de David fluía a través de los líderes de adoración dentro del equipo de adoración. Los líderes de adoración de David se sometían a David. Y por causa de eso, la adoración se levantaba bajo la unción que estaba en David. Los hijos de tres líderes de adoración de David, Asaf, Heman y Etan (Jedutum), fueron llamados a profetizar en el Tabernáculo. En la adoración corporativa no podían tan solo adorar a su propia discreción. Eran entrenados y se les daban directivas para profetizar: *"Los hijos de Asaf, estaban bajo la dirección de Asaf, que profetizaba bajo las órdenes del rey"* (1 Crónicas 25:2).

La Palabra dice lo mismo sobre los otros dos líderes de adoración y sus hijos. Los hijos profetizaban bajo la dirección de sus padres, los líderes de adoración, que a su vez profetizaban bajo las órdenes del rey, David. Al estar bajo la autoridad del que estaba por encima de ellos, tenían fe para pararse en su don y saber que serían respaldados por el que estaba sobre ellos en la cadena de autoridad. Estar bajo autoridad no los impedía: los habilitaba.

Jesús enseñó lo mismo sobre su relación con el Padre. No hacia nada excepto que primero viera que el Padre lo hacía (ver Juan 5:18). Defino a esto como *verdadera adoración*. Por lo tanto, cuando lea sobre la vida de Jesús, puede ver que nos enseñaba cómo adorar y responder en humildad a un Dios santo. En su libro *Humildad*, Peter Wagner escribe:

> *"Porque el que se enaltece será humillado, y el que se humilla será enaltecido"* (Mateo 23:12). En este breve pasaje de La Escritura encontramos dos pares paralelos de verbos activos y pasivos. Cuando digo verbos *activos*, quiero decir que *elegimos* iniciar eso. Si no nos decidimos a hacer esta determinada cosa, simplemente no sucederá, a pesar de lo que teológicamente podamos saber sobre la voluntad perfecta de Dios. Este pensamiento es tan importante que voy a estar una y otra vez considerándolo. En otras palabras, ¡básicamente depende de nosotros! Por otro lado, el verbo *pasivo* no depende en nada de nosotros. Si decidimos, correcta o incorrectamente, hacer el verbo activo, lo que es pasivo inevitablemente nos sucederá, lo deseemos o no. Podríamos decir que para lo activo hace falta la iniciativa *humana*, en tanto para lo pasivo la iniciativa *divina*.[12]

El rol del cántico profético

En 2 Crónicas 20 encontramos que la adoración era el orden y la clave de la victoria. También encontramos que desatar lo profético era muy importante a fin de tener la estrategia para ganar la batalla. La adoración y la guerra son elementos clave que debemos entender para nuestra victoria máxima. En esta historia, un número de enemigos de Judá se reunieron para formar una confederación y planificaban invadir las fronteras ordenadas y prometidas por Dios a Judá. En obediencia al Señor, Judá no había invadido previamente a los que estaban en la confederación y que ahora se levantaban para robar lo que legalmente pertenecía a Judá. No había la menor duda de que la fuerza combinada de los enemigos fácilmente podría haber vencido a Judá.

La adoración y la guerra son elementos clave que debemos entender para nuestra victoria máxima

Josafat, que era un rey piadoso, clamó al Señor para que le diera una estrategia para la guerra que enfrentaba su pueblo. Al hablar al pueblo dijo: *"Oídme Judá y moradores de Jerusalén. Creed en Jehová vuestro Dios, y estaréis seguros; creed a sus profetas y seréis prosperados"* (2 Crónicas 20:20). En *Lo mejor está aún por venir,* Becky Wagner Sytsema y yo escribimos el proceso para la victoria que le dio a Judá la estrategia para vencer al enemigo. El pueblo de Judá ayunó. Le preguntaron al Señor. Le recordaron a Dios sus promesas. Se volvieron altamente dependientes del Señor como su ayudador. Se ubicaron en la posición apropiada para enfrentar al enemigo –nuestro lugar de habitación–. Buscaron consejo. Luego adoraron y alabaron al Señor. Elaboramos sobre este último punto lo siguiente:

> Probablemente no exista un arma de guerra más fuerte que la alabanza y la adoración al Señor. Satanás detesta nuestra adoración a Dios por muchas razones. En principio, está celoso de nuestra adoración. Él ansía obtenerla para sí mismo a través de cualquier medio posible. Por otra parte, sabe que el arma de la adoración es fuerte y efectiva. Considere las palabras del Salmo 149:5-9: *"Regocíjense los santos por su gloria, y canten aun sobre sus camas. Exalten a Dios con sus gargantas, y espadas de dos filos en sus manos. Para ejecutar venganza entre las naciones, y castigo entre los*

pueblos; para aprisionar a sus reyes con grillos, y a sus nobles con cadenas de hierro; para ejecutar en ellos el juicio decretado; gloria será esto para todos sus santos. ¡Aleluya!"[13]
Otra razón importante la explica Cindy Jacobs,

Cuando alabamos a Dios, Él habita o entra en nuestras alabanzas, y su poder sobrepasa al del enemigo. Él es un Dios poderoso, y Satanás no puede compararse en fuerzas.
La luz dispersará las tinieblas a través del ingreso de Dios a nuestra alabanza. A través de la alabanza, el Señor mismo comienza a hacer la guerra a favor de nosotros para silenciar a nuestro enemigo, tal como lo veremos.[14]

Kent Henry, un líder maravilloso de la adoración profética que une varias generaciones, dice: "La adoración profética ya está en usted"[15] Muchas veces enseña lo que revela 1 Samuel 10:5-10, especialmente los versículos 5 al 7:

Después de esto llegarás al collado de Dios donde está la guarnición de los filisteos; y cuando entres allá en la ciudad encontrarás una compañía de profetas que descienden del lugar alto, y delante de ellos salterio, pandero, flauta y arpa, y ellos profetizando. Entonces el Espíritu de Jehová vendrá sobre ti, con poder, y profetizarás con ellos, y serás mudado en otro hombre. Y cuando te hayan sucedido estas señales, haz lo que te viniera a la mano, porque Dios está contigo.

"Profetizar" viene de una palabra hebrea *naba*. Significa bullir y hablar o cantar por inspiración. Hay habitualmente un éxtasis que mueve a un individuo a profetizar. El Espíritu de Dios te toma o alcanza, y una inspiración de la voluntad de Dios nace de ti. Yo lo digo sencillamente: profetizar es expresar la mente y el corazón de Dios. Por lo tanto, tiene que entender lo que Él está pensando y sintiendo para expresar al Señor a aquellos que lo rodean.

Cuando la gente toca música bajo inspiración divina y la unción está fluyendo, muchas veces las palabras proféticas comienzan a salir a través de un individuo en la reunión. Estas palabras son poderosas. Yo creo que el cántico profético es necesario para que ciertas fuerzas demoníacas retrocedan. Un buen ejemplo de esto son David y Saúl. Cuando David tocaba, los demonios que estaban sobre Saúl lo dejaban. Kent Henry nos habla de cuatro puntos sobre el estilo de vida necesario para que el espíritu de profecía fluya:

1. El factor de la unidad, tanto con el Señor como con otros (2 Crónicas 5:13; Hechos 2:1).
2. Reconocer y ser sensibles al mover del Espíritu Santo (Hechos 4:8).
3. Las actitudes son vitales. Quítese cualquier espíritu legalista "fariseo". Regocíjese siempre (Filipenses 4:6-8); ore sin cesar (Efesios 6:18).
4. Trate con el pecado rápidamente en su vida (Romanos 2:4)[16]

Cante una nueva canción

En la adoración colectiva muchas veces hay personas que reciben una canción. Muchas veces los líderes de adoración desean ser espontáneos, pero saben que tienen una responsabilidad para mantener una dirección clara y el orden en el servicio. ¿Qué sucede si Dios me da una canción y no existe una avenida para que la entregue? Esto no es raro. Muchas cosas espirituales suceden durante un servicio de adoración. Con frecuencia subo a la plataforma con mi pastor y otros líderes de la iglesia para que me ayuden a administrar el mover del Espíritu Santo en nuestra adoración.

Los que están en el liderazgo tienen que valorar todas las cosas espirituales y permitir que la mejor expresión del corazón de Dios se extraiga de ellas. No siempre es fácil, y no es una ciencia exacta. Tenemos que confiar en que Dios obra a través de la estructura de autoridad que Él ha ubicado.

Si sentimos que tenemos una canción pero no podemos darla, entonces, podemos orar el mensaje de la canción. Tal vez Dios desea que esa canción sea una carga de intercesión en usted durante un tiempo, y cuando ese tiempo se complete. Él abrirá un camino para que usted la desate.

Se sorprendería si supiera cuántas veces he visto a Dios decirle al líder cuando alguien tiene una canción.

John Dickson cuenta la historia cuando estaba dirigiendo la adoración en una oportunidad y el Señor comenzó a agitar una canción en él. Nos dice lo siguiente:

Pero antes de que se hiciera suficientemente fuerte para que la desate, el tiempo de adoración había finalizado. Don Crum era el orador, y cuando subió a la plataforma dijo: "El Señor dice que no hemos terminado de adorar". El equipo volvió a subir, y mientras Don nos dirigía nuevamente hacia un poderoso tiempo de adoración, la canción que había estado agitándose comenzó a bullir y la desaté con gran poder.

El Señor está bien capacitado para abrirle camino a su canción. Hay oportunidades en que tenemos que ser pacientes y confiar en su tiempo exacto. Juan también nos cuenta una historia sobre su esposa, Violeta:

Cierta vez el Señor le dio a mi esposa una canción en un servicio, pero no hubo oportunidad para entregarla. Ella no se enojó ni intentó presionar para hacerse lugar para darla. Cuando iba manejando hacia casa al regresar de la iglesia ese día, frené detrás de ella en nuestra acera y la vi saltar fuera de su auto y danzar por nuestro patio de entrada. "¡John, escucha esta canción que el Señor me dio!" La canción tenía un sonido decidido, tipo latino:

Haré lo que he hablado.
Realizaré por mi poderosa mano.
Completaré lo que me he propuesto.
Cumpliré lo que he planificado.
Porque soy Dios, y no hay otro.
Porque soy Dios, y no hay otro como yo.
Porque soy Dios y no hay otro.
Porque soy Dios y no hay otro como yo.
He hecho conocer el final desde el principio
y soy llamado el Anciano de Días.
Regresaré en esplendor a Sion
¡y mi salvación no se tardará![17]

Tal vez se me pasó en la iglesia. Al dirigir la adoración, algunas veces no somos sensibles a lo que el Señor dice a otros. Tal vez debería haber discernido que ella tenía esta canción de parte del Señor. Si es así, ¿qué puedo decir? ¡Sucede! Tome aliento. No es el fin del mundo. Dios está bien capacitado para hacer que su mensaje llegue hasta nosotros. Después, escribí la canción con la música y comenzamos a cantarla en nuestros servicios de la iglesia. Oportunamente la grabamos en uno de nuestros CDs, y ha llegado a todo el mundo.

Música en la unción

"Jehová está en medio de ti, poderoso, él salvará; se gozará sobre ti con alegría, callará de amor, se regocijará sobre ti con cánticos" (Sofonías 3:17) ¡Qué maravilloso es que Dios se regocija sobre nosotros con cánticos!

En su libro *La Canción profética*, LaMar Boschman escribe:

Es de máxima importancia que la música sea ungida cuando cantamos y tocamos, ya que se trata de ministrar a las personas y no simplemente una linda música "especial". La música en el mundo se interpreta para mover o impresionar emocionalmente a otros. La música cristiana puede ser impresionante y conmovedora, pero si la única razón para usarla es impresionar a las personas y mover sus emociones, la hacemos por un motivo equivocado.

Algo está mal, la música de Dios va más allá que eso. Ministra vida y confianza porque presenta y glorifica a Jesús. Y esto únicamente puede ser hecho cuando los músicos, instrumentos, cantantes y canciones son ungidas (esto es, saturadas en el Espíritu Santo de Dios).[18]

La unción rompe el yugo. Amo la música con el sonido de la unción que quiebra, la que explico ampliamente más adelante en este libro. Cuanto más alto vamos, más claro el sonido. La música ayuda a definir el sonido del cielo.

A medida que la unción se levanta, escucha el sonido del Señor y deja que su canción surja para que pueda quebrar cada yugo.

Y cantaban un nuevo cántico, diciendo: Digno eres de tomar el libro y de abrir sus sellos; porque tú fuiste inmolado, y con tu sangre nos has redimido para Dios, de todo linaje y lengua y pueblo y nación, y nos has hecho para nuestro Dios reyes y sacerdotes, y reinaremos sobre la tierra. Y miré, y oí la voz de muchos ángeles alrededor del trono, y de los seres vivientes, y de los ancianos; y su número era millones de millones, que decían a gran voz: El Cordero que fue inmolado es digno de tomar el poder, las riquezas, la sabiduría, la fortaleza, la honra, la gloria y la alabanza (Apocalipsis 5:9-12).

A medida que la unción se levanta, escucha el sonido del Señor y deja que su canción surja y pueda quebrarse cada yugo.

Las claves de la revelación

LeAnn Squier nos da una vívida ilustración:

El grupo de célula de adoración que tuvimos hace dos semanas fue una demostración viviente de su nuevo libro *El Guerrero de Adoración*. Nosotros –alrededor de dieciocho personas– entramos a una dimensión del salón del trono en una creciente adoración espontánea que duró más de una hora. Vi que a medida que adorábamos, Dios convocaba a ángeles para que viniera delante de Él. Ubicó un rollo en la mano de cada ángel, los que sabía que contenían decretos con respuestas a las oraciones. Cada ángel voló (pasó como un silbido) hacia abajo con el decreto en la mano. Nunca había visto algo así.

Mucha más adoración –no solamente canciones, sino declaraciones audibles y cánticos sobre la grandeza de Dios– subían como un mar de fondo. Se abrió una fuente en lo profundo. Cuando terminamos tuvimos una breve enseñanza y luego oración. Entonces, nuevamente hubo un mar de fondo, esta vez en oración, con una autoridad tan grande que se transformó en un rugido. Era temible. Ya no pude mantenerme de pie. Me vi a mí misma corriendo y abriendo un campo persiguiendo al enemigo a toda velocidad. Tenía un hacha de batalla en una mano y una espada en la otra. Otros me perseguían. El enemigo huía en todas las direcciones. Vi que una ofensiva totalmente nueva era lanzada contra el enemigo.

En los días siguientes comenzamos a recibir rápidas respuestas específicas a oraciones que hicimos y decretos que proclamamos aquella noche. Luego me di cuenta que habíamos ascendido al salón del trono y que fuimos literalmente vestidos de autoridad y coraje para traerlo al ámbito terrenal.

Sentí que tenía una nube alrededor de mi cuerpo. Era tan fuerte, que a medida que hablaba con una amiga fue liberada de un espíritu de temor al rechazo simplemente por la unción.

He experimentado este "revestimiento" en forma privada, durante tiempos de ayuno largo e intercesión, pero *nunca colectivamente,* y nunca tan rápido. Nunca había visto o entendido cómo había sucedido, hasta ahora. Simplemente la frase "ascender y descender" lo dice todo.

Creo que una nueva dimensión se ha abierto para el *Cuerpo colectivo*, por causa de que este libro ha sido escrito. Una puerta en los cielos ha sido reabierta apostólicamente.

De aquí en más debemos ser imparables, apasionados y firmes en nuestra adoración. La puerta está abierta.[19]

Las partes unidas

Por eso la Palabra nos dice que no debemos dejar de congregarnos en unidad (ver Hebreos 10:25). Se aumenta nuestra fuerza, tenemos el poder del acuerdo, la presencia del Señor y la unión de muchos dones para formar el Cuerpo colectivo de Cristo. Satanás sabe esto y tiembla. Trata de hacer todo lo que se le ocurre para dislocar nuestras reuniones corporativas. Trabaja sobre nosotros como individuos para distraernos e intenta que no unamos nuestra fe cuando nos congregamos. De tal forma que muchos de nosotros llegamos a la iglesia y, en lugar de ponernos a adorar desde nuestro don y luego expresar esa adoración en forma corporativa, tenemos las siguientes actitudes: "No sé por qué, pero hoy estoy muy deprimido". "¡Ay! no, vamos a cantar esa canción de nuevo". "Tengo tanto que hacer esta tarde". "Ay, estoy tan cansado". "Tengo taaaaaaaanto sueño".

John Dickson agregó:

Cuando me levanto a dirigir la adoración, veo esto. Aún veo grupos de quince a veinte personas donde un espíritu de opresión está concentrado en diferentes áreas de la congregación. Algunas veces hay una nube sobre la iglesia entera. Están impedidos, tienen el polvo del mundo sobre ellos. El gobernador de este mundo (ver Juan 12:31) los ha cegado para ver quiénes son y lo que pueden lograr cuando se congregan juntos.

Lavado de pies por Jesús

En la última cena Jesús lavó los pies de los discípulos (ver Juan 13: 3-11). Les dijo que no necesitaban un baño, que ya estaban limpios. Todo lo que necesitaban era tener sus pies lavados.

Estamos limpios, amados, pero demasiado fácilmente nuestros pies se cubren con el polvo del mundo. A medida que comenzamos el servicio de adoración corporativa, encontramos que es necesario ver este polvo por el Espíritu y movernos en una dirección que permitirá a Jesús quitarlo de nosotros.

John Dickson dijo: "Habitualmente no comienzo con las canciones más íntimas o poderosas. Y no menciono el polvo; simplemente comienzo a dirigir a cada uno hacia Jesús. Él dijo que si lo levantamos, Él atraerá a todos los hombres hacia sí (ver Juan 12: 32)".

Como está acuñado en el comienzo del libro *Historia de dos ciudades,* vivimos en el mejor y el peor de los tiempos. La adoración es la clave en este tiempo. Nos lleva hacia la restauración. Reciba el sonido que el Señor desata desde el cielo. Vaya a la guerra con el sonido. Observe cómo el poder de la pérdida en su vida comienza a quebrarse. Permita que el León de Judá *ruja* a su favor. Ruja con Él, y observe cómo comienza la restauración.

Sacúdase el polvo, sacúdase el polvo.
Levántese y resplandezca, y refrésquese y florezca.
Sacúdase el polvo, sacúdase el polvo.
¡Levántese y resplandezca!
Porque llevará fruto en la ancianidad.
Y verá lo que le sucederá a su enemigo.
Por ello sacúdase el polvo, sacúdase el polvo.
Levántese y resplandezca.[20]

Notas

1 Marty Cassady, carta al autor, 19 de marzo de 2002.
2 Ibid.
3 Billy Graham, *Ángeles: agentes secretos de Dios* (Nueva York: Pocket Books, 1975), pp. 32-33.
4 *The New Bible Dictionary,* Logos Bible System 2.1 (Bellingham,WA: Logos Research Systems, Inc. 1997.)

5   Judith Hann, *How Science works* Pleasantville, NY. Dorling Kinders
    ley Limited, 1991), pp. 116, 118.

6   Ernest B. Gentile, *¡Adora a Dios!*(Pórtland, OR.; City Bible Publis-
    hing, 1994) pp. 139-209.

7   GLIMPSES. No.26; *Glimpses* es un boletín insertado publicado por el
    Christian History Institute, Box 540, Worcester, PA. 19490.
    http://www.gospel.com.net/chi/GLIMPSEF/glimp-
    ses/glmps026.shtml.

8   Mark E. Garmeaux, "¡O Come , Let Us Worship! Un estudio de la Li-
    turgia e Himnología Luterana" (Presentado a la 78° Convención
    Anual del Sínodo Evangélico Luterano, junio de 1995). http://
    www.blc.edu/comm/gargy/gargy1/O come let us worship.html
    (Accedido el 19 de agosto de 2002).

9   The Gregorian Association (London, England) *The Gregorian Asso-
    ciation (London, England)* http:www.beaufort.demon.co.uk-
    /chant.htm (accedido Agosto 19,2002).

10 Terry Law, *The Power of Praise and Worship* (Tulsa, OK: victory Hou-
    se, Inc., 1985), p. 166.

11 John Dickson, untitled, (Denton, TX: Glory of Zion International
    Ministries, inc. 2000).

12 C. Peter Wagner, *Humility,* (Ventura, CA.: Regal Books, 2002) pp. 7-8

13 Chuck D. Pierce y Rebecca Wagner Sytsema, *The Best is yet Ahead*
    (Colorado Springs, CO.: Wagner Publications, 2001), p. 57

14 Cindy Jacobs, *Possessing the Gates of the Enemy* (Grand Rapids, MI.:
    Chosen Books, 1991), p. 178.

15 Kent Henry, "Prophetic Worship – Changed into Another Man",
    2002.

16 Ibid.

17 Violet Dickson, "Porque yo soy Dios" (Denton, TX. Glory of Zion In-
    ternational Ministries Inc., 1998).

18 LaMar Boschman, *The Prophetic Song* (Shippensurg, PA: Destiny Ima-
    ge Publishers, Inc.) p. 31.

19 LeAnn Squier, E-mail enviado al autor, 25 de marzo de 2002.

20 LeAnn Squier, "Sacúdase el polvo" (Denton, TX.:Glory of Zion Inter-
    national Ministries, Inc., 1997).

CAPÍTULO 8

El sonido
del cielo

Mi palabra saldrá como espada de mi boca
para atar vuestras enfermedades y sanar vuestra Tierra.
Para atar al hombre fuerte y proclamar victoria.
Para destruir las tinieblas, poner libres a los prisioneros.
Porque soy Jehová, no hay Dios como yo;
porque soy Jehová, salgo en victoria.
Estoy usando el lagar porque ahora es el tiempo.
Estoy usando el lagar para traer el vino nuevo.
Te estoy llamando porque ahora es el tiempo.
Te estoy llamando para traer el vino nuevo.
Estoy derramando mi gloria, está descendiendo.
Así que, bebe en mi gloria, te rodea por todas partes.
Estoy derramando mi gloria, está descendiendo.
Así que, bebe en mi gloria, te rodea por todas partes.

VIOLETA DICKSON, PORQUE SOY JEHOVÁ

En la guerra hay una orden y un sonido que guía al pueblo de Dios hacia la victoria. Con los israelitas, la orden de batalla era simple. La fuerza se paraba, ya sea en una línea o en tres divisiones, con un centro y dos alas. Había una retaguardia para proveer protección en la marcha o para reunir a los dispersos (ver Números 10:25; Josué 6:9; Jueces 7:16; 1 Samuel 11:11; Isaías 58:8). La señal para la carga y la retirada era dada por el sonido de una trompeta. Había un grito de batalla para inspirar coraje e impartir confianza (ver Jueces 7:20; Amós 1:14).

Debemos tener un claro sonido de trompeta y revelación desatada en este tiempo de la historia. Jesús dijo que Él edificaría su Iglesia sobre la revelación. Por lo tanto, el Espíritu de Dios debe revelarnos a Jesús. Por el Espíritu de Dios también tenemos revelada la voluntad del Señor. El Espíritu se mueve sobre la Palabra y entendemos cómo vivir y caminar en el mundo actual.

Únicamente Dios puede revelarse a nosotros por su Espíritu (Mateo 16). Una vez que recibimos revelación, deberíamos comenzar a orar esa revelación. Luego movernos de "orar a decir". La declaración profética es muy importante para cambiar la atmósfera de los cielos. Nos transformamos en la trompeta del Señor en la Tierra. Somos ese *sofar* humano.

El soplo de la trompeta

En el Antiguo Testamento el soplar de las trompetas anunciaba el descenso del Señor. Este sonido tenía gran poder para estremecer lo que parecía invencible.

Cierta vez durante la adoración, John Dickson comenzó a tocar una vieja canción de una manera nueva. Cantó *Josué peleó la batalla de Jericó*. No existe mejor ejemplo bíblico del sonido sobre la Tierra que derriba a nuestro poderoso enemigo, que Josué cuando dirigía a los ejércitos de Dios contra Jericó. A medida que John tocaba esta canción, comenzó a levantarse fe entre la gente. No solamente dimos un increíble grito que sacudió los cielos, sino que los muchos *sofars* que había en la conferencia vinieron adelante y comenzaron a soplar. Se desató gran fe.

El sonido de la trompeta precedía al mover de la presencia de Dios. Este sonido advertía el peligro que se aproximaba. Este sonido era un llamado a las armas. Este sonido significaba que se estaban por manifestar propósitos redentores. Encontramos en el libro de Apocalipsis, el que cubriré después, que cuando sonaba la trompeta tenía que haber una respuesta. De hecho, hay muchos sonidos en el libro de Apocalipsis.

Levántese, declare y haga conocer sabiduría

El sonido de la trompeta representa un avance hacia la restauración de los propósitos de Dios sobre la Tierra. Si la Iglesia logra una posición firme, veremos al gobierno civil que se mueve correctamente para derribar el mal. Debemos tomar nuestra posición hasta que veamos reedificada la pared que había sido quebrada en nuestras vidas, familias, ciudades, Iglesia y nación.

Si la Iglesia logra una posición firme,
veremos al gobierno civil que se mueve
correctamente para derribar el mal

En Nehemías encontramos que la adoración ayudó a restaurar la pared que rodeaba a Jerusalén. La siguiente oración o canción profética le da una idea de cómo el cántico profético establece una "posición" en el ámbito terrenal:

> *Y dijeron los levitas Jesúa, Cadmiel, Bani, Hasabnías, Serebías, Hodías, Sebanías y Petaías: Levantaos, bendecid a Jehová vuestro Dios desde la eternidad hasta la eternidad; y bendígase el nombre tuyo, glorioso y alto sobre toda bendición y alabanza. Tú solo eres Jehová; tú hiciste los*

> *cielos, y los cielos de los cielos, con todo su ejército, la tie-*
> *rra y todo lo que está en ella, los mares y todo lo que hay*
> *en ellos; y tú vivificas todas estas cosas, y los ejércitos de*
> *los cielos te adoran. Tú eres, oh Jehová, el Dios que esco-*
> *giste a Abram, y lo sacaste de Ur de los caldeos, y le pu-*
> *siste el nombre Abraham* (Nehemías 9:5-7).

Cantaron, profetizaron y declararon la historia de Israel delante de un pueblo quebrantador del pacto. Terminaron declarando lo
siguiente y renovando su pacto:

> *He aquí que hoy somos siervos; henos aquí, siervos en la*
> *tierra que diste a nuestros padres para que comiesen su*
> *fruto y su bien. Y se multiplica su fruto para los reyes que*
> *has puesto sobre nosotros por nuestros pecados, quienes*
> *se enseñorean sobre nuestros cuerpos, y sobre nuestros*
> *ganados, conforme a su voluntad, y estamos en grande*
> *angustia* (vv. 36-38).

La conspiración del enemigo

Debemos reconocer que tenemos un enemigo que tiene un
plan para cambiar leyes y tiempos, para que lleguemos a estar atrapados en sus propósitos. El plan malvado de Satanás puede ser derribado cuando nos levantamos y declaramos la verdad. *"No temáis*
ni os amedrentéis delante de esta multitud tan grande, porque no es
vuestra la guerra, sino de Dios. Mañana descenderéis contra ellos; he
aquí que ellos subirán por la cuesta de Sis, y los hallaréis junto al arro-
yo, antes del desierto de Jeruel (...) paraos, estad quietos, y ved la sal-
vación de Jehová con vosotros" (2 Crónicas 20:15-17).

Un tiempo para escuchar

Debemos tener oído para escuchar la trompeta. No estamos
acostumbrados a escucharla de la manera que necesitamos hacerlo
en este tiempo. Dios está entrenando nuestros oídos para escuchar:

Jehová el Señor me abrió el oído, y yo no fui rebelde, ni me volví atrás (Isaías 50:5).

Atended el consejo, y sed sabios, y no lo menospreciéis. Bienaventurado el hombre que me escucha, velando a mis puertas cada día, aguardando a los postes de mis puertas. Porque el que me halle, hallará la vida, y alcanzará el favor de Jehová (Proverbios 8:33-35).

Yo Juan, vuestro hermano, y copartícipe vuestro en la tribulación, en el reino y en la paciencia de Jesucristo, estaba en la isla llamada Patmos por causa de la palabra de Dios y el testimonio de Jesucristo (Apocalipsis 1:9).

Observe que Juan estaba sobre la Tierra, y su espíritu humano estaba tan lleno del Espíritu Santo que sus sentidos parecían ascender hacia el cielo. Escuchó una voz como de trompeta. La voz desató visión y revelación que debía ser comunicada a la iglesia de ese tiempo. La voz no solamente sonaba como una trompeta, sino que también sonaba como de muchas aguas. La voz era la voz del Señor Jesucristo. La voz le ordenaba escribir lo que había visto para que los ángeles de las iglesias comprendieran.

Debemos entender y poder interpretar completamente el sonido de los cielos, de modo que podamos comunicar por el Espíritu lo que nuestro comandante le dice a la Iglesia actual. Este es verdaderamente un tiempo para escuchar. Este sonido será el sonido que nos guiará hacia adelante como un poderoso reino de reyes y sacerdotes que están representando a la persona que desata el sonido. Prepárese, ejército. El cielo está sonando y nuestro Señor y Rey se prepara para guiarnos hacia adelante.

Un tiempo para la guerra

Debemos descansar en Él que *"muda los tiempos y las edades; quita reyes, y pone reyes; da la sabiduría a los sabios, y la ciencia a los entendidos. Él revela lo profundo y lo escondido; conoce lo que está en tinieblas, y con él mora la luz"* (Daniel 2:21-22).

Hay tres claves para operar en la guerra. Primero, cuando es el tiempo para la guerra, debemos ir a la guerra. El rey David tuvo su más grande caída cuando, durante su reinado, llegó el tiempo de ir a la guerra y se quedó en casa. La pasividad en el tiempo de guerra es desastrosa.

Otra clave es saber de qué se trata la guerra. Definir al enemigo le permite obtener la estrategia de la victoria. Estamos en guerra con un enemigo que se ha establecido contra la voluntad de Dios. Estaremos en guerra hasta que la voluntad de Dios se haga en la Tierra como en los cielos. Estamos en guerra hasta que veamos la gran comisión cumplida.

En su libro *Oración de Guerra,* el Dr. C. Peter Wagner lo dice de esta forma:

> El primer objetivo de Satanás es evitar que Dios sea glorificado e impedir a los perdidos ser salvos. Jesús vino a buscar y salvar a los perdidos. Dios envió a su hijo para que todo aquel que cree en Él tenga vida eterna. Cada vez que una persona se salva, los ángeles en los cielos se regocijan. Satanás detesta todo lo de arriba. Él quiere que la gente se vaya al infierno, no al cielo. Y la razón de que este es su primer objetivo es que cada vez que tiene éxito gana una victoria eterna.[1]

Además de conflicto armado, recuerde que la definición de guerra también incluye una competencia agresiva o lucha por lograr determinada meta. Estamos viendo señales enormemente alentadoras a través de todo el mundo. Como escribe el Dr. Wagner en *La oración de poder*: "Esta es la primera vez en la historia humana que tenemos una oportunidad viable de completar la gran comisión de Jesús en nuestra generación".[2] Cuanto más cerca estamos de ganar la guerra, más desesperado y perverso se vuelve el reino de Satanás. Es imperativo que entendamos quién es nuestro enemigo a medida que nos movemos hacia la futura guerra de la Iglesia.

> ## Cuanto más cerca estamos de ganar la guerra, más desesperado y perverso se vuelve el reino de Satanás

La tercera clave es guerrear desde un lugar de habitación. Nunca guerreo por guerrear. Únicamente voy a la guerra cuando no me puedo ir a mi lugar de habitación; o cuando estoy en mi lugar de habitación y el enemigo intenta moverme de ese lugar de descanso, protección y confianza que el Todopoderoso me ha permitido experimentar.

> *El que habita al abrigo del Altísimo morará bajo la sombra del Omnipotente. Diré yo a Jehová: Esperanza mía, y castillo mío, mi Dios, en quien confiaré* (Salmo 91:1-2).

¡Esto si que describe claramente la adoración y la guerra! Una vez que estamos en nuestro lugar de habitación, todas las increíbles promesas enlistadas en el Salmo 91 están disponibles para nosotros.

Ascienda, adore, escuche y luego camine

Tal como señalé, la adoración nos lleva a través de pasos de ascensión hacia el ámbito celestial. El Señor Jesucristo entonces es el mediador a nuestra llegada dentro del salón del trono, donde tenemos el increíble privilegio de estar osadamente delante de un Dios santo. A medida que ascendemos, obtenemos más y más revelación de quién es Él y cuál es su voluntad para nuestra vidas sobre la Tierra.

Tenemos una posición en los cielos, pero caminamos sobre la Tierra (ver Efesios 1-2). Cuando conocemos nuestro lugar de habitación en los cielos, caminamos con gran confianza y fe. Vamos a la guerra cuando el enemigo trata de expulsarnos de nuestro lugar de habitación o bloquearnos el ascenso a ese lugar de habitación en Cristo. Con frecuencia sentimos este bloqueo cuando ascendemos en adoración. Esto es cuando es necesario expresar el sonido de guerra desde nuestros espíritus hacia el enemigo. Recuerde: adoramos durante todo el camino hacia el salón del trono.

Luego de tener completa revelación del estado de la Iglesia de ese tiempo histórico, ante Juan sucedió lo siguiente: ¡Se abrió una puerta! Apocalipsis 4:1 registra el evento: *"Después de esto miré, y he aquí una puerta abierta en el cielo; y la primera voz que oí, como de trompeta, hablando conmigo, dijo: Sube acá y yo te mostraré las cosas que sucederán después de estas"*.

Esto desató mucha más revelación para Juan. El Señor le pidió a Juan que entrara. Así que no solamente ascendió, sino que entró. El Señor entonces comenzó a darle la perspectiva celestial de las cosas que sucederían sobre la Tierra.

Apocalipsis 5:9 continúa: *"Y cantaban un nuevo cántico diciendo: Digno eres de tomar el libro y de abrir sus sellos; porque tú fuiste inmolado, y con tu sangre nos has redimido para Dios, de todo linaje y lengua y pueblo y nación"*. Hay un ámbito de adoración donde los sellos de la revelación son abiertos. Una vez que esta revelación comienza a entrar en nuestro espíritu, la estrategia de la revelación hace que caminemos en victoria completa sobre la Tierra.

Apocalipsis nos muestra un modelo de lo que se desata para nosotros en el salón del trono cuando adoramos:

1. ¡Dios abre los sellos! Desata juicios futuros sobre la Tierra. A medida que adoramos, Él desata venganza sobre los enemigos que le han resistido como el Hijo amado. También desata juicios sobre los que resisten sus propósitos de pacto. No tenemos el derecho de juzgar, pero tenemos el derecho de adorar. Desde nuestra adoración, Él desata juicios.

2. Hay un sonar de trompetas y una unción profética. Apocalipsis 19:10 declara: *"Yo me postré a sus pies para adorarle. Y él me dijo: Mira, no lo hagas; yo soy consiervo tuyo, y de tus hermanos que retienen el testimonio de Jesús. Adora a Dios; porque el testimonio de Jesús es el espíritu de la profecía"*.

3. Jesús desata *"ayes"* sobre la Tierra. Mateo 23 y 24 tiene una lista de estos ayes. El primero es para los escribas y fariseos. Cuando adoramos, quebramos el poder de los espíritus religiosos sobre nuestras vidas. Entonces podemos recibir la revelación y verdad proféticas que Dios nos envía hoy. Proverbios 29:18 en *La Biblia Amplificada* dice: "Donde no hay visión [ninguna revelación redentora de Dios], el pueblo perece; pero el que mantiene la ley [de Dios, que incluye la del hombre], es bendito (feliz, afortunado y envidiable). Muchas personas no entienden la profecía porque no entienden el propósito redentor de Dios. Él desata su Palabra y propósito redentor para nuestras vidas hoy. Si adoramos, no rechazaremos la revelación profética y la sabiduría como lo hicieron los escribas y fariseos.

4. Luego Jesús desata ayes sobre Jerusalén. Si adoramos sobre nuestras ciudades, veremos el tiempo de su visitación. Él dijo en Mateo 24:6-8: *"Y oiréis de guerras y rumores de guerras; mirad que no os turbéis, porque es necesario que todo esto acontezca; pero aún no es el fin. Porque se levantará nación contra nación, y reino contra reino; y habrá pestes, y hambres, y terremotos en diferentes lugares. Y todo esto será principio de dolores"*. Sin embargo, agregó: *"Mas el que persevere hasta el fin, este será salvo"* (v. 13). "Perseverar" es mantenernos en nuestro lugar durante el conflicto y no dejarnos abatir por la adversidad. Mantenerse es permanecer bajo estrés, tal como se encuentra en Efesios 6, estar firmes. Resistir es perseverar bajo presión mientras esperamos calmos y con coraje para que el Señor intervenga. Esta es una resistencia enérgica hacia nuestro enemigo, a medida que nos acercamos al Señor e íntimamente lo adoramos.

4. ¡Él desata las copas llenas de oración y llenas de ira! La intercesión y la adoración son muy importantes. Las oraciones de los santos hacen que las copas en los cielos se llenen. Apocalipsis 5:8 dice: *"Y cuando hubo tomado el libro, los cuatro seres vivientes y los veinticuatro ancianos se postraron delante del Cordero; todos tenían arpas, y copas de oro llenas de incienso, que son las oraciones de los santos"*. Cuando nuestras oraciones ascienden, son purificadas. El aroma y la fragancia de la redención entrelazan la verdadera oración llena del espíritu. Mientras nuestra oraciones ascienden, las fuerzas angelicales descienden para establecer guarda sobre nuestra boca y guardar la puerta de nuestros labios (ver Salmo 141:3-4). Lo que está en nuestro corazón procede de nuestra boca Mientras nuestras oraciones ascienden y llenan las copas, Él llena nuestros corazones. Apocalipsis 16 tiene una lista de las copas. Una vez que las copas están llenas de las oraciones de los santos, Dios comienza a poner la Tierra en orden. Juzga a la bestia y a los que adoran su imagen. Mientras las copas se van llenando, vemos un modelo de los cielos similar a lo que Moisés y los israelitas experimentaron ante el faraón. Los modernos faraones son juzgados a través de la adoración de los santos. Cuando ascendemos en adoración, tenemos el derecho de decir a Babilonia que se quiebre y caiga. Los poderes de la adivinación, la mentira y de abominables espíritus perversos se quiebran sobre la Tierra a medida que adoramos.

5. Se desatan nuevas canciones desde los cielos hacia la Tierra. Luego cubriré este tema.

6. Cuando ascendemos en adoración tenemos protección sobrenatural en la guerra espiritual. Todas las bendiciones del Salmo 91 están disponibles para nosotros porque entramos en nuestro lugar de habitación. Cuando ascendemos, podemos pararnos contra las fuerzas demoníacas que Cristo ya ha derrotado a través de su ascensión. Ellas están bajo sus pies. Y a medida que ascendemos en adoración, nos movemos desde nuestra condición terrenal hacia nuestra posición celestial. La

verdadera victoria en la guerra sucede cuando plantamos nuestros pies sobre nuestros enemigos. La guerra no es gritarle al enemigo. Es poner nuestros pies sobre sus propósitos que están orientados contra nuestra victoria y la influencia de Jesús en la Tierra.

7. La adoración desata un conocimiento del Cordero sobre el trono:
   a. Su íntima relación con nosotros.
   b. Su ministerio hacia el ámbito terrenal.
   c. Su gobierno divino.
   d. Su llamado a las misiones.

Autoridad en la adoración y revelación

El Señor le dijo a Pedro que las puertas del infierno no prevalecerían contra él. También dijo que edificaría su Iglesia sobre la divina revelación que Pedro acababa de experimentar de parte del Padre.

Edificamos la Iglesia a través de la revelación profética y luego las puertas del infierno no tienen derecho a prevalecer. Si edificas con los modelos de Dios en la Tierra, vencerás al infierno. Si edificas apropiadamente por revelación, recibirás claves del Reino. Recuerda, no edificamos el Reino. El Reino es del Señor. Esto es lo que le produce problemas a muchas personas; en realidad intentan tomar la revelación del Padre y edificar su propio Reino. Usted recibe claves para abrir el Reino. Si edificamos la Iglesia apropiadamente, obtendrá llaves para poder abrir el Reino. El Reino tiene que ver con el gobierno, reino y autoridad de Dios. Dones apostólicos, autoridad y alineamiento apropiado de los santos en un territorio constituyen las bendiciones del Reino desatadas. Esto no quiere decir la iglesia local. El Reino representa cada don y cada "tribu" de creyentes que se alinean juntos en su territorio para representar el gobierno de Dios. Esto es lo que presenta sabiduría a los poderes y principados en su territorio. Atar y desatar está relacionado al Reino. Si edifica rectamente, tendrá autoridad del Reino para prohibir y permitir.

La única manera en que puede obtener este tipo de autoridad es adorar.

Elías fue un hombre como nosotros. Tuvo el mismo tipo de estructura emocional que la nuestra. En Santiago 5 se nos dice esto. Podemos aprender mucho de su ejemplo al ejercer autoridad. Recuerde, dio una palabra a la autoridades civiles de su tiempo. Esta palabra estableció un curso en los cielos que afectó a la tierra (ver 1 Reyes 17). Sin embargo, también lo encontramos cuidando esta palabra de modo que cuando fue el tiempo exacto de Dios para realizarla en la Tierra, entró en intercesión hasta que la voluntad de Dios en los cielos comenzó a manifestarse en la tierra. ¿Qué fue lo que le dio a él y qué nos dará a nosotros el derecho a ejercitar la autoridad de Dios en el ámbito terrenal? Miremos este modelo que encontramos en 1 Reyes 18.

1. Conocía el tiempo oportuno de la revelación de Dios.
2. Entendió la promesa de Dios.
3. Entendió que el tiempo de Dios estaba ligado con la manifestación de la promesa.
4. Entendió el poder de la declaración profética. Supo que podía llamar a la voluntad de Dios desde los cielos y que la voluntad de Dios a su tiempo se manifestaría en la Tierra. El Señor había dicho que no iba a llover durante tres años. Ese marco ya estaba cumplido. Era tiempo de que lloviera. Tuvo que ponerse de acuerdo con esta revelación y comenzar a orar.
6. Entendió su posición ante Dios. Era una posición de humildad. Aquí es cuando entra la adoración.
7. Tuvo gran perseverancia delante de Dios. No se rindió. Permaneció en intercesión hasta que lo que él sabía que estaba en los cielos se manifestó sobre la Tierra.
8. Esperó que Dios respondiera. Por lo tanto, las expectativas en sus emociones estuvieron directamente alineadas con los propósitos de Dios. Resistió la esperanza postergada y las decepciones por las faltas de Israel, y oró y adoró hasta que sucedió el cambio.

Salmos de ascenso

Muchas veces olvidamos que a través de la adoración sucede la restauración y la victoria. Conozco a mucha gente por todo el mundo con la que me alineo que ama adorar, orar e interceder. En mi iglesia apartamos todos los miércoles para orar el día completo. Oramos y adoramos a través del día y luego nos reunimos corporativamente por la noche. Durante el día también tenemos un cuarto apartado para sanidad, liberación y restauración. Sabemos que podemos ascender, adorar, impartir la unción de Dios y ver las vidas de las personas restauradas.

David enseñó esto a través de los salmos de ascenso. Linda Heidler, una de las pastoras de nuestra iglesia, hizo un estudio una mañana sobre los salmos de ascenso, mientras se preparaba para el servicio de todo el día miércoles.

1. **Salmo 120.** Comienza el ascenso con personas en problemas que claman a Dios. Están rodeadas por mentiras y engaño y les lanzan flechas encendidas. La solución es ascender al Señor en Sión.

2. **Salmo 121.** Es en realidad el comienzo del ascenso al pie del Monte de Sion. A medida que miran a la montaña, dicen: "Necesitaré ayuda para subir. ¿De dónde vendrá?" Como los hijos de Israel cuando dejaron Egipto, dicen: Si el Señor no nos ayuda, no podemos hacerlo. El Señor no permitirá que mi pie resbale. Él me cuidará, protegerá y guardará cuando entre y salga.

3. **Salmo 122.** Aquí se enfoca en el gozo puesto delante de ellos al entrar las puertas de Jerusalén. Este es el salmo de alabanza, gozo y adoración En estos salmos hay un ciclo: clamor por ayuda, liberación y un ascenso mayor hasta llegar completamente.

4. **Salmo 123.** A medida que ascienden claman por la mano de ayuda de Dios. Esto es una oración, están nuevamente bajo el ataque de los que no suben, pero se encuentran a salvo.

Comienzan a burlarse de ellos con desdén. Los que estén ascendiendo que miren al Señor.

5. **Salmo 124.** La batalla se hace más fiera. Los hombres se levantan contra ellos, ponen trampas y acechanzas, se enfurecen en su contra y tratan de abatirlos. Si no hubiera sido por el Señor que estaba de su lado, los hubieran tragado vivos.

6. **Salmo 125.** El salmista finalmente sube y escapa de las trampas y acechanzas. Son tan fuertes como el Monte de Sion y no serán movidos. Escaparán al cetro de maldad. El plan de autoridad malvada no puede reposar sobre ellos. La Tierra comienza a regocijarse en este lugar de ascenso.

7. **Salmo 126.** Nuevamente vuelven su atención al gozo de entrar a Sion. El poder del recuerdo del gozo viene sobre ellos. Este es un lugar de "vuelta a casa". La liberación comienza a abundar. Una liberación divina sucede en este lugar. La presencia de Dios y el regocijo es tan fuerte que es difícil aún para ellos creer que han podido quebrar su aflicción.

8. **Salmos 127 y 128.** Se levanta una nueva distracción, preocupación e inquietud por sus ciudades, hogares y niños que han tenido que dejar para poder ascender. El Señor responde asegurándoles que a menos que Él guarde sus ciudades, ellos las cuidan en vano, y a menos que Él edifique la casa, ellos trabajan en vano. Sus hijos serán como flechas en la mano de un guerrero y no saldrán de su curso, sino que darán en el blanco. Sus hogares estarán llenos de bendición y prosperidad.

9. **Salmo 129.** Viene un ataque aún más perverso. Sin embargo, por causa de que han ascendido, tienen una nueva fuerza, la que recibieron en el Salmo 125. Por lo tanto, el ataque es breve y sus enemigos son avergonzados. Comienzan a vestirse con bendiciones y favor.

10. **Salmo 130.** Están en la presencia de Dios recibiendo gracia y perdón. Su pasado es quitado. La esperanza se levanta nueva y fresca. La seguridad de la redención está sobre ellos, y el poder de la iniquidad comienza a quebrarse. Saben que deben tocar a Dios, así que abandonarán todo para hacerlo.

11. **Salmos 131 a 134.** El pueblo llega al lugar de la paz perfecta. Han dejado de luchar y apoyarse en su propio entendimiento en lo que concierne a sus circunstancias, han permitido que se levante la confianza y han abrazado el fiel amor de Dios. Como un niño destetado descansa contra el seno de su madre, mi alma es un niño destetado dentro de mí. Un niño destetado ha llegado a un nuevo punto de madurez. No hay paz hasta que todos nuestros enemigos están bajo nuestros pies. Han ascendido por encima de sus enemigos cuando han alcanzado la meta del salón del trono. Cantan, alaban y adoran en la presencia del Señor. *"¡Mirad cuán bueno y cuán delicioso es habitar los hermanos juntos en armonía!"* (Salmo 133:1). Hay una nueva unción, como el aceite derramado sobre la cabeza de Aarón que desciende hasta el borde de su vestidura. Hay un nuevo refresco como el roció de Hermón sobre los montes de Sion. ¡En ese lugar el Señor envía la bendición de la vida! Cada lugar de muerte es vencido por la orden del Señor que trae vida. La orden del Señor no puede ser resistida o recibir oposición. Su Palabra cumple para lo que Él la ha enviado. El resultado final es alabanza gloriosa a Dios toda la noche.

Distracciones: los enemigos de la oración

John Dickson dijo:

Algunas veces he pensado el ascenso en adoración como flotar sobre una nube hasta el salón del trono. No he visto la batalla de la ascensión. La clave es tener un corazón para continuar ascendiendo y no volver atrás o salirme del camino. Es la actitud de cuidar lo que está en mi camino para poder continuar mi subida. El enfoque es no salirme nunca de la meta. La meta es el salón del trono, la presencia de Dios y estar sumergido en su gloria.

Las distracciones nos impiden adorar realmente y cumplir lo que Dios quisiera que edifiquemos. Cada uno de nosotros tiene un plan de edificación para nuestra vida. También somos parte de lo que Dios quiere que edifiquemos y restauremos en la Tierra. Él nos conecta con una visión de pacto. Sin embargo, para edificar apropiadamente no podemos distraernos

La meta es el salón del trono, la presencia de Dios y estar sumergido en su gloria

Jesús nos enseñó la importancia de la adoración versus las distracciones. Amo la historia cuando Jesús visitaba el hogar de María y Marta. Marta le daba la bienvenida a su casa. Una vez que estaba allí, María se sentaba a sus pies y escuchaba su palabra. Marta estaba orgullosa de su hogar y contenta de que el Señor los visitara. Sin embargo, se perdió el propósito de su visita. No estaba allí para una visita social, sino para desatar su palabra en la ciudad de Betania. Lucas 10:40 dice: *"Marta se preocupaba con muchos quehaceres"*.

La palabra "preocupada" en griego es *perispao*, que significa estar sobrecargada y andar interminablemente.

María, por otro lado, parecía permanecer muy enfocada en el propósito más alto del momento. Marta aún se acercó al Señor y le dijo: *"Señor, ¿no te da cuidado que mi hermana me deje servir sola?"* (Lucas 10:40). En otras palabras: "¡Haz que mi hermana ande dando vueltas en círculos conmigo!" De hecho, aún le dijo al Señor lo que tenía que hacer. Jesús le respondió: *"Marta, Marta, afanada y turbada estás con muchas cosas. Pero solo una cosa es necesaria, y María ha escogido la buena parte, la cual no le será quitada"* (Lucas 10:41).

En *Lo mejor está por venir*, de Rebeca Sytsema y yo, escribimos:

Este es un tiempo de la historia cuando todos los eventos alrededor de nosotros pueden distraernos del más alto propósito de Dios. Tenemos suficiente con nuestras vidas diarias y todas las preocupaciones del mundo puestas sobre nosotros. En el griego "preocupación" es la palabra *merimnao*. Esta palabra significa "dividir en partes". También sugiere una distracción, una preocupación con cosas que producen ansiedad, estrés, presión y desvío de la meta enfocada la cual fuimos llamados a cumplir.[3]

Las distracciones y preocupación pueden fragmentarnos. Marta se preocupó, mientras que María se enfocó. Lo que puso a María en el enfoque fue su adoración. La distracción de Marta la puso en peligro de perderse lo mejor que Dios tenía para ella. No era que Marta nunca adoraba. El hecho era que se distrajo y preocupó en lugar de aprovechar la oportunidad para obtener la revelación necesaria para su futuro. Debemos trabajar cuando Dios dice "trabaja", pero necesitamos intimar cuando tenemos la oportunidad de hacerlo. Sea lo que fuere que estemos haciendo, necesitamos estar enfocados.

Amo el libro *Distracciones de nuestro destino,* por Harry y Cheryl Salem. Ellos exponen ocho distracciones clave que nos desvían de la presencia de Dios y las metas que Él tiene para nosotros.

1. Quiebre del enfoque; los pensamientos y emociones son fuerzas poderosas que pueden fácilmente quebrar nuestro enfoque y distraernos de nuestro destino.
2. Gente: relaciones con robadores de sueños o con los que no tienen el mismo sueño pueden destruir su destino.
3. Un corazón ofendido: lo arrastrará hacia abajo y hará que tropiece en su camino al destino.
4. Mente de doble ánimo.
5. Falta de dirección. Si no tenemos un buen mapa de camino o

direcciones claras, podemos encontrarnos dando vueltas en todos los caminos paralelos a lo largo de la senda.

6. Tiempo. Debemos ser pacientes mientras esperamos para que nuestro destino se cumpla.

7. La trampa de las comparaciones; celos y descontento desvían a muchos para alcanzar su potencial completo.

8. Temor.[4]

Llamo a estos "ladrones de la adoración". Nos roban la adoración a Dios. Mire en Filipenses 3:14: *"Prosigo a la meta, al premio del supremo llamamiento de Dios en Cristo Jesús"*. Pablo nos dice que prosigamos hacia la marca. La palabra "proseguir", implica acción, disciplina y una búsqueda constante. Pero es allí donde algunas personas abandonan, porque no están dispuestas a continuar en su búsqueda, Jerry Savelle dice:

Cuando pierde su enfoque, se desilusiona. Eso hace que pierda de vista su visión. Hebreos 12:1 dice: *"Despojémonos de todo peso y del pecado que nos asedia, y corramos con paciencia la carrera que tenemos por delante..."*. Para ganar, tiene que librarse de los "pesos" que lo empujan hacia abajo. Tiene que mirar a Jesús y dejar todo lo demás. La gente enfocada no se distrae fácilmente. La gente enfocada se niega a comprometer lo que cree. No dan lugar al fracaso. La gente enfocada no cambia fácilmente lo que cree por causa de las circunstancias. La gente enfocada termina lo que comienza. Nunca se rinde. ¿Cuál es la marca que prosigue? Lo que sea, cada día que va hacia ella, se está acercando un poco más.[5]

Savelle continúa compartiendo cuatro maneras de estar enfocado:

1. Permanezca en la Palabra. La Palabra de Dios lo edifica. ¿En qué momento necesita estar más fuerte? En una prueba. La

Palabra para un creyente es como la espinaca para Popeye. Cuando permanece en la Palabra, su fe es edificada.

2. Permanezca en la fe. Fe es lo que le permite vencer al mundo. Analice lo que ha salido últimamente de su boca. Cuando está en fe no habla negativamente.

3. Permanezca en compañerismo. El compañerismo con el Espíritu Santo lo pone en una posición ventajosa. Lo mantiene en contacto con las oficinas centrales.

4. Permanezca en el gozo. No se empantane creyendo que pierde su gozo. Tome la determinación de mantener su gozo no importa lo que suceda. En la presencia del Señor hay plenitud de gozo.[6]

La única manera que puede hacer esto es permanecer en adoración. ¡Siga ascendiendo! En los salmos David muestra la realidad de cómo el polvo del mundo puede alcanzarnos y hacer que perdamos nuestro brillo de Dios. *"Mi corazón está dolorido dentro de mí, y terrores de muerte sobre mí han caído"* (Salmos 55:4). *"Estoy hundido en cieno profundo, donde no puedo hacer pie* (Salmo 69:2). *"Mi corazón está herido, y seco como la hierba"* (Salmo 102:4). Pero a medida que sus salmos se despliegan, comenzará a salir de ese lugar polvoriento y expresar confianza en Dios y su capacidad de liberación. Luego habitualmente se lanzará en grandes proclamaciones con alabanza y adoración. David hacía cantar estos salmos en el Tabernáculo. Sabía que si los individuos empezaban a adorar y alabar a Dios en el santuario, Dios les quitaría el polvo por medio de su maravilloso Espíritu.

Fortalézcase para la guerra

Permita que el Señor quite el polvo de sus armas. *"Forjad espadas de vuestros azadones, lanzas de vuestras hoces; diga el débil: fuerte soy"* (Joel 3:10). Nuestras armas de guerra deben volverse instrumentos de paz. Sin embargo, este versículo dice en realidad que tomarán los implementos que estaban utilizando para la agricultura y los transformarán en armas de guerra. Por lo tanto, vemos un lenguaje simbólico. El versículo11 dice: *"Juntaos y venid, naciones todas de alrededor, y congregaos, haz venir allí, oh Jehová, a tus fuertes".*

En otras palabras, si nos reunimos y permitimos que nuestras armas de guerra estén amoldadas para el futuro, Dios enviará sus fuerzas angelicales o ejércitos celestiales para que nos asistan a medida que avanzamos hacia la guerra que tenemos por delante. *"Despiértense las naciones, y suban al valle de Josafat; porque allí me sentaré para juzgar a todas las naciones de alrededor. Echad la hoz, porque la mies está ya madura. Venid, descended, porque el lagar está lleno, rebosan las cubas, porque mucha es la maldad de ellos"* (vv. 12-13).

Asciendan, y luego bajen. Permitan que el Señor los limpie de todo lo que les impediría que asciendan y luego vayan hacia la guerra con una conciencia clara. ¿Qué limpiará Él a medida que usted asciende?

1. Presunción. La fe es el polo central. La duda y el descreimiento están en un extremo y la presunción en el otro. Presunción es hablar más allá de nuestro nivel de fe, más allá de las fronteras de su fe.
2. Inseguridad.
3. Inferioridad; usted no ha reconocido quién es en Cristo.
4. Rechazo.
5. Orgullo.

Tenemos un filtro profético –la conciencia– como una ventana entre el alma y el espíritu. Si el alma no se somete al Espíritu, entonces lo que está dentro se filtrará a través de lo profético. Esta ventana se va limpiando cuanto más alto vamos. Finalmente en la presencia de Dios es como si hubiéramos estado en una aspiradora que removió todas las impurezas.

El Espíritu de Dios le dice proféticamente al Cuerpo de Cristo que declare "somos guerreros"

Nos fortaleceremos a medida que ascendamos. La mayoría de las personas piensan que cuando van ascendiendo pierden fuerza. En realidad, es justamente lo opuesto. Cantamos varias canciones que contienen esta frase: "Diga el débil, 'Fuerte soy'". La ubicación de este versículo es muy interesante. En el contexto de la Escritura, se refiere a personas que se preparan para ir a la guerra. Es una exhortación para los que se sienten demasiado débiles para salir y pelear. Necesitamos levantarnos nosotros mismos y declarar que somos fuertes. Este fue un pasaje de la Escritura entregado a los guerreros. De hecho, la palabra traducida "fuerte" es la palabra hebrea *gibber*. Significa guerrero o tirano. El versículo en realidad dice: *"Diga el débil, soy un guerrero"*. El Espíritu de Dios dice proféticamente al Cuerpo de Cristo que declare: "Somos guerreros".

Satanás se pone nervioso

Él es el príncipe de este mundo. Por lo tanto, ha estado trabajando para suprimir, oprimir y deprimir a la congregación antes de que nos reunamos en asamblea. Así que, cuando nos reunimos, no deberíamos sorprendernos si la congregación no arde. Para la hora en que nos juntamos en nuestra reunión corporativa, el enemigo ha trabajado toda la semana, a fin de aislarnos y desconectarnos uno del otro y del Señor. Teme a las reuniones corporativas. John compartió que cuando comienza a dirigir la adoración, sabe que "por fe hago que los ojos se vuelvan hacia Jesús con la música. No es necesariamente el ritmo de la canción o su poema. Es descansar en el don de Dios y su unción para cumplir sus propósitos. Esto lava los pies de los individuos y los une entre sí como un cuerpo".

A medida que el cuerpo comienza a unirse, Satanás empieza a ponerse nervioso. Sabe que a medida que unen su fe, se aumentará la fuerza contra él. Tendrán el poder del acuerdo en sus oraciones. La presencia del Señor estará en su medio, y los diferentes dones entre ellos se unirán para formar el Cuerpo de Cristo, que tiene el poder de la "cabeza" para vencer los propósitos que satanás tiene sobre la Tierra.

Observe las distracciones que Satanás trae durante la adoración corporativa. John dice que le parece ver estos pensamientos rondando por las mentes de las personas cuando dirige la adoración: "Rápido, miren allí el vestido de la señora Smith. ¿No está demasiado recargado?" "Oh, allí va el señor Smith. Me hirió los sentimientos el mes pasado y nunca se disculpó." "Espero que hoy no dure tanto; el partido comienza al mediodía." Sin embargo, a medida que ascendemos juntos y el Cuerpo comienza a unirse en amor unos con otros, el Señor empieza a lavar nuestros pies. El capitán de los ejércitos viene en medio de nosotros. Dios nos mandó reunirnos, y no dejar de hacerlo porque Él sabe que esto deshace el plan del enemigo.

Pablo llamó a Satanás el *"dios de este mundo"* (ver 2 Corintios 4:4). La Tierra es del Señor (ver Salmo 24:1) pero el sistema del mundo está gobernado por Satanás. Esa es la razón por la que Jesús dijo que el mundo iba a despreciar a los creyentes y a la iglesia (ver Juan 15:18). Lo detesta a Él primero, por supuesto. Podemos esperar que esos poderes nos detesten a nosotros y nos resistan, pero se nos ha dado poder para hollarlos (Lucas 10:19).

La adoración es un arma que tenemos para hacer esto. Cuando David adoró con su arpa en la presencia del rey Saúl, el espíritu malvado que estaba oprimiendo a Saúl no podía permanecer en la presencia de la unción que estaba en la adoración de David. (ver 1 Samuel 16:14-23). Necesitamos permitir que la unción se desate en nuestra alabanza para que pueda hacer retroceder las fuerzas del príncipe de este mundo. Pero es aquí donde con frecuencia nos detenemos como adoradores. El polvo de nuestros pies es lavado y hacemos retroceder a los demonios del nivel inferior. Podemos desatar el amor que tenemos en nuestros corazones hacia Dios y recibir su amor, seguridad y afirmación, para alabarlo y adorarlo, sumergirnos en su presencia, disfrutar de su Espíritu. Pero este es un día en que Dios quiere que hagamos más. Quiere que ascendamos en adoración, para guerrear en los cielos, para hacer conocer a los gobernadores y poderes su múltiple sabiduría. Pablo nos dice que es la Iglesia la que Jesús utiliza para predicar la sabiduría de Dios a los poderes demoníacos en el cielo intermedio *"para que la multiforme sabiduría de Dios sea ahora dada a conocer por medio de la iglesia a los principados y potestades en los lugares celestiales"* (Efesios 3:10, énfasis agregado).

Robert Gay, en su libro *Silenciando al Enemigo*, escribe:

> La música y la adoración han jugado un rol integral en la iglesia a través de la historia. Un estudio de la música de la iglesia y la adoración revela que Dios ha restaurado diferentes elementos de la adoración, en forma progresiva. Ha guiado a la iglesia de gloria en gloria a través de fresca revelación de los cielos. Tal como la iglesia fue cambiada y conformada a lo que Dios decía en los tiempos pasados, así debemos cambiar y conformarnos a lo que Él nos dice hoy (...) Un estudio profundo de la historia de la Iglesia también ilustra que con cada mover de Dios vinieron cambios en la manera en que se expresaba la adoración (...) sin una revelación de lo que Dios dice concerniente a la adoración en este hora: seremos como los hijos de Israel que anduvieron en el desierto durante cuarenta años y murieron. Pero a medida que gozosamente recibamos y entremos a la revelación del Espíritu, seremos como los que cruzaron el Jordán y obtuvieron la posesión prometida.[7]

Muchas veces estamos únicamente interesados en nosotros mismos. Este es un tiempo en que Dios nos lleva hacia una perspectiva del reino. Un reino tiene rey. Necesitamos exaltar a nuestro Rey sobre la Tierra. ¡El Señor está con nosotros! En La Biblia, la guerra siempre tuvo un significado religioso. Dado que Israel era primicia y herencia de Dios, los sacerdotes recordaban a sus ejércitos que *Yahweh* estaba con ellos para pelear sus batallas (ver Deuteronomio 20:1-4). Para abrir una campaña, o entrar en un compromiso, el sacerdote realizaba ritos sacrificiales (ver 1 Samuel 7:8-10; 13:9). Si el pueblo se preparaba para la guerra y hacía los sacrificios apropiados a un Dios santo, esto santificaba la guerra a la que entraban (ver Jeremías 6:4; 22:7; 51:27-28; Joel 3:9-10). Isaías 13:3 declara que *Yahweh* reúne sus ejércitos y convoca a batallar a sus "consagrados" [apartados]. Los guerreros, consagrados por los sacrificios ofrecidos antes de la guerra, en realidad eran los adelantados en la batalla. El Señor llama a sus adelantados. Hay una santificación que sucede en el Cuerpo a medida que Él nos preparar para enfrentar las fuerzas que tienen cautivas nuestras familias, iglesias y ciudades.

Adoración e Intercesión

En *My Utmost for His Highest,* Oswald Chambers escribe:

La adoración e intercesión deben ir juntas; una es imposible sin la otra. La intercesión significa que nos animamos a levantarnos para tener la mente de Cristo por aquel por el que oramos. Con demasiada frecuencia en lugar de adorar a Dios, construimos declaraciones sobre la manera en que obra la oración. Estamos adorando o disputando con Dios: "No veo de qué manera vas a hacerlo". Esta es una señal segura de que no estamos adorando. Cuando perdemos de vista a Dios nos volvemos duros y dogmáticos. Lanzamos nuestras peticiones particulares en el Trono de Dios y le dictamos lo que queremos que haga. No adoramos a Dios ni buscamos tener la mente de Cristo. Si somos duros hacia Dios, nos volveremos duros hacia otras personas. ¿Estamos adorando a Dios de tal manera que nos levantamos para asirnos de Él y así entrar en contacto con su mente por los por los que oramos? ¿Vivimos en una relación santa hacia

Dios, o somos duros y dogmáticos? "No hay ninguno que interceda apropiadamente", entonces, usted sea ese, el que adore a Dios y viva una relación santa con Él. Entre en un verdadero trabajo de intercesión, y recuerde que es un trabajo, un trabajo que se impone a todos los poderes; un trabajo que no tiene acechanza. Predicar el evangelio tiene acechanzas: la oración intercesora, ninguno.[8]

Cuando adoramos e intercedemos derribamos las acechanzas que han sido erigidas en la Tierra por nuestro enemigo. Dios tiene un proceso para manifestar su voluntad sobre la Tierra. La adoración invade cada uno de los pasos de ese proceso. El proceso es el siguiente:

1. **Carga intercesora.** Dios desata su carga desde los cielos. Una de las palabras relacionadas a intercesión es "llevar carga". Esto significa sostener, acarrear o levantar algo. Dutch Sheets escribe que "esto es comparable a alguien que ata una vara para sostener el peso que lleva una tomatera. La fuerza de la vara se transfiere a la planta, y así, 'la levanta'.[9]

   Sheets escribe más adelante que otra palabra para carga es "'Llevar, levantar o acarrear' algo con la idea de acarrearla *lejos* o *quitarla* (...) La obra intercesora de Cristo alcanzó su plenitud y más profunda expresión cuando nuestros pecados fueron 'cargados' sobre Él y Él se los 'llevó'".[10] Por lo tanto, el Señor pondrá su carga sobre nosotros por algo en el ámbito terrenal, y debemos permanecer y orar hasta que nos libremos de eso. No creo que podamos resistir esta carga sin una adoración íntima.

2. **Adoración desatada.** Cuando llevamos la carga del Señor, estamos *levantando* esa carga hacia Él para lograr un cambio. Él comienza a desatarnos revelación a fin de darnos

una estrategia para que veamos cambiar al individuo, a la ciudad, a la nación o a la situación. El Espíritu Santo comienza a ayudarnos.

> *Cuando llevamos la carga del Señor, estamos levantando esa carga hacia Él para lograr un cambio*

3. **Él es nuestro abogado**. Nuestro consolador. Nuestro ayudador, nuestro intercesor. Nos ayuda en nuestras debilidades para que podamos aguantar el peso de esta carga. Cuando no sabemos cómo orar, nos revela la voluntad del Padre. Esta es otra forma de decir lo que encontramos en Romanos 8:26-28. La revelación puede llegarnos natural o sobrenaturalmente. Pero viene únicamente cuando tocamos a Dios en alguna manera o forma de adoración íntima, sea al leer La Biblia, al caminar u orar, al cantar o de otra forma.

4. **Declaración profética**. Una vez que tenemos revelación, podemos hacer declaración. Podemos llamar a las cosas como debería ser. El Señor formó el mundo por fe. A medida que ascendemos en adoración, la fe abunda. Podemos entonces llamar a lo que no es para que tenga la forma que debiera. Este es el poder creativo de la Palabra cuando está lleno de la vida de Cristo. Al adorar escuchamos, y la vida de Dios abunda en la Tierra.

5. **Ejecución profética**. Una vez que la Palabra y voluntad de Dios son desatadas en el cielo, nuestra carga comienza a levantarse. Los dones de los apóstoles son clave para los días que se avecinan. La autoridad apostólica es clave para establecer la voluntad de Dios en la Tierra. Los apóstoles tienen autoridad territorial. También ejecutan la

voluntad profética del Señor en el ámbito terrenal. Los apóstoles son llamados a adorar y guerrear.

6. **Cumplimiento divino.** Uno de los dones del apóstol es el de la edificación. Una vez que Dios ha desatado su voluntad desde los cielos, hemos intercedido y nos hemos puesto en la brecha para ver su voluntad establecida. Hemos hecho declaraciones proféticas, y el liderazgo apostólico ha avanzado hacia una nueva visión; entonces comenzamos a ver que la voluntad divina de Dios se cumple en la Tierra. Entonces caemos sobre nuestras rodillas y adoramos y agradecemos a Dios.

La ley de levantar y la unción que quiebra

John Dickson dice:

Tenemos intercesores que se encuentran antes de cada servicio y durante la semana. Buscan al Señor para que les dé discernimiento de los esquemas del enemigo y las estrategias necesarias para vencerlos.

Se ponen en la brecha y oran. Oran por los líderes para que escuchen a Dios en el servicio. Oran para que la gente pueda entrar también. Esto me ayuda, como líder de adoración, para poder escuchar al Señor mientras lidero a las personas en el servicio. Algunas veces, a medida que avanzo en la lista de canciones, son exactamente lo que necesito para ascender y entrar. Pero algunas veces no lo son, y el Señor me dirige para salir de mi lista e ir en otra dirección. El pastor y los otros líderes son parte de esto también. Vienen a la plataforma a medida que escuchan dirección de parte del Señor. Juntos escuchamos al capitán de los ejércitos cuando nos dirige en la batalla para penetrar las barreras del enemigo.

Existen dos leyes naturales que se oponen una a la otra en el mundo. La de gravedad y la de elevación. Cuando una aeronave está estacionada, la ley de gravedad la retiene fuertemente a la Tierra, pero a medida que comienza a rodar en una pista, las dos leyes naturales luchan hasta que, si las alas están bien diseñadas, la ley del ascenso vence a la de gravedad. A medida que la iglesia asciende en adoración, las estrategias y direcciones del Señor en nuestro servicio son como la ley del ascenso: nos habilitan a quebrar el impedimento de la gravedad sobre nosotros y abre el corredor a través de los lugares celestiales.

Así que cuando alabamos, proclamamos, adoramos, guerreamos y celebramos, las fuerzas del infierno sobre la Tierra son despedidas y ascendemos en adoración. Vamos a repasar lo que sucede cuando ascendemos. Comenzamos a hacer guerra a los poderes de las tinieblas, tomamos autoridad y les hacemos saber la sabiduría de Dios, las forzamos a abandonar ese corredor entre los cielos y la Tierra.

Los ángeles son enviados a guerrear a nuestro favor como lo hicieron por Daniel. El escritor de Hebreos nos dice que los ángeles son *"espíritus ministradores, enviados para servicio a favor de los que serán herederos de la salvación"* (1:14).

La unción que quiebra va delante de nosotros; Jesús nos lidera a una entrada triunfal. Al alabar, Dios mismo desciende por ese corredor para habitar y entronarse a sí mismo en nuestras alabanzas (ver Salmo 22:3). ¡Ay, de aquel principado que intente permanecer en su lugar en ese corredor cuando Dios está atravesándolo. Al atravesar los cielos, Dios comienza a desatar cosas a su Iglesia. Comienzan a fluir hacia abajo: dones, revelaciones, estrategias, mantos proféticos, lenguas e interpretaciones, sanidad, liberación y más.

No es que sea imposible experimentar alguna de estas cosas sin estar en un servicio de adoración, pero es mi experiencia que todas estas cosas y muchas más tienen una vía más libre y poderosa para fluir cuando nos reunimos juntos y adoramos a nuestro digno Dios. Cuando como cristianos individuales nos unimos para formar el Cuerpo de Cristo colectivo; cuando el poder del acuerdo entra en juego; cuando los diferentes dones se combinan, cuando Dios exprime el racimo de uvas para hacer un solo vino (ver Isaías

65:8); cuando los cielos están abiertos, hay una unción acrecentada que desata el poder de Dios hacia su pueblo.

Este tipo de servicio debería ser nuestro diario andar como Iglesia de Dios. A Él no le falta lo que desea derramar sobre su Iglesia, ni es avaro. Pero desea que operemos en fe y en los dones y unciones que Él ha apropiado para nosotros. Nuestros propios talentos y habilidades musicales no sacudirán al reino de las tinieblas ni desviará su opresión del pueblo de Dios. Darlene Zschech escribe en su libro *Adoración Extravagante*:

La alabanza y la adoración quiebran todas las fronteras del talento y la habilidad porque ¡invaden el infierno y entusiasman al cielo! Debemos pensar mucho más allá de las notas, formas o técnica. La alabanza y la adoración son una poderosa expresión de amor que trasciende las posibilidades de la música. Nos ha sido dada como un arma de guerra (...) o una manta cálida en una noche fría.[11]

Nuestras capacidades y talentos únicamente pueden llevarnos hasta cierto punto en tal llamado. Debemos estar deseosos de que Dios nos revista de poder (ver Lucas 24:49) para entrenar nuestras manos para la guerra (ver Salmo 144:1). Guiar al pueblo de Dios a abrir los cielos no es una tarea insignificante. No peleamos contra debiluchos en los lugares celestiales, y para ser victoriosos contra ellos debemos saber quiénes somos en Cristo y quién es el que nos ha comisionado. Darlene continúa en su libro: "Apúntele a todo lo que está haciendo su pastor y ayúdelo a recoger las redes".[12]

John Dickson dice:

Los líderes de adoración de Dios no son llamados a cantar unas pocas canciones estimulantes para templar a la multitud. Estamos comisionados a colaborar con el hombre o mujer de Dios para abrir los cielos y hacer un camino para que la presencia de Dios venga y la Palabra de Dios sea desatada a su pueblo, de manera que puedan ser liberados de sus impedimentos, acercarlos al reino y equiparlos para la obra que Dios les ha llamado a hacer. Es un gozo para mí y una defensa colaborar con mi pastor y otros líderes en un servicio de adoración. No todo me fue dado a mí para quebrar. Algunas veces Dios me detiene de cualquier cosa que esté haciendo en un servicio. Su Espíritu me retiene de cantar o hablar. Comienzo a mirar alrededor porque sé que Él le ha indicado a otra persona que haga algo. Seguramente, a medida que me retiro, Dios mueve a alguna otra persona para que traiga algo.

Cierta vez simplemente me dijo que me agachara. Fue uno de aquellos momentos en la presencia de Dios. Estábamos en silencio. El aire estaba pleno. Dios esperaba para traer algo a la congregación. La persona a la que Él le hablaba no quería dar un paso hacia el lugar que Dios le pedía que se pusiera, y mientras yo estuviera sobre la plataforma, sentía que Dios me usaría a mí o a otro para hacer el trabajo. Cuando Dios me dijo que me agachara, supe lo que deseaba. Supe quién tenía la palabra y que no quería subir. Simplemente me postré sobre la plataforma y la persona pudo ver que la palabra no iba a ser dada a menos que él se levantara y lo hiciera. Fue una palabra poderosa, y quebró cosas para la congregación. Somos el Cuerpo y Dios quiere que cada uno de nosotros funcione como una parte particular, de modo que la totalidad del Cuerpo pueda estar completa. *"¡Mirad cuán bueno y cuán delicioso es habitar los hermanos juntos en armonía! Es como el buen óleo sobre la cabeza, el cual desciende sobre la barba, la barba de Aarón"* (Salmo 133: 1-2). Hay una unción especial cuando operamos en unidad como un cuerpo. Esto agrada al Padre.

Baal-Perazim: un lugar de apertura

El enemigo intenta establecer barreras para que no podamos atravesar hacia la plenitud que Dios tiene para nosotros. Podemos ver que hay algo esencial aquí que cuando esa barrera en el cielo intermedio se quiebra, las cosas pueden ser desatadas sobre la Tierra: revelación, palabras proféticas, dones y todas las cosas que Dios desea derramar sobre su Iglesia. Pablo escribe: *"Mas a Dios gracias, el cual nos lleva siempre en triunfo en Cristo Jesús, y por medio de nosotros manifiesta en todo lugar el olor de su conocimiento"* (2 Corintios 2:14).

Dios quiere guiarnos para quebrar esta barrera que nuestro enemigo ha establecido en contra de nosotros. Esta palabra "triunfo" es del griego *thriambeuo*, la que denota una grandiosa entrada triunfal. Dios desea guiarnos en una gran procesión triunfal a través de ese corredor de resistencia demoníaca.

> *De cierto te juntaré todo, oh Jacob, recogeré ciertamente el resto de Israel; lo reuniré como ovejas de Bosra, como rebaño en medio de un aprisco; harán estruendo por la multitud de hombres. Subirá el que abre caminos delante de ellos; abrirán camino y pasarán la puerta, y saldrán por ella; y su rey pasará delante de ellos, y a la cabeza de ellos Jehová* (Miqueas 3:12-13).

Miqueas describe al Señor como "el que abre", que nos hará atravesar las puertas de la resistencia. La palabra "quebrar" aquí es del hebreo *parats*, la que es utilizada en una manera muy interesante en el libro de 1 Samuel. Barbara Yoder explica esto en su libro *La Unción que quiebra:*

En 1 Samuel 3:1 hay un ejemplo de apertura para atravesar. Este pasaje es sobre la transición de un sistema antiguo a uno nuevo. Por causa de una concesión que Elí había hecho, la revelación se había acallado. La segunda parte del versículo 1 dice: *"Y la palabra de Jehová escaseaba en aquellos días; no había visión con frecuencia"*. La Versión Nueva King James podría traducirse "No había difusión de revelación". La palabra hebrea para propagación o apertura es *parats,* la misma que para "quebrar". Esto implica que algo tiene que quebrarse para que la revelación se desate. Pero aquí en 1 Samuel, no había revelación de apertura. No había revelación que los estuviera sacando hacia afuera del lugar en donde estaban. Estaban estancados.[13]

Dios quiere guiarnos para abrirnos paso desde donde no haya revelación, ni profecía ni dones que fluyen, cuando estemos estancados. Yoder relata acerca de un servicio de adoración que experimentó esta apertura:

> Mientras los músicos tocaban luego de que había hablado, tuve una visión. En la visión vi un espejo en el techo. Las personas debajo del techo podían ver a través del espejo a dónde necesitaban ir, pero no podían penetrar el techo. Tenían una visión porque podían ver hacia donde se suponía que se dirigieran. Sin embargo, el espejo representaba una pared que había sido levantada contra ello para impedirles moverse hacia el lugar que Dios tenía para ellos. De pronto el espejo comenzó a hacerse pedazos y podía ver y escuchar los trozos de espejo "tintinear" a medida que golpeaban el piso. El espejo del techo estaba destrozándose. Esa era una visión espiritual, un cuadro de lo que Dios hacía en ese mismo momento. A medida que la visión terminaba, uno de los cantantes comenzó a tener un cántico nuevo que nunca había cantado antes. Mientras la canción sonaba, un gran espíritu de revelación comenzó a abrirse paso en los que estaban en la reunión. Lo que había estado obstruyendo su avance había sido quitado.[14]

David entendió este abrirse paso desde una perspectiva militar. Cuando un enemigo lo tiene rodeado, sujeto y confinado, debe presionar contra esa fuerza de tal manera que se quiebre su retención.

Para abrirse paso a través de los poderes malvados que nos impiden atravesar los cielos, debemos buscar al Señor para que nos dé la estrategia

David conoció a Dios como "el que quebranta", Baal-Perazim (el Señor que quebranta) en 1 Crónicas: *"Dijo luego David: Dios rompió mis enemigos por mi mano, como se rompen las aguas. Por esto llamaron el nombre de aquel lugar Baal-Perazim"* (1 Crónicas 14:11). David también entendió que era abrirse paso en los cielos. Él acometía los cielos con alabanza y proclamaciones, y enseñó a sus líderes de adoración a hacer lo mismo. Para abrirse paso a través de los poderes malvados que nos impiden atravesar los cielos, debemos buscar al Señor para que nos dé la estrategia. ¡Quiera la unción que quebranta guiarlo a avanzar hacia el lugar de victoria que Dios tiene para usted!

Restauración del Tabernáculo de Dios

Al cruzar hacia el nuevo milenio, hay muchas cosas que se dicen y enseñan sobre la restauración del Tabernáculo de David. Es una promesa y una profecía.

> *En aquel día yo levantaré el tabernáculo caído de David, y cerraré sus portillos y levantaré sus ruinas, y lo edificaré como en el tiempo pasado; para que aquellos sobre los cuales es invocado mi nombre posean el resto de Edom, y a todas las naciones, dice Jehová que hace esto* (Amós 9:11-12).

Estos versículos fueron citado en Hechos 15 para establecer un derrotero para la Iglesia de hoy. Es necesario para restauración de las áreas que David instaló en la adoración, ver a la totalidad de los gentiles entrar al reino de Dios. Santiago decía que a medida que edificaran la iglesia para las generaciones venideras, esto incluiría el proceso de restauración del Tabernáculo de David, de manera que los gentiles conocieran al Señor.

Probablemente hay más personas que saben sobre el rey David que sobre cualquier otro personaje bíblico, además de Jesús. Él fue pastor, músico, compositor, un héroe nacional civil, profeta, rey, guerrero. También recibió revelación divina para el templo que su hijo, Salomón, edificaría. Dios le proveyó el proyecto, que transfirió a Salomón. De este proyecto, una vez que el templo se completó, la gloria de Dios llenó cada espacio (ver 1 Reyes 8:10-15). Mientras que el Tabernáculo de Moisés era solamente para los israelitas, el Tabernáculo de David incluía a ambos, judíos y gentiles.

1. El Tabernáculo de David nos señalaba un nuevo pacto lleno de gracia y fe.
2. El Tabernáculo de David nos señalaba un nuevo orden de la Iglesia, donde todos los creyentes podían ser reyes y sacerdotes. David lo demostró.
3. El Tabernáculo de David, luego de la dedicación, cambió de sacrificios de animales a sacrificios de gozo, agradecimiento y alabanza.
4. El Tabernáculo de David se transformó en la habitación del Arca de la presencia de Dios hasta que el Templo fue terminado.
5. El Tabernáculo de David tenía el Arca del Pacto y preanunciaba a Alguien que iba a venir y sentarse eternamente en el trono.
6. El Tabernáculo de David no tenía un velo, así que había acceso. Esto representaba la mediación e intercesión.
7. El Tabernáculo de David tenía cantores, instrumentos musicales y canciones de alabanza dentro de los límites de la tienda. Se levantó un nuevo orden de sonido continuo de adoración.

8. El tabernáculo de David abrió la puerta para que vinieran todas las naciones. Fueran circuncidados o no, tenían acceso a este tabernáculo.

Cuando Dios dice que está restaurando el Tabernáculo de David, no nos lleva hacia un orden del Antiguo Testamento. Simplemente se asegura que todo haya dado un giro de la ley del tabernáculo de Moisés hacia el poder profético y dador de vida que encontramos en el Tabernáculo de David. El modelo celestial hacia el cual vemos que Dios nos guía se encuentra a través de todo el libro de Apocalipsis.

Creo que si adoramos, veremos restaurado para nosotros en forma individual y colectiva todo lo que David nos demostró, su pasión por establecer la presencia de Dios y para gobernar como un guerrero sobre sus enemigos a partir de esa presencia.

El modelo de las copas y las arpas

Apocalipsis nos lleva más allá del modelo que vemos en el Tabernáculo de David. *"Y cuando hubo tomado el libro, los cuatro seres vivientes y los veinticuatro ancianos se postraron delante del Cordero; todos tenían arpas, y copas de oro llenas de incienso, que son las oraciones de los santos"* (Apocalipsis 5:8). El arpa representa la adoración. La copa representa la intercesión. A medida que adoramos, intercedemos y la copa se llena. En *La Oración Intercesora*, el pastor Dutch Sheets escribe:

A medida que oramos las Escrituras indican que nuestras oraciones se acumulan. Hay copas en los cielos en las que nuestras oraciones son guardadas. No una sola para todas ellas, sino "copas". No sabemos cuántas, pero pienso que es muy posible que cada uno de nosotros tenga su propia copa en los cielos. No sé si es literal o simbólico. No importa. El principio aún es el mismo. Dios tiene algo en lo que Él acumula nuestras oraciones para utilizarlas en el tiempo apropiado.

Recientemente creo que el Señor me mostró lo que sucede algunas veces cuando llegamos a Él con una necesidad, y le pedimos que cumpla lo que dice en su Palabra. En respuesta a nuestros pedidos, Él nos envía sus ángeles para que tomen nuestras copas de oración, para que se mezclen con el fuego del altar. Pero, *¡no hay lo suficiente en nuestras copas para hacer frente a esa necesidad!* Podríamos culpar a Dios o pensar que no es su voluntad o que su Palabra no dice realmente lo que dice. La realidad de esto es que algunas veces no puede hacer lo que le pedimos porque no le hemos dado suficiente poder en nuestros tiempos de oración para que sea hecho. ¡Él derramó todo lo que había y no fue suficiente! No se trata solo de un tema de fe, sino también de poder.[15]

Nadie está guiando al Cuerpo de Cristo en esta área mejor que Mike Bickle, de la ciudad de Kansas. El Ministerio Casa de Oración florece a través de todo el mundo. Otra cosa que vemos es a Dios que restaura la unción corporativa en la Iglesia. En el libro de Dean Mitchum, *Alabanza Apostólica del Reino,* escribe:

La unción corporativa es clave en la verdad presente y la adoración. Requiere que se involucre la totalidad del Cuerpo. Los pastores, líderes de adoración, cantores, músicos, equipos de arte, ancianos, la congregación, el equipo de sonido y visual, todos tienen una parte.

La unción corporativa es clave en la verdad presente y la adoración

Todos se unen para facilitar la experiencia corporativa de adoración. Sea cantando, ejecutando, demostrando, danzando, proyectando a través de los multimedia, o funcionando en otra forma, los siguientes grupos todos están involucrados en el servicio. Los componentes clave de sus roles en un servicio de adoración son los siguientes:

1. **Los pastores**, como líderes clave en la adoración, traen la revelación de la adoración y dirigen la supervisión del fluir del servicio.

2. **Los líderes de adoración** deben tener un corazón por la visión de la casa, traer una revelación para lo profético y proveer el fluir entrando y saliendo tanto de la adoración profética espontánea como de las canciones planificadas.

3. **Los cantores** guían a la congregación por medio del ejemplo y deberían estar listos para fluir en el cántico del Señor.

4. **Los músicos** proveen el fluir musical y deberían estar listos para profetizar en los instrumentos.

5. **El equipo de arte** provee una demostración visual, un ejemplo para la congregación, y profetizan a través del movimiento.

6. **Los ancianos u otros líderes reconocidos** proveen supervisión, y deberían estar listos para hacer su aporte.

7. **La congregación** participa y debería estar lista y recibir activamente una revelación de la alabanza que ocurre.

8. **El equipo de sonido y visual** facilita el fluir continuo de la adoración, provee sonido y lo visual para la participación.[16]

¡Lázaro, ven fuera!

Jesús vino para restaurar todo. Hay un grupo de nosotros que tratamos de reunirnos al comienzo de cada año para buscar un enfoque. Apartamos un día para separarnos, adorar y escuchar a Dios proféticamente. Algunas veces tenemos oradores invitados con mensajes. En otras oportunidades yo les guío en la intercesión y John Dickson en la adoración. Cuando nos preparábamos para encontrarnos al comienzo de un año, uno de nuestros ancianos pasó adelante y dijo que Dios le había dicho las siguientes palabras: "¡Lázaro, ven fuera!" Durante nuestro tiempo de adoración y oración, el Espíritu de Dios cayó sobre John y vino la siguiente canción:

Oriento mis ojos hacia el horizonte en medio de un
terreno desolado.
Veo una nube tan solo del tamaño de la mano de un
hombre,
pero mi espíritu escucha el retumbar de la lluvia.
Levántate espíritu mío, sacúdete el polvo,
porque escucho al Señor decir: "¡Lázaro, ven fuera!"
¡Lázaro, ven fuera!
¡Lázaro, ven fuera!
¡Lázaro, Lázaro, ven fuera!
Ando en una nueva ola, la nueva ola,
caminando en un nuevo camino, el nuevo camino,
viviendo en el nuevo día, el nuevo día. ¡Oh!
Ese mismo Espíritu que levantó a Cristo de los muertos
vive en mí, vive en mí.
Y aunque esté en el valle de los huesos secos
el poder de Dios puede traerles vida. Lo creo.[17]

Lo que Dios empezó a hacer seguidamente fue asombroso, dado que la revelación de lo que Él decía se transformó en canción. La atmósfera se cargó con su poder y su presencia. Por la revelación cantada, los demonios huyen.

Las nuevas canciones quiebran el viejo ciclo

Cuando David adoraba, creaba una nueva canción. Ascendemos hacia el cielo, obtenemos revelación y comenzamos a cantar esa revelación apropiada al Señor o a la congregación a nuestro alrededor. Apocalipsis 5:9 dice: *"Y cantaban una nueva canción"*. Esto significa que respondieron al nuevo hecho redentor de Dios en la historia, que se regocija con canciones. Miriam hizo esto. Moisés lo hizo. David lo hizo. María lo hizo. Los ancianos que Juan encontró en los cielos lo hicieron. Todos cantaban una nueva canción. Yo creo que esto me toca más que cualquier otra cosa que sucede. El Salmo 20 es una maravillosa confesión para hacer:

> *Jehová te oiga en el día de conflicto; el nombre del Dios de Jacob te defienda. Te envíe ayuda desde el santuario, y desde Sion te sostenga. Haga memoria de todas tus ofrendas, y acepte tu holocausto. Te dé conforme al deseo de tu corazón, y cumpla todo tu consejo. Nosotros nos alegraremos en tu salvación, y alzaremos pendón en nombre de nuestro Dios; conceda Jehová todas tus peticiones. Ahora conozco que Jehová salva a su ungido; lo oirá desde sus santos cielos con la potencia salvadora de su diestra. Estos confían en carros, y aquellos en caballos; mas nosotros del nombre de Jehová nuestro Dios tendremos memoria. Ellos flaquean y caen, mas nosotros nos levantamos, y estamos en pie. Salva, Jehová; que el Rey nos oiga en el día que lo invoquemos.*

Sin embargo, es más que una poderosa confesión. Cántela, y observe cómo Dios comienza a moverse.

En un artículo titulado *Canciones para apertura espiritual*, el apóstol Jim Hodges escribe:

> Muchos creen que el Cuerpo de Cristo se abrirá paso hacia una "nueva cosa" en Dios. Lo que esa nueva cosa es nosotros no lo sabemos completamente, pero si es de parte de Dios, ¡será grandiosa! Creo que necesitamos una apertura para que veamos ciudades y naciones transformadas y así podamos ser testigos de una cosecha de muchas personas entrando al Reino de Dios. La tesis de este artículo es: la Iglesia debe abrirse paso en adoración e intercesión antes de que veamos ciudades y naciones

transformadas, y antes de que veamos una cosecha masiva de almas.

Si el Cuerpo de Cristo no adora e intercede de acuerdo a las pautas de la Palabra de Dios, entonces ¡nos veremos trabados cuando intentemos avanzar hacia la apertura que la Iglesia y la Tierra necesitan ver! Los paradigmas más importantes de la adoración a la cual el Nuevo Testamento nos convoca se encuentran en Hechos 15:16-17. Aquí el apóstol Santiago cita al profeta Amós y declara que la entrada de muchos gentiles en el Reino de Dios es un cumplimiento inicial de la profecía concerniente a la restauración del Tabernáculo de David. En otras palabras, la adoración e intercesión del Nuevo Testamento deben ser davídicas. No es el altar de Abraham, ni el tabernáculo de Moisés que se están restaurando, sino el tabernáculo de David que hospedó el arca del pacto del Monte de Sion. El tabernáculo de Moisés, que estaba en Gabaón, continuaba ofreciendo sacrificios levíticos. Había un sacrificio, pero no cántico. Las canciones de Dios y las canciones de gozo fueron desatadas en el tabernáculo de David (ver 1 Crónicas 13).

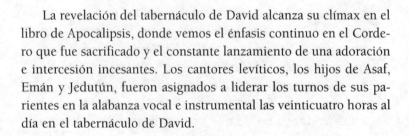

La adoración de la iglesia actual necesita corresponder con la adoración que sucede en los cielos

La revelación del tabernáculo de David alcanza su clímax en el libro de Apocalipsis, donde vemos el énfasis continuo en el Cordero que fue sacrificado y el constante lanzamiento de una adoración e intercesión incesantes. Los cantores levíticos, los hijos de Asaf, Emán y Jedutún, fueron asignados a liderar los turnos de sus parientes en la alabanza vocal e instrumental las veinticuatro horas al día en el tabernáculo de David.

Esto, por supuesto, corresponde con la adoración constante que sucede en los cielos. ¡Los cielos y la Tierra se unen en alabanza perpetua y oración! ¡La adoración de la Iglesia actual necesita corresponder con la adoración que sucede en el cielo, la que está registrada en el libro de Apocalipsis! Estas son los cánticos para la apertura que el Cuerpo de Cristo necesita cantar:

1. **Cántico nuevo del Espíritu.** El cántico nuevo se menciona siete veces en el Antiguo Testamento (seis referencias en Salmos, una en Isaías 42:10). Hay una referencia en el Nuevo Testamento (Apocalipsis 5:9). Esto debería informarnos que ambos, Salmos y Apocalipsis, publican teología que se canta. Antes de que la creencia Escritural se sistematice, es cantada. La Iglesia debe siempre cantar precediendo a su teología, porque nuestros corazones deben ser impactados antes de que nuestras mentes sean informadas. De otro modo, quedamos solamente con conocimientos en nuestra cabeza. ¡Por supuesto que una mente informada puede acrecentar nuestra adoración una vez que nuestros corazones han sido impactados! El Nuevo Pacto pedía una nueva canción, ¡una respuesta nueva de adoración a la obra terminada de Cristo en su muerte, resurrección, ascensión y exaltación!

2. **Cánticos para entronar.** Estas son canciones que declaran ¡la coronación de nuestro Rey en las alturas! Salmo 110:1-2 es ese tipo de canción donde el Señor Dios llama a su Hijo para que se siente a su diestra hasta que todos sus enemigos sean hechos estrado de sus pies. A este pasaje hace referencia Pedro en Pentecostés, en Hechos 2:29-36. Pentecostés era la instalación e inauguración de su gobierno eterno. De hecho, Pentecostés

cumple las promesas del pacto a David de que su simiente se sentaría en el trono eternamente. Además, los salmos 120 a 134 son llamados salmos de la ascensión o graduales. Estos eran cantados a medida que la gente ascendía el monte de Sion y adoraban al Rey de Israel y de todas las naciones. ¡Iglesia, subamos a Sion! Ascendamos, a través del Espíritu, a los lugares celestiales (Efesios 1:3; 2:6; Apocalipsis 4:1).

3. **Canción de la cosecha.** Hechos 15:16 registra la cita de Santiago sobre Amós 9:12 la que se refiere al *"el resto de Edom"*, un remanente de las naciones llamado por el Señor. Observe que cuando Santiago cita esto amplía el remanente al "resto de la humanidad". Históricamente, David gobernó sobre Edom y ellos le dieron tributo. Jesús, el hijo de David, gobernará a todas las naciones y la Iglesia levantará una cosecha masiva de todas las naciones, tribus, pueblos y lenguas (Apocalipsis 7:9). El Salmo 126 canta de la cosecha que viene luego de un tiempo de siembra con lágrimas. ¡Iglesia, necesitamos cantar adorando al traer la cosecha y evangelísticamente traerla como las gavillas que trae un segador!

4. **Cánticos de declaración e intercesión profética.** Esto queda ilustrado en Apocalipsis 5:8-9 donde vemos arpas y copas en los cielos. Las arpas hablan de adoración, y las copas de intercesión. Nuestra intercesión es como incienso que asciende hacia el cielo el que el ángel recoge en las copas. Cuando las copas se llenan, son vaciadas y desatadas hacia el ámbito terrenal en la forma de voces, relámpagos, truenos y terremotos (Apocalipsis 8:3-5). Esto se parece al estremecimiento en el Monte Sinaí. El

punto es: cuando somos fieles para desatar incienso en forma corporativa a través de nuestra intercesión, ¡el Señor es fiel para intervenir dentro de las situaciones y vidas por las que hemos orado! No se le pase por alto esto: encontramos la unión y mezcla de la adoración (arpas) con la intercesión (copas) en ambos: Salmos y Apocalipsis. ¡Este es un modelo para nuestra adoración colectiva en el Cuerpo de Cristo! ¡Esta fusión desata las dinámicas del ministerio profético! Luego somos colmados de coraje para profetizar sobre iglesias, ciudades, naciones y gobiernos civiles. ¡Amén!

5. **Cánticos de victoria y liberación.** Estos cánticos son el resultado de la victoria de Dios y su pueblo sobre sus enemigos. El Éxodo claramente presenta esta verdad cuando el pueblo de Dios redimido y liberado canta de su liberación de la atadura de Egipto por el poder sobrenatural de Jehová. En Éxodo 18 cantan de la derrota de sus enemigos del pasado, los cananeos. Su canción tiene dimensiones históricas y proféticas. De hecho, cuarenta años después, cuando los espías encuentran a Rahab en Jericó, les dijo que los hombres de Jericó comenzaron a temer al pueblo de Dios cuando escucharon sobre el Éxodo. *¡La canción profética puso temor dentro de los corazones de sus enemigos!* En el libro de Apocalipsis, la adoración y la intercesión vencieron a las estructuras religiosas apóstatas y las políticas del tipo de la bestia.[18]

El grito de "¡Ven fuera!" produce recuperación

Podemos aprender muchas cosas de la historia de Lázaro. Pero una importante es que cuando Jesús habló lo que el Padre estaba hablando en los cielos, las cosas comenzaron a suceder. Miremos el modelo que nos dio Jesús.

Jesús esperaba los *tiempos oportunos* clave para reflejar la gloria del Padre de los cielos. Con el amor que el Señor tenía por Lázaro, María y Marta, parecería que Jesús debería haber dejado inmediatamente su lugar e ir a donde estaba su amigo enfermo. Sin embargo, esperó dos días. Este evento reveló su habilidad para controlar sus emociones. Aún amigos y conocidos cercanos no podían ejercer presión para sacarlo de los tiempos del Padre. Él no entraba en acción debido a fuerzas externas. Esta es la clave para nosotros en los días que están por venir. Nuestras emociones deben estar intactas para permanecer en el tiempo perfecto de Dios. Esto nos asegurará estar en el lugar correcto en el momento correcto.

En aquellos días los rabinos enseñaban que luego de tres días el alma regresaba a Dios. Se creía que el alma revoloteaba al fallecido durante tres días. El retraso de Jesús hizo que Lázaro permaneciera en la tumba por cuatro días. Esto significaba que estaba bien muerto, y que su alma había partido. Este es el único registro en la Biblia de una resurrección que ocurrió pasados los tres días.

Jesús decidió desatar el sonido en un lugar y tiempo clave en la historia, para que el hombre fuerte del descreimiento fuera vencido Betania era una puerta hacia Judea, una fortaleza de religión y descreimiento. Busque las puertas clave en la región donde usted vive. El descreimiento es una fuerza de tal obstrucción que impide ver lo mejor que Dios tiene para nosotros en el futuro. Sin embargo, fue en esta atmósfera que Él realizó este milagro poderoso.

Jesús reveló la progresión o ascenso de la fe necesaria para que un individuo venciera su descreimiento. Continuó trabajando con Marta, María y sus discípulos, para mostrarles su carácter. Los animó a creer. *"Si creyeres"*, decía continuamente *"verás la gloria de Dios"*. Nuestro nivel de fe debe levantarse a nuevas dimensiones en el Cuerpo de Cristo para vencer lo que está por venir. La resurrección, vida y fe tienen una relación proporcional que necesitamos entender si vamos a vencer lo que está por venir en nuestro futuro.

Este sonido hizo que la desesperanza cambiara para transformarse en el poder de la resurrección. Marta y María habían perdido toda esperanza de ver a su hermano nuevamente. Sin embargo, Jesús se mantuvo quebrando el poder de la desesperanza y animándolas en fe. ¡Debemos ser liberados ahora de nuestra esperanza diferida! "Resucitar" significa traer a la vista, a la atención o el uso nuevamente; levantarse de los muertos; levantarse nuevamente a la vida. ¿Por qué Juan dedicó tanto tiempo a este milagro en particular? ¿Era la resurrección de personas muertas el tema?

Jesús venció y resucitó, y al hacer
esto derrotó la desesperanza de nuestras vidas

¿Cuál era la relación entre este despliegue particular de poder y los eventos que estaban por suceder? Jesús declaró que la enfermedad de Lázaro no era para muerte, sino *"para la gloria de Dios"* (Juan 11:4). Este fue un evento culminante en la vida de Jesús, que en su momento llevó a su propia muerte, y la máxima derrota de los poderes de oscuridad que estaban reteniendo a la humanidad. Jesús venció y resucitó, y al hacer esto derrotó la desesperanza en nuestras vidas.

El sonido de los cielos desata poder. El poder produce relaciones o trae división. Este despliegue de poder de Dios hizo que los individuos eligieran, ya sea comenzar a tramar la muerte de Jesús o a gritar "hosanna", y acompañarlo a entrar como un Rey. El Cuerpo de Cristo está por ser realineado sobre esta demostración del poder de Dios. No espere que todos reciban el poder que se desplegará en los días venideros. El poder de Dios es vida para muchos, pero locura para otros.

Salga y recupere

Al cantar este cántico, sabíamos que muchas pruebas iban a intentar derrotarnos en los días futuros. Hemos visto mucha agitación en la Tierra. Hemos visto muerte y destrucción. Sin embargo, esta es una estación de recuperación en el Cuerpo de Cristo. Este nuevo cántico nos ha ayudado a traer fe dentro del Cuerpo de Cristo. Escuche al Señor clamando sobre usted *"¡Sal fuera!"* Esto significa: escape, ábrase paso, salga adelante, finalice, termine, apártese de una situación condenada.

¡Salga afuera! Deje que este grito del Señor se levante en su medio y declare una recuperación de lo que ha perdido en épocas pasadas. Debajo hay una lista para que usted proclame esta recuperación sobrenatural en su vida, junto con las Escrituras para que declare victoria en estas áreas:

- Recupere relaciones perdidas y quebradas (ver Jeremías 29:14).
- Recupere su llamado profético (ver Salmo 105:19).
- Recupere promesas demoradas (ver 2 Corintios 1:20).
- Recupere el espíritu y don de la fe (ver Romanos 1:17; Salmo 23:3).
- Recupere el milagro de la sanidad (ver Jeremías 30:17).
- Recupere su estabilidad espiritual (ver Malaquías 3:10; Salmo 129:8)
- Recupere su estabilidad financiera (ver 1 Samuel 7:11-14, 2 Crónicas 20:6).
- Recupere el gozo (ver Nehemías 8:10).
- Recupere los años perdidos (ver Joel 2:25).
- Recupere las ovejas perdidas robadas de sus pastos (1 Samuel 17:34-37; 30:20).
- Recupere las bendiciones de Dios (ver Deuteronomio 28:1-4).
- Recupere todo (ver 1 Samuel 30).

En *Poseyendo su herencia,* Rebeca Wagner Sytsema y yo escribimos sobre la restauración. Comenzamos diciendo que el Señor cambia tres cosas: el legalismo, la condenación y el juzgar. A medida que ascendemos en adoración estos se apartan de nosotros.

Luego declaramos que Él restaura tres cosas: contacto íntimo con Él mismo, nuestra relación Padre/hijo y nuestra fe infantil. Esto produce abundante restauración en nuestra vida. Ascienda en adoración y vea su libertad en Dios restaurada. Ascienda en adoración y vea su salud restaurada. Ascienda en adoración y vea su gozo restaurado. Ascienda en adoración y vea su posición en la Tierra restaurada. Ascienda en adoración y observe al Señor restaurar su alma. Ascienda en adoración y observe cómo el corazón del Padre es restaurado en usted.[19]

El Mesías de Handel: nuestro liberador

Ravi Zacharias escribió un artículo interesante concerniente a Handel y la gran obra que hizo:

Una de las obras maestras más grandiosas de la composición musical, si no la mayor, es la obra de George Frederic Handel simplemente llamada *Mesías*. Antes de ser compuesta Handel no había sido un músico exitoso y se había retirado de gran parte de su actividad profesional a los cincuenta y seis años. Luego, en una notable serie de eventos, un amigo le presentó un guión basado en la vida de Cristo, cuyo libreto entero era de las Escrituras. Handel se encerró en su cuarto de la calle Brook, en Londres. En veinticuatro días, sin respiro, se absorbió en la composición y casi sin comer ni beber, completó totalmente la obra aún hasta su orquestación. Era un hombre en manos de una profunda inspiración. Más tarde, mientras trataba de hallar las palabras para describir lo que había experimentado, citó a san Pablo, cuando dijo: "¡En el cuerpo o fuera de él lo escribí, no lo sé!" El empleado de Handel testificó que en una ocasión cuando entró al cuarto para rogarle que comiera, lo vio con lágrimas que caían por su rostro mientras decía: "Pienso que vi a todo el cielo delante de mí y al mismo gran Dios".

221

Cuando el *Mesías* fue representado en Londres, a medida que las notas del coro "Aleluya" resonaban: "Rey de Reyes y Señor de Señores... Reinará por siempre y siempre", el rey de Inglaterra, impulsado irresistiblemente, se puso en pie, y toda la audiencia lo siguió. Un escritor resumió así el impacto del *Mesías*: Handel personalmente condujo más de treinta presentaciones del *Mesías*; muchos de estos conciertos fueron para beneficio de los necesitados y sufrientes. "*El Mesías* ha alimentado a los hambrientos, vestido a los desnudos, amparado a los huérfanos". Otro escribió: "Tal vez las obras de ningún otro compositor han contribuido tan ampliamente a aliviar el sufrimiento humano".

Aunque un poco exagerado, el punto está bien considerado. La obra estaba basada enteramente en Las Escrituras. El enfoque está en la persona de Cristo. El espíritu de un hombre estaba atrapado por la santidad de Dios. Un rey se puso de pie espontáneamente.

La gente siguió su ejemplo. La primera presentación fue a beneficio de caridad para juntar dinero a fin de libertar a ciento cuarenta y dos personas de la prisión, que no podían pagar sus deudas. En la prisión del sufrimiento y la maldad en la que el mundo entero vive ahora, el mismo Mesías nos ofrece liberación.

Venga a este Mesías hoy, querido amigo, y conocerá el gozo de ser rescatado del pecado y de una libertad nueva para vivir una vida triunfante para Dios, la cual será verdaderamente inspiradora.[20]

Escuche desde el cielo el sonido de esta frase que se hace eco a través de la Tierra: ¡Él es Rey de reyes y Señor de señores, y reinará para siempre! Levántese y declare esto sobre su vida, su hogar, su iglesia, su ciudad y su nación.

Notas

1. C. Peter Wagner, *Oración de Guerra,* (Ventura, CA.: Regal Books, 1992), p. 61.
2. C. Peter Wagner, *La oración de poder,* (Ventura, CA.: Regal Books, 1997), p. 185.
3. Chuck Pierce y Rebecca Wagner Sytsema, *The best is yet ahead* Colorado Springs, CO.: Wagner Publications, 2001) n.p.
4. Harry y Cheryl Salem, *Distractions from Destiny*, (Tulsa, OK: Harrison House, Inc. 2001), n.p.
5. Jerry Savelle, "What it Takes to Stay Focused", *Adventures in Faith,* vol. 31, no.2 (Abril/Mayo/Junio 2002) p. 5.
6. Ibid.
7. Robert Gay, *Silencing the Enemy* (Lake Mary, FL.:Creation House, 1973), p. 9.
8. Oswald Chambers, *My Utmost for His Highest* (Westwood, NJ: Barbour and Company, Inc. 1935) n.p.
9. Dutch Sheets, *Oración Intercesora,* (Ventura , CA. Regal Books, 1996), p. 62.
10. Ibid., pp. 62-63.
11. Darlene Zschech, *Extravagant Worship* (Castle Hill, NSW: Check Music Ministries, 2001), p. 35.
12. Ibid.
13. Barbara Yoder, *The Breaker Anointing* (Colorado Springs, CO.; Wagner Publications, 2001), pp..34-35.
14. Ibid.
15. Dutch Sheets, *La oración Intercesora,* (Ventura, CA. Regal Books, 1996, pp. 208-210).
16. Dean Mitchum, *Apostolic Kingdom Praise* (Santa Rosa Beach, FL. Christian International Ministries Network, 2000) pp. 72-73.
17. John Dickson, "Let the Lion of Judah Roar" (Denton, TX.: Glory of Zion International Ministries, Inc., 2001).
18. Jim Hodges, "Songs of Spiritual Breakthrough" *Federation Journal* (Spring 2001) n.p.
19. Chuck D. Pierce and Rebecca Wagner Sytsema, *Possessing Your Inheritance* (Ventura, CA. , Renew Books, 1999) n.p.
20. Ravi Zacharias, Ravi Zacharías International Ministries (RZIM), 2000.

CAPÍTULO 9

Vestido
para la guerra

Es el tiempo de levantarse y adorar,
alzar nuestras voces en alabanza tumultuosa.
Desde que se levanta el Sol de la mañana
hasta que se pone.

Pueblo de Dios, asciende y adora.
Deja que tus alabanzas asciendan al cielo.
Únete a las huestes celestiales alrededor del trono.
De continuo, veinticuatro horas los siete días.

Dios habita entre la alabanza de su pueblo,
desea la adoración para Él solo.
Al sonido de nuestras oraciones se abren los cielos
y osadamente podemos venir al trono.

Mientras descansamos en este lugar de intimidad
el dulce incienso, un bouquet de oraciones
rodea e impregna el salón del trono,
mientras llenan las copas que allí están.

Deja que las oraciones de los santos llenen las copas.
El que tenga oídos para oír, oiga.
El Señor de Sabaoth habla en la tormenta:
"YO SOY" invade la atmósfera santa.

Las trompetas llaman a todos a atender.
Escuchen al León de Judá rugir.
El Cuerpo de Cristo en adoración colectiva
recibe estrategias para entrar en guerra.

Estamos vestidos con la gloria de Dios
y descendemos con nuestro manto de guerra.
Combatimos principados y poderes,
se escapan y claman: NO MÁS.

El enemigo es detenido a las puertas.
Los atalayas permanecen firmes en sus puestos.
Los intercesores continúan en oración.
Y Judá guía hacia adelante, huestes que alaban.

Es tiempo de levantarse y adorar,
de desatar el temor del Señor
con alabanzas de Dios en nuestra boca,
y la Palabra, la espada de dos filos de Dios.

BEV. SMITH, ASCIENDE Y ADORA

Una nueva vestidura de adoración

Cuando Adán y Eva fueron engañados por la serpiente y desobedecieron, la vestidura del favor y la gloria que llevaban les fue quitada. Esta vestimenta de gloria era tan increíble que no era necesario ni siquiera tener la ropa exterior que todos llamamos vestidos. Caminaban en la presencia de Dios todo el día, de modo que estaban vestidos con la presencia y gloria de Dios.

Dios sabía que no podían entrar en la próxima etapa de sus vidas con la vergüenza que había venido sobre ellos. Así que, inmediatamente buscó una forma de revestirlos y cubrir su culpa. Un par de cosas sucedieron en este momento en Génesis 3:20. La identidad de la mujer cambió. Adán llamó el nombre de su esposa Eva, que quiere decir "madre de todos los vivientes". Dios entonces derramó la sangre de animales inocentes para que les provean vestiduras de piel. Esto era una sombra de la forma en que la sangre obraría para cubrirnos en los días venideros y expiar nuestros pecados. Adán y Eva habían hecho un débil intento de revestirse con hojas de higuera. Sin embargo, el plan que Dios tenía involucraba sacrificio.

Las vestiduras son un tema en toda la Palabra de Dios. Cuando estudiamos las vestiduras, encontramos que son simbólicas de la identidad de un individuo. Sin adoración nuestra identidad propia nunca surge. También, cuando estudiamos la palabra "gloria" encontramos que es una expresión de Dios a través de nosotros que produce su identidad en nosotros.

Jacob transfirió la vestidura de la herencia de Abraham e Isaac a José. Esa vestidura fue despreciada; sin embargo, Dios encontró un camino a través de las pruebas que pasó José para revestirlo, de modo que la posteridad de su promesa no pudiera ser frustrada. Rut tuvo que quitarse la vestidura de duelo y revestirse, de modo que la herencia de Israel pudiera conectarse y transferirse a la próxima generación. Elías sabía que no había terminado lo que Dios le había enviado a hacer sobre la Tierra, y le transfirió su vestimenta a Eliseo para concretar el cambio de restauración de Dios en Israel.

Esa vestimenta tenía una autoridad tan grande que Jezabel, dispuesta con toda su manipulación, no pudo vencer su poder.

En Apocalipsis, la Esposa (que es la Iglesia) está vestida para la guerra, para derrotar a sus enemigos

Jesús, por supuesto, llevó una túnica de redención hasta la cruz. Luego Dios lo vistió en la gloria nuevamente, y Él sopló esta gloria a sus discípulos. Ahora el Espíritu de Dios puede verse brillando a través de cada uno de nosotros por causa del amor del Padre y la obediencia del Hijo. En Apocalipsis, la Esposa (que es la Iglesia) está vestida para la guerra, para vencer a sus enemigos.

Vestidos para la adoración

Lavon y Arlette Revells, dos de mis más queridos amigos, viven en Georgia. Arlette es una hermosa dama sureña. Cierta vez estuvimos en una reunión de líderes, y ella dio este increíble testimonio:

El 8 de junio de 1985 me despertó un ser celestial. Estaba de espaldas y de pronto tomé conciencia que un cuerpo inmensamente largo de energía blanca estaba inclinado hacia mí. Sus manos estaban sobre mis hombros. "Levántate" –me dijo con entusiasmo– "tengo algo especial para ti esta mañana". Se desvaneció mientras que rápidamente me deslicé de debajo de mis mantas, cuidadosamente para no despertar a mi querido esposo Lavon, que dormía a mi lado. Miré el reloj. Eran las 04:23.

Fui en puntas de pie hacia la entrada, tratando de que los pisos de madera no crujieran. No quería despertar a nuestros dos hijos, Laura, que se había graduado de la escuela secundaria la noche anterior, y Christopher, que cursaba el 10º Grado. Dentro de la cocina, con La Biblia en mi mano, me senté a la mesa. Comencé a hojear a través de La Biblia. No sabía qué esperar ni qué hacer. Luego mi mente escuchó estas palabras: "Desde este día en adelante proporcionaré tus ropas a mi manera. Proveeré para todas tus necesidades. Podrás comprar ropas para otras personas, pero te abasteceré de ropas a través de otros" (la primera de tres directivas).

Me senté durante un tiempo, pensando sobre lo que había escuchado. Me sobrevino desaliento. *¿Por qué estaba tan entusiasmado? Necesito confirmación. Pondré un vellón.*

"Señor, si eres realmente Tú que me dices que no puedo comprar más mi ropa, por favor, dame un vestido hoy a través de otra persona, para confirmarlo".

Esto sería todo. Seguramente. Si Dios estaba poniendo su dedo sobre mis ropas, ¡respondería a mi vellón!

Lavon y yo habíamos planeado un viaje de placer a la ciudad de Helen, Georgia, ese día. Durante todo el camino hacia Helen, me sumergí en mis pensamientos sobre lo que había sucedido. *¿Recibiría hoy mi vestido de confirmación?*

La expectativa me invadió. Deambulando por las vidrieras de Helen, buscaba a algún dueño que saliera a la puerta, me mirara, y exclamara: "Usted es la persona a quien tengo que darle este vestido". Seguramente habría un brillo sobre toda mi persona. ¡Había estado en la presencia de un angel! El día pasó lentamente mientras caminaba entrando y saliendo de los negocios. No escuché "Usted es la persona".

Ya entrada la tarde comenzamos nuestro viaje de regreso de 50 kilómetros hacia Athens. Entonces yo ya estaba segura que había escuchado a Dios. En el camino de regreso me imaginé de qué manera iba a recibir el vestido de confirmación: mamá. Ella estaba ayudando en la feria de la iglesia ese día. Me preparé para ver el vestido colgando en la puerta trasera cuando entráramos al garaje. Ningún vestido.

Estaba llegando la hora de ir a la cama. Ningún vestido. *¿Fue todo un sueño? Dios, no entiendo.* Entonces, la pequeña voz suave habló: "Tu vello era opuesto a lo que dije. Te proveeré tus ropas a mi manera, y eso incluye mi tiempo".

Gracias, Señor.

No poder comprar más ropas nuevas no sería tan malo. Mi guardarropas está lleno de cosas hermosas. Probablemente tenía lo suficiente para vestirme el resto de mi vida *si tuviera que hacerlo.* Yo amaba los vestidos de seda.

Pocos días después vino una segunda directiva: "Quiero que entregues cada una de las piezas de vestir que tienes que tú hayas elegido".

"Está bien. Muéstrame a quién dárselo". Para entonces, me daba cuenta que estaba pasando algo, y quería participar.

Hice un inventario de todas mis ropas. Luego de revisarlas todas, solamente encontré dos polleras y una blusa que me habían dado. ¡Tres cosas en las que yo no tuve nada que ver! Ese sería mi guardarropa. *Pero me iba a llevar mucho, mucho tiempo dar todo, así que tenía un plazo... pensé.*

Una tarde comenzó a suceder algo extraño. Era el momento de preparar mi vestido favorito para darlo. Lo puse en el lavarropas del lavadero. Miré mi vestido mientras caían lágrimas por mis mejillas. Sentía como si fuera un funeral. Espiaba dentro de lo que me parecía un cajón y pensé sobre la última vez que lo había usado y le di la despedida. Esto sucedió cada vez que preparé mis ofrendas en el lavadero.

Nueve días después recibí la tercera directiva. "A partir de hoy solamente puedes vestir lo que te han regalado". (No le dije nada a nadie sobre esto).

Me vestí para ir a trabajar esa mañana con una blusa y una de las polleras. Lo que alguna vez parecía fuera de moda ahora se veía muy precioso. Me miré en el espejo y dije: "Gracias, Señor, por mis ropas".

Mientras preparaba la cena al atardecer, escuché que alguien venía por la puerta trasera. Vi cuando mi hija Laura entró a la cocina, puso un hermoso paquete sobre la mesada y dijo: "Dios me pidió que te comprara esto".

Rápidamente corté las cintas y el papel del envoltorio y levanté la tapa de la caja. ¿Qué estaba anidado bajo el papel sino un hermoso vestido de seda rosa. ¡El vestido de confirmación de Dios! Laura lo compró con su primer cheque de pago del trabajo de verano.

Esta etapa duró tres años y medio... y nunca me ha faltado nada hermoso para vestir.

El cambio de la vestimenta de los últimos tiempos

Dios nos viste y expresa su gloria sobre nosotros para la temporada en que estamos viviendo. No creo que podamos vestir la gloria de Dios sin escuchar claramente y obedecer su voz. El testimonio de Arlette tiene este significado. No solamente Dios la vistió con su voz y directivas, sino que en ese momento lo hizo físicamente para representar su misma identidad en ella. Se veía hermosa en la nueva identidad que Él le dio. Su guardarropa físico expresaba su identidad, porque ella había esperado en Él. Él la había revestido para el tiempo de guerra y favor que vendría más adelante.

Dios nos vestirá y expresará su gloria sobre nosotros

Cuando Dios sacó a Israel para poseer su herencia, la Tierra Prometida, lo primero que hizo para prepararlos para la guerra no fue constatar su capacidad para la batalla. Esta generación de guerreros que crecieron en el desierto, no había sido circuncidada, y fue la circuncisión la señal de su pacto con ellos. El corte de la carne que Dios requería representaba la remoción de la naturaleza pecaminosa que iba a ser hecho a través de Cristo.

> *En él también fuisteis circuncidados con circuncisión no hecha a mano, al echar de vosotros el cuerpo pecaminoso carnal, en la circuncisión de Cristo; sepultados con él en el bautismo, en el cual fuisteis también resucitados con él, mediante la fe en el poder de Dios que le levantó de los muertos* (Colosenses 2:11-12).

Las armas que tenemos para la guerra son importantes. Sin embargo, lo que hace que reflejemos la identidad de Dios es la remoción de una dureza exterior de descreimiento que ha invadido nuestros corazones.

Lo primero que tenemos que hacer no es controlar nuestras armas, sino nuestros corazones, para asegurarnos que la naturaleza pecaminosa ha sido cortada por Cristo y que estamos enterrados con Él en el bautismo, y resucitamos con Él a través de nuestra fe en su poder. Es aquí donde la vestimenta comienza a reflejar nuestra próxima etapa. Esto nos lanza hacia la nueva fase de adoración y guerra. Dios le dijo a los israelitas que no podían estar delante de sus enemigos con un corazón sin consagrar. *"Levántate, santifica al pueblo, y di: Santificaos para mañana; porque Jehová el Dios de Israel dice así: Anatema hay en medio de ti, Israel; no podrás hacer frente a tus enemigos, hasta que hayáis quitado el anatema de en medio de vosotros"* (Josué 7:13).

"Consagración" en el hebreo es *qadash (cuadash)*, que significa ser moralmente limpio. Puede también sugerir que debemos estar separados del mundo que nos rodea. Nuestras vestimentas no son lo mismo que las de la gente del mundo. Esa es la razón por la que la lista de Pablo en Efesios 6:14-17 contiene varias piezas de equipo que protegen nuestros corazones, mentes, intenciones e integridad. Con todo esto protegido, únicamente necesitamos un arma con la cual pelear: la espada del Espíritu, que es la Palabra de Dios.

Amo a los profetas de la restauración. Hageo comenzó a profetizar durante el tiempo de la reedificación de la ciudad y del Templo. Estaba en escena junto con Esdras, Nehemías y todos esos guerreros de adoración. Sin embargo, la gente se desinteresó de buscar a Dios. También se desalentaron porque el enemigo los sacudió. En realidad habían abandonado la edificación. La vestimenta que Dios les había puesto cuando dejaron Babilonia para completar este proyecto había sido dejada atrás, y comenzaron a enfocarse sobre sí mismos.

Sin embargo, Zacarías apareció en escena cerca de doce años después, y comenzó a profetizar. Dios tenía una nueva administración y una nueva voz para alentar al pueblo a completar lo que habían comenzado. En Zacarías encontramos un maravilloso mensaje sobre el revestimiento.

Me mostró al sumo sacerdote Josué, el cual estaba delante del ángel de Jehová, y Satanás estaba a su mano derecha para acusarle. Y dijo Jehová a Satanás: Jehová te reprenda, oh Satanás; Jehová que ha escogido a Jerusalén te reprenda. ¿No es este un tizón arrebatado del incendio? Y Josué estaba vestido de vestiduras viles, y estaba delante del ángel. Y habló el ángel, y mandó a los que estaban delante de él, diciendo: Quitadle esas vestiduras viles. Y a él le dijo: Mira que he quitado de ti tu pecado, y te he hecho vestir de ropas de gala. Después dijo: Pongan mitra limpia sobre su cabeza. Y pusieron una mitra limpia sobre su cabeza, y le vistieron las ropas. Y el ángel de Jehová estaba en pie (3:1-5).

Este capítulo revela mucho sobre ascender, guerrear y estar vestido para el futuro. Vemos a Josué el sumo sacerdote delante del Ángel del Señor, y a Satanás de pie, para oponerse. El Señor desata esta visión, no el ángel. En 2 Tesalonicenses 2:3-4 se registra lo que sucedió: *"Nadie os engañe en ninguna manera; porque no vendrá sin que antes venga la apostasía, y se manifieste el hombre de pecado, el hijo de perdición, el cual se opone y se levanta contra todo lo que se llama Dios o es objeto de culto"*.

Cuando el pueblo de Dios regresó de Babilonia había impureza moral y religiosa en las vestimentas. Habían cometido muchas faltas; sin embargo, era el momento de una nueva etapa. Por lo tanto, el Señor reprendió a Satanás y luego cambió las vestimentas viles de Josué. El Señor le quitó toda la iniquidad de la etapa pasada de Josué. Esto quitó la debilidad que tenía e hizo que se revistiera de autoridad y gloria, y le dio la habilidad de terminar el proyecto de edificación de Dios en la nueva etapa.

Despiértese, adore y vista el avivamiento

Dios también nos viste con vida. Una vez que nuestro espíritu está vivo para Él, nos "reaviva". ¿Qué significa esto? Piense en una mujer que esté embarazada. El primer movimiento del bebé en su seno se llama avivamiento. Cuando el Espíritu de Dios nos toca, sucede esto mismo. Eso que Él trata de que salga a la vida, se mueve. Cuando adoramos, habitualmente experimentamos este mover. La palabra hebrea para vivificar es *chayah* (*chauiau*), que significa "vivir" o "ser revivido". La palabra griega es *zoopoieo* (*zopoieo*) que significa "revitalizar".[2]

John Dickson dice esto:

Nuestro espíritu hace una de estas dos cosas: muere en nosotros o revive. Se apaga o se aviva. La mayor parte de lo que hacemos no estimula nuestro espíritu. Muchas veces a medida que caminamos a través de la vida, nuestra carne y alma son ministradas, pero nuestro espíritu se marchita y se contrae dentro de nosotros. Esa es la razón por la que cuando nos acercamos a donde el Espíritu de Dios se está moviendo, casi podemos sentir cómo nuestro espíritu salta en nuestro interior. Juan el Bautista saltó dentro del vientre de Elizabet cuando escuchó la voz de María que contaba que estaba embarazada del Mesías. El padre de Juan el Bautista, Zacarías, estaba tan lleno de descreimiento cuando el ángel lo visitó, que el Señor le cerró la boca. Sin embargo, Juan el Bautista, aunque era un niño que aún no había nacido fue vivificado y saltó en el vientre de su madre. ¿Echó fuera al descreimiento? Elizabet entonces profetizó sobre María en Lucas 1:45: *"Y bienaventurada la que creyó, porque se cumplirá lo que le fue dicho de parte del Señor"*.

Esta declaración significó el comienzo de una nueva era. Este era el renacimiento de la profecía. Elizabet fue una de las primeras en profetizar en el Nuevo Testamento.

En Génesis 45:25-28 encontramos un verdadero cuadro de la aflicción quitada, el ser vivificados y avanzar hacia nuestra herencia. Es la historia de Jacob, que supuestamente había perdido su herencia y a su bendecido hijo José. Por supuesto, sus hijos habían vendido a José a un grupo de traficante de camino a Egipto, y luego le mintieron a su padre y dijeron que una bestia salvaje lo había matado. Trajeron aquella vestimenta llena de sangre, la túnica de muchos colores, a su padre, envuelta con una mentira. Para entonces Dios se había hecho cargo completamente de la situación. Recuerde, Dios siempre es soberano y está en el trono, aún en nuestros malos tiempos.

Dios había orquestado una sequía y forzado a los hermanos hacia Egipto, donde habían desarrollado una estrategia para soportar los tiempos de sequía. Dios realineó a José y sus hermanos. José envió a sus hermanos de regreso a su padre.

Cuando Jacob supo que su hijo José aún estaba vivo, su espíritu fue vivificado. En principio su corazón no podía responder a la verdad. Esto puede suceder cuando atravesamos un trauma y pérdida en nuestra vida. Muchas veces las experiencias traumáticas pueden hacer que dejemos de adorar a Dios. Heridas, dolores y pérdida endurecen nuestros corazones. Imaginen a Jacob cuando fue liberado del poder de esta decepción. Tuvo una renovación de su fe de que su herencia iba a ser extendida a las generaciones venideras.

La aparición de la revelación profética en la adoración

Para tener victoria, debemos primero ganar la guerra en adoración antes de ir al enfrentamiento. Pablo oraba por la gente de Éfeso. En *El dominio de la Reina*, escribí lo siguiente:

Amo el libro de Efesios. Amo estudiar el avivamiento en la ciudad de Éfeso. Podemos encontrar un registro de este avivamiento en Hechos 19. El versículo 2 contiene la clave a la pregunta que cambió el curso de la historia al llegar Pablo a Éfeso. Se encontró con Apolo, que era una figura apostólica en esa región, y le preguntó: "¿Recibisteis el Espíritu Santo cuando creísteis?" Apolo jamás había escuchado del Espíritu Santo. Solamente había sido bautizado en "el bautismo de Juan". Por lo tanto, Pablo le impuso las manos y ellos hablaron en lenguas y profetizaron. También los bautizó en el Nombre del Señor Jesús. Comenzó así una cadena de eventos que cambió el curso de la historia cristiana y nos dejó un grandioso ejemplo de cómo afectó la autoridad apostólica a una región luego de la muerte y resurrección del Señor Jesucristo. Encontramos un gran modelo en el libro de Efesios. Pablo oró para que los efesios tuvieran entendimiento espiritual concerniente a quién era Jesucristo. Luego entonces oró para que tuvieran entendimiento de la esperanza de su llamado en esa región. Él explicó que tenían una identidad que ya no pertenecía al mundo que está gobernado por las tinieblas espirituales. Les dio instrucciones explícitas sobre cómo ellos habían sido sentados en los lugares celestiales sobre todos los poderes y principados. Les enseñó cómo el mismo Espíritu que levantó a Jesús de la tumba también les había alumbrado y levantado hacia una posición dónde podrían tener victoria sobre su medio.

Pablo amonestó a los efesios para que entendieran un mayor amor y se establecieran en el amor de Cristo. Entonces comenzó a hablarles sobre sus relaciones. En realidad les dijo que se aseguraran que todas sus relaciones estaban dentro del orden de Dios. Los esposos y esposas debían tener relaciones correctas. Hijos y padres debían tener relaciones rectas. Siervos y amos debían ser correctos unos con otros en sus relaciones diarias. Pablo entonces les instruyó para que hicieran guerra contra las fuerzas demoníacas que los estaban tomando y gobernando su ciudad. De eso se trata Efesios 6.

Pablo sabía que había un sistema de idolatría en Éfeso que estaba ligado a Artemisa [también llamada Diana]. Ella era el "hombre fuerte" que estaba gobernando, y tenía dominios y poderes debajo de ella que infiltraban cada aspecto de la sociedad. Estas fuerzas gobernaban sus sistemas económico, de gobierno, educación y adoración.

Amo lo que dice Efesios 2:1-3: *"Y él os dio vida a vosotros, cuando estabais muertos en vuestros delitos y pecados, en los cuales anduvisteis en otro tiempo, siguiendo la corriente de este mundo, conforme al príncipe de la potestad del aire, el espíritu que ahora opera en los hijos de desobediencia, entre los cuales también todos nosotros vivimos en otro tiempo en los deseos de nuestra carne, haciendo la voluntad de la carne y de los pensamientos y éramos por naturaleza hijos de ira, lo mismo que los demás"*. Y luego Pablo hace una de las declaraciones favoritas para mí en toda La Biblia. Vigorosamente dice:

"Pero Dios".

Pablo sabía que el amor de Dios podría cambiar el curso de la sociedad de los efesios. Sabía que la misericordia y gracia de Dios podrían crear una nueva identidad en esta gente y que la identidad podría derribar el sistema de Diana que gobernaba su sociedad.[3]

Cuando adoramos, ascendemos. Cuando ascendemos, obtenemos revelación de parte de Dios

Cuando adoramos, ascendemos. Cuando ascendemos, obtenemos revelación de parte de Dios. La revelación hace que sepamos la voluntad de Dios y salgamos de la conformidad de Satanás. Esa es la razón por la que es tan importante que entendamos Efesios. Pablo estaba diciendo en realidad: "Oro para que el espíritu de revelación esté sobre ustedes a fin de que puedan enfrentar la estructura satánica dentro de Éfeso, la cual les impide entrar en la esperanza de su llamamiento". Este fue el más grande avivamiento registrado en la Palabra de Dios. La adoración es la clave. Esa es la razón por la que justo en la mitad del libro de Efesios Jesús asciende y da los dones.

Actualmente, el Señor aún nos habla. Mientras adoraba pensando en una reunión estratégica en la que se consideraría cómo lograr un quiebre para desatar una cosecha en un área del mundo conocida como la Ventana 40/70, Dios comenzó a hablarme lo siguiente:

¡Este es un nuevo día! Planta tus pies y decide no retroceder. El enemigo te asaltará para presionarte hacia atrás. ¿No he dicho: "Sin visión profética el pueblo perecerá y retrocederá?" Estoy listo para visitar nuevamente áreas que han avanzado en mis propósitos, pero se han replegado en el día de la batalla. Este es el comienzo del estremecimiento de los gobiernos. Habrá una confrontación de gobiernos. Mi gobierno sobre la Tierra se está levantando y haciendo que regiones enteras se conmocionen. *Yo soy* está restaurando y levantando líderes. *Estoy* haciendo que mis gobiernos y dones se alineen. Esto está produciendo grandes sacudones de región en región a través de toda la Tierra. Esta alineación está dando un giro al gobierno civil. *Estoy* quebrando aquello que hizo que mi Iglesia se retirara de las visitaciones del pasado. ¡Muchos avanzaron y luego retrocedieron! ¡Ahora es el tiempo de avanzar!... *Desde la adoración se moverán ahora hacia una nueva dimensión sobrenatural.* El amor y la confianza está levantándose en mi Cuerpo. No teman este llamado de lo sobrenatural. Los sistemas del faraón de esta nación comenzarán a fortalecerse para impedir que los paradigmas de mi reino ¡se formen y avancen en la Tierra! No teman estos sistemas, sino continúen confrontando a través de la oración los poderes que se han adherido por sí mismos a las estructuras de gobierno en su región. Los transformaré en un pueblo sobrenatural que pueda levantarse y derribar a los que les han controlado en el pasado y les controlarán en el futuro. Mi pueblo llega a ser instrumento para trillar, nuevo, filoso. Este trillo produce sacudones. Estos sacudones desatan la cosecha. Este es el comienzo de mi fuego consumidor. El fuego debe estar en sus corazones. El temor a lo sobrenatural debe ser quitado de ustedes. Los espíritus religiosos y el ocultismo han producido temor a los espíritus sobrenaturales. Por lo tanto, han retrocedido en su vida de oración y caído en la pasividad. Mi voluntad ha sido activada sobre la Tierra. Estoy avanzando. Avancen conmigo. Los guiaré a la guerra. Muchos se han transformado en temerosos para confrontar al enemigo. He venido a destruir las obras del enemigo. Yo confronté a ambos el legalismo y el liberalismo. Yo digo: levántense en adoración para que puedan confrontar. Sin confrontación, su enemigo, el legalista, ganará mucha fuerza en contra de ustedes y estrechará las fronteras de su libertad. Si se alinean apropiadamente y permiten que sus dones obren dentro de mi gobierno, los guiaré como una tropa hacia la guerra y les haré victoriosos. *La adoración se está levantando. ¡Guerrearán desde la adoración!*

Porque un sonido de guerra está viniendo al corazón de mi pueblo. No vayan hacia atrás. Quítense las viejas vestiduras que les obstruirán. Mi *avance* es ahora en la Tierra... los ojos de mi pueblo están a punto de ver su provisión. El avance es ahora en la Tierra. Abran sus ojos y avancen conmigo. ¡Me conocerán como Jehová Jireh! ¡Me conocerán como Jehová Nissi! Yo, el Señor de Sabaot, comenzaré ahora a desatar una manifestación de región a región a través de esta Tierra. ¡Permítanme vestirles con *favor* y *autoridad*! ¡Avancen!

Esto fue importante, porque sabía que tenía que levantar un ejercito de intercesores y líderes apostólicos proféticos para movernos hacia una región que había experimentado a Dios pero que ahora estaba controlada por la religión. Esta región va desde Islandia, a través de toda Europa, atraviesa la parte norte de Asia hasta la punta de Japón. Me sentí muy agradecido que Dios me hubiera hablado para darme confianza para comenzar a movilizar el ejército de Dios a orar por estas naciones. Un grupo de personas luego se reunieron en Hanover, Alemania, donde enviamos 122 equipos de oración a 56 de las 61 naciones en el área designada.

El ejército de Dios

La adoración y la guerra van juntas. Pero para la guerra tenemos que tener un ejército. Un ejército es personal de una nación organizado para la batalla. En Éxodo 6:26 vemos que cuando Dios estaba listo a sacar a su pueblo de Egipto y enviarlos a su herencia, los mandó de acuerdo a sus ejércitos. En realidad no tenían una organización política, sino que fueron originados de acuerdo a la voluntad de Dios y el destino profético de cada tribu. Cada una tenía guerreros, y cada una tenía una porción que Dios les había repartido.

Hay muchos ejércitos citados en La Biblia. Goliat sabía que si podía derrotar al pueblo de Dios, realmente habría vencido a los *"ejércitos del Dios viviente"* (1 Samuel 17:26, 36). Si Dios salía con los israelitas a la batalla, ellos ganaban. Si no, perdían.

Los ejércitos estaban organizados de diferentes formas en diferentes momentos. Génesis registra cómo Abraham convocó a su siervo y otros miembros de su casa para ir a la guerra con él. En el desierto, Moisés, Josué, Aarón y Hur todos cumplían un rol al defender a Israel contra los amalecitas (ver Éxodo 17). En Josué 5:14, encontramos que Josué fue comisionado por el capitán de las huestes del Señor para que avanzara hacia la conquista de los enemigos de la herencia de Dios.

Débora reunió a muchas de las tribus para batallar contra Sísara. Algunos no tenían voluntad para ir. Saúl en principio estableció un ejército estable profesional en Israel. A veces lo dirigía él y en otras oportunidades Jonatán. En ciertos momentos designaban comandantes profesionales.

Guerreros del Nuevo Testamento

El escritor del libro de Hebreos, en el Nuevo Testamento, volvió su mirada a los héroes de la fe y proclamó que a través de la fe *"pusieron en fuga ejércitos extranjeros"* (Hebreos 11:34). La visión que Juan tuvo de los tiempos finales incluía los ejércitos del cielo siguiendo al Rey de reyes hacia la victoria sobre la bestia y el falso profeta (ver Apocalipsis 19:11-21).

En Apocalipsis también encontramos que los seis ángeles hicieron sonar la trompeta y desataron a los cuatro ángeles que han sido preparados para avanzar y traer un nivel de destrucción a la

Tierra. La guerra espiritual universal fue el resultado de este sonar de las trompetas. El ejército abarcaba siempre al pueblo de Dios, profetas, soldados, huestes celestiales y otros líderes.

Actualmente Dios está levantando un ejército de guerreros de adoración

En el griego la palabra para ejército es *strateuma*, que significa un armamento, un cuerpo organizado de tropas de manera sistemática. Si estudiamos esta palabra vemos que también está ligada a la estrategia. Por lo tanto, un ejército obtiene la estrategia y luego se mueve para poder lograr la victoria.

Actualmente Dios levanta un ejército de guerreros de adoración. Ninguna fuerza sobre la Tierra podrá oponerse a este ejército. En el Nuevo Testamento encontramos este principio: Dios y su Iglesia o grupo *ekklesia*, convocados y congregados juntos como un solo hombre.

Este ejército fue convocado para completar el propósito de Dios en el ámbito terrenal (ver Hebreos 8:1-13).

Este grupo fue llamado a adorarlo. También son llamados a alistar a otros. Son establecidos bajo su autoridad (ver Mateo 16:13-21). Tienen un fundamento seguro (ver Efesios 2:20). Demuestran la muerte redentora de Dios haciendo ejercicio del poder de su resurrección. Saben lo que viene más adelante. Son miembros. Tienen compañerismo, juntos, para obtener fuerza y acceder a la mente de su líder. Pelean contra un enemigo y su jerarquía. Son vigorosos testigos y tienen una esperanza del regreso de su líder para llenar y restaurar todas las cosas en el ámbito terrenal.

Adoran libremente, para poder obedecer y continuar el plan del amo del Reino. Son la esposa lista para la guerra en todo tiempo, para vengar al enemigo y derrotar su plan de oscuridad. ¡Levántense, guerreros de adoración! ¡Que la Iglesia se levante!

¡Levántense guerreros de adoración!

Levántense, guerreros de adoración,
aunque sean pocos en número.
Levántense y tomen su lugar
en el plan y destino de Dios.

No se cansen de hacer el bien.
Tengan coraje al pararse.
En su verdad y justicia;
avancen y tomen su Tierra.

Levanten el escudo del amor y la fe,
levanten la espada triunfantes.
Dios ha prometido su protección
mientras ponen en huida al enemigo.

Profeticen a los principados.
Donde haya tinieblas hablen de luz.
Vean al adversario conquistado y muerto.
El Señor de Sabaot, peleará con ustedes.

Así que... dejen que la música comience a sonar.
Suenen los panderos, canten y dancen,
porque su jubileo está aquí,
Por su Espíritu avanzarán.[4]

Regocíjense los santos por su gloria, y canten aun sobre sus camas. Exalten a Dios con sus gargantas, y espadas de dos filos en sus manos. Para ejecutar venganza entre las naciones, y castigo entre los pueblos; para aprisionar a sus reyes con grillos, y a sus nobles con cadenas de hierro; para ejecutar en ellos el juicio decretado; gloria será esto para todos sus santos. Aleluya (Salmo 149:5-9).

La adoración y la guerra son una mezcla natural en el Reino de Dios. Tal como lo escribió el salmista, es *"un honor para todos sus santos"* llevar una espada mientras alaban. Entiendan, por supuesto, que nuestra lucha *"no es contra carne y sangre"* (Efesios 6:12); más bien, nosotros, como la Iglesia, no solamente tenemos el honor sino también la responsabilidad de atar a los principados y poderes, y ejecutar los juicios escritos de Dios sobre ellos. ¿Cuáles son los juicios escritos en su contra? *"Para esto apareció el Hijo de Dios, para deshacer <u>las obras del diablo</u>"* (1 Juan 3:8, subrayado agregado). *"Para que en el nombre de Jesús se doble toda rodilla de los que están en los cielos, y en la tierra, y debajo de la tierra; y toda lengua confiese que Jesucristo es el Señor, para gloria de Dios Padre"* (Filipenses 2:10-11).

Robert Stearns, en su libro *Preparad el camino* dice:

Debemos entender que la guerra espiritual es finalmente sobre el señorío. Toda autoridad pertenece a Cristo. No hay dominio libre de la imposición de su voluntad soberana (...) Así que, cuando hablamos de guerra, la meta de nuestra guerra no es la batalla, sino el señorío de Cristo que buscamos traer a cada dominio (...) Esto comienza con la revelación de que todos los dominios –compañías, ejércitos, universidades, aún naciones– son dirigidas por meras personas. No podemos –no debemos– no nos animaríamos a ver a estas personas como un enemigo. No estamos luchando contra ellos. ¡Son vidas preciosas por quienes Cristo murió![5]

No guerreamos porque estemos dispuestos a la violencia. Guerreamos porque somos impulsados por Aquel a quien amamos y queremos que traiga su señorío a cada dominio. Y, como Robert escribió, no guerreamos contra la gente por quién Cristo murió, porque luchamos contra principados, contra potestades, contra los gobernadores de tinieblas de este siglo, contra huestes espirituales de maldad en las regiones celestes (ver Efesios 6:12). Aunque estas fuerzas de oscuridad influencian a las personas a hacer su mandato, siempre debemos mantener en mente que nuestra guerra no es contra las personas. Aún en tiempos cuando tenemos que confrontar a las personas en amor, mantenemos nuestra perspectiva clara. Aunque nuestros enemigos son las fuerzas espirituales de maldad en las regiones celestes, debemos recordar que el sistema de Satanás se mueve sobre la Tierra a través de personas.

**Guerreamos porque somos impulsados
por Aquel a quien amamos y queremos
que traiga su señorío a cada dominio**

No debemos engañarnos sobre la manera en que su sistema obra. Por lo tanto, podemos ser astutos como serpientes en el espíritu, pero gentiles como palomas en lo natural (ver Mateo 10:16). En otras palabras, militantes en el ámbito espiritual, pero llenos de frutos del espíritu en el natural.

> *No damos a nadie ninguna ocasión de tropiezo, para que nuestro ministerio no sea vituperado; antes bien, nos recomendamos en todo como ministros de Dios, en mucha paciencia, en tribulaciones, en necesidades, en angustias; en azotes, en cárceles, en tumultos, en trabajos, en desvelos, en ayunos; en pureza, en ciencia, en longanimidad, en bondad, en el Espíritu Santo, en amor sincero, en palabra de verdad, en poder de Dios, <u>con armas de justicia a diestra y a siniestra</u> (2 Corintios 6:3-7, subrayado agregado).*

Nuestras armas son justas. Emplean los elementos de longanimidad, paciencia, amor genuino, verdad y el poder de Dios, el que, en el ámbito espiritual, son poderosas.

> *Porque las armas de nuestra milicia no son carnales, sino poderosas en Dios para la destrucción de fortalezas, derribando argumentos y toda altivez que se levanta contra el conocimiento de Dios, y llevando cautivo todo pensamiento a la obediencia a Cristo* (2 Corintios 10:4-5).

En nuestra adoración traemos el señorío de Jesucristo sobre áreas que se han exaltado a sí mismas contra el conocimiento de Dios. Con las altas alabanzas de Dios en nuestra boca y la espada del Espíritu en nuestras manos, ejecutamos el juicio escrito contra el enemigo de nuestra fe. La Tierra y todo lo que está sobre ella es de Dios, y Él desea poseerlo.

- *He aquí que todas las almas son mías; como el alma del padre, así el alma del hijo es mía* (Ezequiel 18:4).
- *Porque mía es toda la tierra* (Éxodo 19:5).
- *En aquel día yo levantaré el tabernáculo caído de David, y cerraré sus portillos y levantaré sus ruinas, y lo edificaré como en el tiempo pasado, para que aquellos sobre los cuales es invocado mi nombre posean el resto de Edom, y a todas las naciones, dice Jehová que hace esto* (Amós 9:11-12).

La intención de Dios ha sido levantar el nivel de adoración que David estableció en el Tabernáculo para usarlo como un arma de guerra en estos últimos días, a fin de poseer todas las naciones de la Tierra. La palabra "poseer" es del hebreo *yaresh (iaresh)*, que significa ocupar sacando a los ocupantes previos, y poseer su lugar, lo que implica tomar, heredar, también expulsar. Y esto debe hacerse reestableciendo el prototipo de David de alabanza y adoración en el Tabernáculo.

Adoración intercesora

Dios comienza desatando su carga a un alma dispuesta sobre la Tierra que le responderá. Esta carga lleva a la intercesión. La intercesión tiene que incluir adoración para cumplir el plan de Dios. John Dickson escribió:

Era 1987 y Chuck Pierce había estado en nuestra iglesia poco más de un año, un tipo interesante, un poco extraño pero agradable; es ciertamente un profeta, pero no imponente ni duro. Pertenecía al ministerio con base en nuestra ciudad que contrabandeaba Biblias a los países de la cortina de hierro. Podíamos ver profundidad espiritual y sabiduría en él, pero honestamente, cuando explicaba algunas cosas no teníamos un paradigma para entender de qué estaba hablando. Su Biblia estaba viva de cierta manera para él, y parecía que toda la revelación que quería trasmitir estaba escondida. Sabiendo, sin embargo, que era un hombre de oración, nuestro pastor le pidió que enseñara una serie de seis semanas sobre intercesión. Era las noches de los jueves y yo tenía que liderar la adoración. Simplemente piense, una hora de enseñanza todos los jueves por la noche durante las próximas seis semanas, ¡seis semanas! ¡Ay! Pensar solamente en eso me envió a mi propia intercesión: "Señor, ayúdame, no puedo soportar seis semanas con este tema. Podría estar en casa reacomodando mi cajón de medias o haciendo otra cosa, cualquier cosa". Bien, dad gracias en todo. Así que allí fuimos a la horca de mi sentencia de los jueves por la noche. Aunque mi actitud esa primera noche fue menos que ejemplar como líder de adoración, mi corazón comenzó a ser ganado por este hombre a medida que abría nuestros ojos al llamado que estaba en el corazón de Dios para los que hicieran su mandato como intercesores. Y a medida que el tiempo pasaba, para mi sorpresa –y la de Chuck– en realidad comencé a entender algunas de las cosas que decía.

Entonces, algo aún más increíble sucedió: ¡nos llevó fuera de las cuatro paredes de nuestra iglesia, para orar! Alquilamos el piso superior del edificio más alto de la ciudad, una institución financiera. Teníamos una vista de toda el área cuando intercedíamos desde ese lugar tan alto. La adoración que habíamos tenido al comenzar las reuniones, ahora estaba mezclada con oraciones durante toda la reunión. Nunca nos deteníamos de adorar mientras intercedíamos. De la institución financiera fuimos al lugar donde se asienta nuestro gobierno local. Alquilamos un cuarto en los tribunales para tener nuestro encuentro. Luego fuimos al centro de nuestro sistema educativo. Y así uno tras otro nos trasladamos a diferentes lugares significativos de nuestra ciudad. Aún terminamos en la iglesia más antigua de nuestra ciudad, la primera Metodista. La adoración y la intercesión aumentaron en intensidad a medida que las mezclábamos.

Por lo tanto, la adoración en nuestra iglesia dio un giro en su paradigma. Comenzó a surgir desde nuestros corazones de intercesión, desde el corazón de Dios sobre nuestra ciudad. Él nos dirigía contra los poderes del enemigo que tenían estrados en nuestra área y fortalezas mentales en la gente. En nuestra adoración nos parábamos contra estos poderes y levantábamos el nombre de Jesús sobre ellos. Este nuevo paradigma de alabanza y adoración abrió la puerta a lo profético, mientras escuchábamos la voz de Dios que nos dirigía en nuestra intercesión. Dirigirnos a los poderes contra los que Dios nos guiaba, llevó a nuestra adoración hacia el ámbito de la guerra. Todos estos eran grandes cambios. Nuestra iglesia siempre había creído en la oración; tuvimos reuniones de oración y oración durante los servicios de la iglesia y otras, pero la intercesión era un aspecto de la oración diferente a aquello a lo que estábamos acostumbrados. ¿Qué era lo diferente?

Él es el mediador para nosotros y nosotros para Él

"Interceder", de acuerdo al *Diccionario Colegiado Merriam-Webster,* significa "intervenir entre partes con la visión de reconciliar diferencias".[6] Esto se parece a lo que Jesús hizo en la cruz. Él actuó entre dos partes diferentes: Dios, que era justo, y el hombre, que estaba en pecado. Este pecado había producido una separación, una brecha entre Dios y el hombre. Jesús había orado con frecuencia por la humanidad, pero la intercesión es la oración que erradica una grieta. Por lo tanto, Jesús tuvo que rectificar la causa de la grieta, el pecado el hombre. Dios había declarado que el precio del pecado del hombre era la muerte, así que para reconciliar estas dos partes y unir la grieta, Jesús pagó el precio por los pecados al morir sobre la cruz. Este es el máximo cuadro de la intercesión, y Jesús, por supuesto al que se hace referencias en la Escritura como nuestro intercesor (ver Romanos 8:34; Hebreos 7:25), es el máximo intercesor.

John Dickson agrega:

Nuestra intercesión propia podría estar en una escala inferior, pero aún así es una parte importante del plan de Dios. Él nos llama a pararnos en la grieta entre Él y lo que Él desea que sea rectificado. Como intercesores, tenemos que ver qué necesitaremos para rectificar y cubrir la grieta. Aquí hay un ejemplo: tal vez los intercesores se reúnen antes de un servicio, buscando al Señor, orando por el servicio, por la gente que asistirá y aquellos que ministrarán. A medida que oran, Dios les revela que un espíritu de temor ha sido desatado contra la gente, y la congregación será tomada por el temor. El temor está en conflicto directo con el carácter de Dios, y su pueblo no puede funcionar como Él desea si está oprimido por eso. Los intercesores comienzan a orar para que el pueblo de Dios sea librado del espíritu de temor. Proclaman las Escrituras que tratan sobre eso: *"En el*

*amor no hay temor, sino que el perfecto amor echa fuera el te-
mor"* (1 Juan 4:18). *"No temeré mal alguno porque tú estarás
conmigo"* (Salmo 23:4). *"Aunque un ejército acampe contra
mí, no temerá mi corazón"* (Salmo 27:3). *"No temas, porque
yo estoy contigo"* (Isaías 41:10).

Oran en el Nombre de Jesús y toman autoridad sobre el espíritu de temor y le ordenan que se vaya. Observan si el líder de adoración entra en el mismo espíritu. En la adoración Dios comienza
a dirigirlos a cantar canciones que anulan el temor y desatan fe. Finalmente, hay liberación, y el Espíritu de Dios comienza a barrer
por toda la asamblea. La fe comienza a levantarse. Luego, para saber cuándo su trabajo está hecho, los intercesores habitualmente
operan en un don del Espíritu llamado discernimiento de espíritus
(ver 1 Corintios 12:10). Por medio de este don, los intercesores y
adoradores pueden discernir cuándo ese espíritu se quiebra y huye, y la grieta entre Dios y su pueblo está cubierta. El espíritu de temor ha hecho que el pueblo de Dios quedara ineficaz en su
interacción con Él y para recibir de Él.

En su libro *La Voz de Dios*, Cindy Jacobs escribe:

El mismo servicio de adoración puede llegar a ser un mensaje profético que Dios expresa a la Iglesia. Cuando esto sucede, una unción poderosa viene sobre la música. La
adoración se vivificará dentro de los corazones de las personas. Por ejemplo, si el Señor dice a su pueblo "No temas"
y se canta una canción que proclama esas palabras, la vida
surgirá en los que la cantan. Les dará una fe especial. No
deben temer, porque Dios está con ellos a través de sus
pruebas.[7]

Panderos y liras

En uno de nuestros tiempos de intercesión, el Espíritu de Dios
cayó y comencé a profetizar: "Tomen sus panderos de los árboles.

Bájenlos, pueblo, y comiencen a adorar". John entonces comenzó a cantar la siguiente canción:

La tierra no puede contenerlo.
La piedra ha sido quitada.
La muerte ha perdido su aguijón, nuestro Señor la conquistó hoy.
Los poderes y principados están quebrados.

Él se ha levantado de la tumba,
con panderos y arpas lo alabaré.
Él quebró el poder de la muerte.
Él se ha levantado de la tumba.

Con panderos y arpas levantaré una canción de victoria.
Con panderos y alabanzas cantaré al Rey.
Él se ha abierto camino con fuerza y victoria.
Cristo Jesús es su nombre y tiene sanidad en sus alas
para romper las ataduras de nuestra enfermedad.

Él guía una gran procesión de las almas que ha libertado
y las lleva hacia arriba delante del trono de su Padre.
Las ha lavado con su sangre y las ha presentado
santificadas y limpias.
Un sacrificio justo y santo a Dios.[8]

Es a través de las alabanzas de sus santos que Dios entra en acción contra sus enemigos.

"Pueblos todos, batid las manos; aclamad a Dios con voz de júbilo. Subió Dios con júbilo, Jehová con sonido de trompeta" (Salmo 47:1, 5). En medio de nuestros gritos de alabanza, Dios se levanta. Él se lanza avanzando desde nuestra adoración. *"Y cada golpe de la vara justiciera que asiente Jehová sobre él, será con panderos y con arpas; y*

en batalla tumultuosa peleará contra ellos" (Isaías 30:32). Al alabarlo, Dios comienza a ejecutar su castigo sobre el enemigo. Es nuestra adoración la que lo mueve a la acción.

Jesús en el templo

Cuando Jesús entró en Jerusalén entre los gritos de: *"Hosanna*
[a Dios] *en las alturas"*. Hizo algo que nunca había hecho antes en
todo su ministerio. Entró al templo a "poseerlo". Era la casa de su
Padre, y había sido tomada por cambiadores de dinero y mercade-
res (Mateo 21:12). Robert Gay, en su libro, *Silenciando al enemigo,*
escribe:

> Quiero que vean a este Jesús motivado para entrar al tem-
> plo y echar fuera a los cambistas. No creo que eran mera-
> mente las actividades de los cambiadores de dinero, porque
> Jesús los había visto antes en el templo. No era la venta de
> palomas, porque había sucedido lo mismo durante años, y
> Jesús nunca había hecho nada acerca de eso. ¿Qué fue lo
> que provocó que Jesús se levantara con justa indignación
> en un violento asalto contra estos hombres? Fueron los gri-
> tos de alabanza que se levantaban desde el pueblo.

Pablo y Silas como ejemplos

Pablo y Silas alababan a Dios con sus espaldas lastimadas y sus
manos y pies en el cepo en la cárcel de Filipos. Dios se levantó con
tal grito que sacudió los cimientos de la cárcel y fueron liberados
de sus ataduras. La guerra siempre es sobre la adoración ¿Por qué
guerra? No es una consideración muy agradable o un gran deseo de
la mayoría, especialmente los que tienen una naturaleza flemática.
John Dickson dijo:

> Pueden ponerme en la cima de una montaña con mi guita-
> rra y no preocuparse en volver a buscarme. Me sentaré y

cantaré mis canciones a Jesús y miraré el hermoso paisaje hasta que sea el tiempo en que suene la trompeta.

Pero tal como hemos visto en los últimos capítulos, cuando agregamos intercesión a la adoración, comenzamos a ver el corazón de Dios por las cosas que están un poquito más abajo en la montaña. En realidad lo vemos a Él que quiere tocar el valle y a aquellos que están allí, los perdidos, los heridos y los atrapados en todo tipo de ataduras.

Dios desea tocar el sistema de gobierno, de la economía y de las escuelas. Su corazón quiere salvar a los niños que aún no han nacido. Todo esto es causa de la guerra. Lo adoramos para poder ir a la guerra con Él.

Notas

1. Arlette Revells, E-mail para el autor, 28 de marzo de 2002.
2. *Biblesoft's New Exhaustive Strong's Numbers and Concordance with Expanded Greek-Hebrew Dictionary* (Seattle, WA and Colorado Springs, CO.: Biblesoft and International Bible Translators, Inc., 1994).
3. C. Peter Wagner, ed. *El Dominio de la Reina* (Colorado Springs, CO.: Wagner Publications, 2000), pp. 52-54.
4. Bev. Smith, "Arise Worshiping Warriors", (unpublished, 2002).
5. Robert Stearns, *Prepare the Way* (Lake Mary, FL., Creation House, 1999) p. 108.
6. *Merriam-Webster's Collegiate Dictionary,* 10th ed., s.v. "intercede".
7. Cindy Jacobs, *The voice of God* (Ventura, CA.: Regal Books, 1995), p. 194.
8. John Dickson, "Tambourines and Harps" (Denton, TX: Glory of Zion International Minsitries, Inc., 1993).

CAPÍTULO 10

Salir del lagar e ir hacia la cosecha

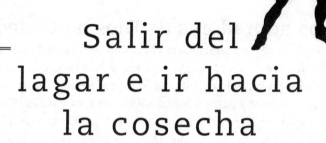

Hay una mentalidad de incremento y victoria que el Señor intenta desarrollar en su pueblo. El Señor nos imparte una mentalidad cien veces más victoriosa. Este nuevo pensamiento nos permitirá ver el aumento y traerá la cosecha al depósito. En Jueces 6 encontramos a Gedeón que sacudía el trigo en el lagar. En lugar de estar en el lagar debería haber estado en el lugar donde se trilla. Los madianitas, el enemigo de Israel, habían producido temor. Les permitirían a Israel arar, plantar y aún alistarse para la cosecha, pero Israel nunca podría traer el producto hasta el lugar de almacenaje

Los madianitas venían y robaban la cosecha. ¿Alguna vez le ha sucedido a usted? Arar, plantar, pero no cosechar nunca.

El pueblo de Israel clamó al Señor. Es allí el primer lugar donde comienza la verdadera adoración. El Señor luego envió a un profeta que les dijera que no temieran y que Él iba a libertarlos. Luego el Ángel del Señor visitó a un hombre llamado Gedeón.

Ahora recuerde, Gedeón estaba lleno de temor de que les quitaran la cosecha, e intentaba mantenerla segura trillando el trigo en el lagar. El Ángel del Señor le aseguró a Gedeón que su presencia estaría con él y que podía avanzar un poco más y ser el libertador de Israel. Gedeón trató de convencer al ángel de que pertenecía al clan más débil de la zona. Algunas veces nos quedamos en nuestra debilidad inherente para no avanzar.

Los adoradores de Dios de Gedeón

Gedeón casi no podía hacer el cambio para creer. Por lo tanto, pidió una señal. Sin embargo, comenzó a hacer ese giro haciendo sacrificios y adorando delante del Ángel del Señor. El ángel le dijo que dejara carne y pan sin leudar sobre una roca y luego derramara el caldo. Se levantó fuego de la roca. *"Viendo entonces, Gedeón que era el ángel de Jehová, dijo: Ah, Señor Jehová que he visto al ángel de Jehová cara a cara. Pero Jehová le dijo: Paz a ti; no tengas temor, no morirás. Y edificó allí Gedeón altar a Jehová, y lo llamó Jehová-Salom, el cual permanece hasta hoy en Ofra de los abiezeritas"* (Jueces 6:22-24). Desde este lugar de adoración Dios se revela a sí mismo, no solamente a Gedeón, sino también a Israel en una manera que nunca se había revelado antes. Es declarado como *Yahweh shalom*, el Señor es Paz. Este carácter de Dios traería a Israel integridad, seguridad, bienestar, prosperidad y reubicación. La adoración desató este llenado de poder.

Sin embargo, tenían que tomar un paso más en adoración. Dios le requirió a Gedeón: *"Toma un toro del hato de tu padre, el segundo toro de siete años y derriba el altar de Baal que tu padre tiene, y corta también la imagen de Asera que está junto a él; y edifica altar a Jehová tu Dios en la cumbre de este peñasco en lugar conveniente; y tomando el segundo toro, sacrifícalo en holocausto con la madera de la imagen de Asera que habrás cortado"* (vv. 25-26). Aunque Gedeón había temido hacer esto, temía más al Señor. Así que, en lugar de hacerlo durante el día, lo hizo durante la noche. Esto hizo que el

Espíritu de Dios se desatara sobre Gedeón. Por lo tanto, fue de la adoración a la revelación de Dios como *Yahweh shalom*. Y desde ese lugar de paz movilizó a trescientos hombres poderosos, a la guerra.

El Dios de paz

Pocos de nosotros haríamos la ecuación de la revelación del Dios de paz en adoración con un lanzamiento para ir a la guerra. Queremos paz, ¿pero paz a qué precio? Algunos piensan que si nos mostramos como amadores de la paz, nunca tendríamos que guerrear. En 1938 Francia solamente quería vivir en paz. Así que ignoraron a su vecino Alemania, que se estaba preparando para la guerra. Pero el deseo de paz no trae la paz. Alemania pudo tomar posesión de Francia tan solo en unas semanas. No es nuestra predisposición para la guerra la que invita a la guerra, es nuestra posesión de algo que alguien más también lo quiere. La pasividad no trae nunca la paz; nunca lo ha hecho.

La historia nos ha mostrado que mientras estemos dispuestos a entregar lo que es nuestro, no tendremos que enfrentar la guerra. Si entregamos nuestras posesiones, puede prevenirse la guerra. Si entregamos nuestros derechos, la guerra puede prevenirse. Si entregamos a nuestros hijos como esclavos, la guerra puede prevenirse. Un momento, ¿hasta dónde estamos dispuestos a llegar? Esa es una buena pregunta para nuestra Iglesia actual. Hemos entregado la oración en las escuelas. Hemos entregado los derechos de los que están por nacer. Hemos permitido que una pequeña minoría determine qué es lo aceptable en la sociedad: casamientos entre personas del mismo sexo y adopciones para esos "matrimonios".

Hemos permitido que nos ridiculicen por tomar cualquier posición por lo que es correcto. No hemos sido vigilantes y mucho se ha perdido. Ahora Dios quiere lo suyo de vuelta y nos mira para que vayamos a tomarlo. Pero somos la Esposa de Cristo. Somos amantes, no guerreros. ¿Y quién sería ese hombre que enviaría a su esposa para que saliera a pelear contra un ladrón para que le devuelva lo suyo? Estamos entre una roca y un lugar duro. Podemos volver a subir hasta la cima de la montaña y simplemente cantar nuestras canciones a Jesús (todavía suena muy tentador). ¿Pero como podríamos hacerlo ahora? Hemos sentido su corazón en intercesión; hemos escuchado sus deseos a través de sus palabras proféticas. Debemos salir y pararnos contra el ladrón, pase lo que pasare.

Alabanza perfecta y fe infantil

A medida que nos proponemos prepararnos para la guerra, no nos permitamos estar atados a viejas formas de pensar sobre la guerra y la adoración. No siempre se trata de música fuerte en tono menor.

Dios es sumamente creativo.
Se nos presenta con armas ingeniosas

Cuando Jesús estaba sanando a los enfermos en el templo (ver Mateo 21:14-16), el jefe de los sacerdotes y los escribas vinieron en su contra, pero estaban los niños rodeándolo, cantando hosannas. Jesús utilizó este versículo en Salmos 8 para responderles: *"De la boca de los niños y de los que maman, fundaste la fortaleza, a causa de tus enemigos, para hacer callar al enemigo y al vengativo"* (Salmo 8:2).

Dios había despertado a los niños inocentes en el templo ese día para que estallaran en alabanza por su Hijo. Esto silenció al enemigo. Dios es sumamente creativo. Se nos presenta con armas ingeniosas para hacer la guerra, y debemos estar alertas a las estrategias que Él nos entrega. Dios trata de proteger la generación de adoradores que está levantando. Creo que con la adoración podemos proteger a los adoradores.

Estábamos en un servicio increíble en la ciudad de Oklahoma. La adoración era impresionante, y la presencia de Dios entró en el lugar. Me postré sobre mi rostro, y el Espíritu del Señor comenzó a decir lo siguiente:

Este será un tiempo para determinar la autoridad que estará a las puertas de nuestras ciudades y Estados. El gobernador de las puertas está siendo determinado *ahora*. Estoy revisando la autoridad de ciudad en ciudad, de Estado en Estado y región por región. Tengo llaves en mi mano. Sé cómo y cuándo puedo desatarlas. Sé quiénes han sido probados y quiénes serán usados en el futuro. Voy a comenzar a orquestar el establecimiento de la adoración a través de esta nación, dice el Señor. Y a medida que orquesto la adoración y que ellos me responden en adoración, yo digo que las ciudades se levantarán o caerán. De la manera en que mi pueblo comience a adorar *ahora* dependerá el cambio de atmósfera de región en región. Así que les digo: este será el tiempo del cambio y del modo en que respondan ahora se producirán los cambios del futuro. A medida que la verdadera adoración penetre los cielos, desataré juicio sobre la falsa adoración. Sangre inocente se ha derramado porque la verdadera adoración no ha sido desatada. Granizo y fuego serán un indicador de que *Yo soy* está tratando con esas regiones que se han alineado con Tofet y Moloc y sacrificado ofrendas equivocadas. Porque les digo, el aborto está ligado con la falsa adoración idolátrica, y estoy por hacer que sea destronado lanzando mi poder a través de la verdadera adoración. Reúnanse y adoren de Estado en Estado a través de la Tierra y yo libraré aún a los que no han nacido. La complacencia detiene y también distorsiona la visión. Si comienzan a avivar la fe les revelaré cómo el enemigo ha puesto un escudo a los trabajadores de la iniquidad en su Estado. Las estructuras ilegales quedarán reveladas. Las ciudad que no responda a mi Espíritu, les digo que el escudo les será quitado y la ilegalidad se manifestará en su medio. Clamen para que mi escudo de fe sea establecido de Estado en Estado.[1]

Preparación y disposición

¡La adoración nos prepara! Para ganar una guerra es necesario estar preparado. "Prepararse" significa estar listo para un propósito específico, en estado, adaptado o entrenado. La palabra también significa poner juntos o unir adecuadamente, de acuerdo a un plan o fórmula, o hacerse receptivo, disponer, construir, equipar o amoblar con las provisiones necesarias o accesorios. Esta es una temporada en que el Señor está intentando ubicarnos y ponernos en forma para la victoria. También desea desatar provisiones, para que podamos soportar las dificultades por venir y acelerar sus propósitos. Una de mis Escrituras favoritas sobre la preparación es: *"Estén ceñidos vuestros lomos, y vuestras lámparas encendidas; y vosotros sed semejantes a hombres que aguardan a que su señor regrese de las bodas, para que cuando llegue y llame, le abran en seguida. Bienaventurados aquellos siervos a los cuales sus señor, cuando venga halle velando"* (Lucas 12:35-37). La Palabra continúa diciendo que Él *"hará que se sienten a la mesa, y [Él] vendrá (...) a servirles"* (v. 37, subrayado agregado). "Ceñidos" significa listos para la acción. Aquellos que estén atentos tendrán la oportunidad de sentarse y tener comunión con el Señor. Su unción los preparará para avanzar en la acción. Este pasaje está precedido por una exposición sobre el corazón, el tesoro y la codicia. Ningún buen guerrero es avaro o está atrapado por la mundanalidad.

¡La adoración nos da confianza! Para ganar la guerra, debe tener confianza! No hay tiempo en esta estación para la auto-conmiseración. La inseguridad no es otra cosa que orgullo. ¡El Señor puede crearlo y guardarlo! A través de la adoración, Él desarrolla su identidad en nosotros. Él forma "¡nuevos y filosos instrumentos para trillar!" No necesitamos controlar la formación, o dependeremos de nuestra propia carne en el día de la batalla.

Al ascender en adoración, la fe se desata. Debemos guerrear con *fe* (ver 1 Timoteo 1:18-19). Debemos ser gente profética que sabe lo que el Señor ha dicho y dice, y guerrear desde el poder de su voz. La fe viene por el oír, y oír la Palabra del Señor.

Cuando adoramos, se limpia nuestra conciencia. Debemos guerrear con *limpia conciencia* (ver 1 Timoteo 1:19). La conciencia es la ventana del alma. Si nuestra conciencia está recta delante de Dios, el enemigo está imposibilitado de condenarnos. Es de aquí de donde viene nuestra fuerza espiritual. Guerreamos con *fe constante* (ver 1 Corintios 16:13; Hebreos 10:23; 1 Pedro 5:9). La constancia es una cualidad diferente a la "simple fe". No fluctúe, y continúe confesando la voluntad del Señor hasta que ocurra la manifestación. Al adorar, nuestra fe se transforma en constante.

Al adorar, nos volvemos decididos a ver al Señor. Esto crea intensidad en nosotros. Guerreamos con *intensidad* (ver Judas 1:3). La intensidad está ligada a contender. Debemos contender por la verdad apostólica que fue desatada a la Iglesia Primitiva y su interpretación a esta generación. De la intensidad desarrollamos sobriedad (ver 1 Tesalonicenses 5:6; 1 Pedro 5:8). Nuestras mentes deben estar claras y no pasivas.

La adoración desarrolla paciencia. Debemos guerrear con *longanimidad en medio de la dureza* (ver 2 Timoteo 2:3, 10). Debemos perseverar y transferir las riquezas de Dios a otros que puedan llevar adelante el Evangelio. Debemos guerrear con *negación de nosotros mismos* (ver 1 Corintios 9:25-27). La cruz es nuestra victoria. ¡Debemos dejarla obrar en nuestras vidas para producir el poder de la resurrección que vence al enemigo!

Se levanta la unción

Al adorar, nuestro espíritu se expande, fortalece y madura. El Espíritu Santo nos llena, y su unción es desatada dentro de nosotros. En 2 Corintios 1:21-22 se nos revela: *"Y el que nos confirma con vosotros en Cristo, y el que nos ungió, es Dios, el cual también nos ha sellado, y nos ha dado las arras del Espíritu en nuestros corazones"*. Otra manera en que Dios toca nuestro espíritu es a través de su unción. Hay mucho malentendido de lo que es y lo que no es la unción.

Al adorar, nuestro espíritu se expande, fortalece y madura

La palabra es utilizada para explicar todo, desde la piel de gallina cuando una corriente de aire de la puerta del fondo sopla en una noche de invierno, hasta el cálido erizamiento que sentimos cuando escuchamos una canción muy bien interpretada por músicos talentosos. En el Nuevo Testamento la palabra "unción" viene de la palabra griega *chrisma* (krisma) que quiere decir "un ungüento o substancia para untar", y *chrio* (krio) que significa "para frotar o untar con aceite", lo que implica "consagrar a un oficio servicio religioso". En el Antiguo Testamento es la palabra hebrea *mishchah* (miska) o *moshcha* (moska) que significa "una unción", y que implica, "un don consagratorio".[2]

Básicamente, cuando alguien es ungido con aceite –que representa al Espíritu Santo– recibirá una dote especial y una consagración para realizar un servicio para Dios. David fue ungido para ser rey. Aarón fue ungido para ser el Sumo Sacerdote. Jesús fue ungido para predicar el evangelio.

Puede ser que todos hayan tenido piel de gallina, pero no fue porque la puerta trasera quedó abierta. El Espíritu Santo fue vivificado en su interior y les dio una habilidad especial para hacer lo que Dios les había llamado a hacer. En 1 Juan 2:20 el apóstol nos dice que tenemos una unción en nosotros como cristianos, un frotado con el aceite del Espíritu Santo para hacer lo que Dios nos ha llamado a hacer.

Cuando operamos en esa unción al predicar, aconsejar, alentar, profetizar o ministrar de alguna manera, esa unción del Espíritu Santo toma nuestras palabras o ministerio, pasa a la mente, voluntad y emociones de las personas, y les penetra como una espada en su espíritu. Su espíritu responde, se vivifica. Cuando adoramos, el mensaje, profecía, música o lo que sea, se vuelve vivo en nosotros. Podemos llevar lo vivo de Dios fuera del santuario a cualquier parte que vayamos.

Estamos ungidos y tenemos acceso a la unción aún cuando no lo sentimos o las circunstancias parecen difíciles a nuestro alrededor. John Dickson tiene un gran testimonio sobre adorar en medio del dolor. Escribe:

Hace unos pocos años, Chuck tenía una conferencia en la que yo iba a dirigir la adoración. Un par de semanas antes de la misma tuve una hernia de disco en mi espalda. Quedé imposibilitado. No podía caminar, ni siquiera sentarme. Estaba con terribles dolores. Vivía sobre un pequeño camastro en el piso del comedor, pidiendo favores de mi familia cuando pasaban: "¿Me darías un vaso de agua?" o "¿Me traes algo de comer?"

Unos pocos días antes de la conferencia, Chuck vino a verme. "¿Qué vamos a hacer con la adoración, John?" Desde mi camastro ahí abajo hablé palabras de fe: "Sé que puedo hacerlo, Chuck". Los dos creímos que Dios me levantaba de allí, así que ninguno pensó en un plan substituto.

El día anterior a la conferencia pude sentarme por un ratito. Esto fue alentador. Entonces el día de la conferencia, me levanté, caminé a la plataforma y dirigí la adoración. No solo eso, dancé, salté, grité y estuve en un tiempo completamente grandioso bajo la unción de Dios. La unción literalmente me permitió exceder mis habilidades físicas para cumplir la tarea a la que Dios me había llamado a hacer. Cuando me bajé de la plataforma, ya no pude estar de pie. Hicieron un pequeño camastro sobre el piso en el salón de entrada, donde me quedaba entre las sesiones de adoración. Mi cara se volvía blanca como una almohada mientras estaba allí con gran dolor. Pero cuando era el momento de la próxima sesión de adoración, la unción venía sobre mí nuevamente y cantaba y danzaba con todas mis fuerzas.

Luego de la última canción del último tiempo de ministración de la conferencia, bajé de la plataforma y ni siquiera pude llegar al salón de entrada y a mi camastro. Me caí en el piso en medio del área de ministración, con intenso dolor. Por supuesto, nadie se dio cuenta porque muchas otras personas estaban sobre el piso, las que habían recibido ministración. Mis expresiones faciales de dolor se veían parecidas a las expresiones faciales del rapto. Incluso un par de personas vinieron hasta mí, a mi alrededor, diciendo: "Más, Señor". Me quedé imposibilitado sobre el piso de mi comedor durante otro par de semanas y lentamente me repuse de mi disco herniado.

Por qué razón Dios no me sanó directamente para la conferencia, no lo sé, pero creo que Él deseaba que viera las capacidades asombrosas de su unción.

En su libro *Intercesión Profética*, Bárbara Wentroble escribe:

David era un guerrero de adoración, un dotado al tocar el arpa. Un espíritu malo venía sobre el rey Saúl y le causaba tormento. David fue enviado a tocar el arpa en esos tiempos de aflicción.

Como resultado de la música, Saúl fue liberado del mal espíritu, *"Y cuando el espíritu malo de parte de Dios venía sobre Saúl, David tomaba el arpa y tocaba con su mano; y Saúl tenía alivio y estaba mejor, y el espíritu malo se apartaba de él"* (1 Samuel 16:23). Lamar Boschman comenta sobre esto en su libro *El Renacimiento de la Música*: "Observen que aquí fue puramente ante la presentación de una canción ungida por un músico habilidoso que Saúl fue liberado de un espíritu malo. Ningún médico lo trató. No fue un tranquilizante el que eliminó la influencia molesta del mal espíritu. Fue el poder liberador de Dios que estaba sobre el arpa que David tocaba el que liberó a Saúl. David no cantó una sola palabra. La unción estaba en el instrumento y la música que salía quebró las ataduras que el rey Saúl tenía con el espíritu malvado".

La música profética logra más que hacernos sentir bien. Una dinámica espiritual se desata para hacer libres a los cautivos. Dios levanta actualmente músicos y cantores profetas que están involucrados en la intercesión profética. Hay una mezcla de intercesión y adoración".[3]

Una rama más, por favor

Algunas veces se trata de aplicar la suficiente cantidad de presión en la oración por un cierto período de tiempo, como la rama que quebró el lomo del camello. Seguimos poniendo ramas de oración sobre ese camello: 5.893, 5.894, 5.895 –no se rinda –5.896; y entonces ¡crack! No se cansen de hacer el bien (ver 2 Tesalonicenses 3:13). Cada oración es un ladrillo para edificar y así reparar la brecha.

John Dickson escribió:

Durante la adoración el Señor muchas veces me ha orientado por fe a cantar canciones sobre sanidad, liberación o milagros, mucho tiempo antes de que se viera ninguna necesidad manifestada en nuestros servicios. Con frecuencia el Señor ha hecho esto a través de Chuck. "John, no estás cantando ninguna canción sobre milagros". "Pero no tenemos ningún milagro, Chuck". "Bueno ¿cómo esperas verlos si no cantas sobre ellos?" "Pero me sentiré como un hipócrita si hago eso. Preferiría verlos, luego regocijarme con canciones por ellos". *"Pero nuestro Dios es Dios "el cual da vida a los muertos, y llama las cosas que no son, como si fuesen"* (Romanos 4:17, subrayado agregado).

Y eso es lo que Él nos llama a hacer en nuestra adoración intercesora. Nos envía a la brecha a cantar de sus propósitos y planes; cada canción es un ladrillo para edificar, cada canción es una rama sobre el lomo del camello. Cantamos de las cosas que no son como si fuese, una y otra y otra vez, hasta que, ¡crack!

En busca de unos pocos hombres buenos

¿Es este un aspecto de la adoración acerca del que no hemos pensado antes? Lo fue para mí. Siempre tuve un corazón para amar a Dios y adorarlo en forma extravagante, apasionada y con abandono. Y Dios estuvo muy complacido con mi adoración y hemos disfrutado tiempo juntos, pero un día comenzó a apartarme y a mostrarme algo. Estaba buscando a gente que edificara las paredes derribadas; que se parara delante de Él en la brecha a favor de la Tierra, de modo que Él pudiera encontrar una vía para que su misericordia trajera redención.

"Y busqué entre ellos hombre que hiciese vallado, y que se pusiese en la brecha delante de mí, a favor de la tierra, para que yo no la destruyese; y no lo hallé" (Ezequiel 22:30).

La rectitud de Dios requiere que Él juzgue la iniquidad, pero su corazón siempre está para redimir antes que juzgar. A Él le gustaría que pudiera triunfar sobre el juicio (ver Santiago 2:13). En Ezequiel, Israel había permitido que sus pecados crearan una brecha, una grieta entre ellos y Dios, pero en su misericordia, Él buscaba a alguien que pudiera estar en la grieta y trajera a Israel al arrepentimiento y evitara el inminente juicio.

Si alguien pudiera estar en la brecha y quebrar los poderes que tentaban a Israel lejos de su Dios, y orar por sus corazones para que fueran suavizados y escucharan las palabras de los profetas para poder arrepentirse, entonces Dios iba a extender su misericordia y restaurarlos. Pero no se encontró a nadie. ¡Qué desgarrador! Sin embargo, vemos lo mismo en la Iglesia actual. En los últimos años Dios ha levantado una compañía de intercesores en la Tierra. Aunque la Iglesia todavía parece débil y en algunos tiempos inestable, Dios levanta intercesores que comenzarán a adorarlo apasionadamente.

Esto va a fortalecer el lugar de la Iglesia y nos permitirá movernos hacia adelante. Muchos aún no se han asimilado a su posición y rango, pero Dios hará esto a medida que continuemos adorando. En Ezequiel el Señor reprende a los profetas de Israel: *"No habéis subido a las brechas, ni habéis edificado un muro alrededor de la casa de Israel, para que resista firme en la batalla en el día de Jehová"* (Ezequiel 13:5).

John Dickson explica:

Cuando Chuck comenzó a enseñarnos sobre la intercesión, escuchamos este clamor en el corazón de Dios. Comenzamos a "subir a las brechas" y "edificar un muro alrededor de la casa" en adoración. Eso nos cambió para siempre. Estábamos arruinados. Nuestras reputaciones, sin duda, a veces sufrieron. Pero nuestros ojos habían sido abiertos. Nuestras vidas no nos pertenecían. Éramos suyos para entregarnos en la grieta. Nuestra adoración era suya para usarla como vehículo para cubrir las brechas.

La adoración se transformó en parte de nuestro tiempo personal de oración, de las intercesiones corporativas en el salón de oración y una parte de nuestro servicio de adoración en la iglesia,

Aunque la mezcla que se requería era diferente en cada situación. Lo que hacíamos en nuestros tiempos personales de oración era más íntimo que lo que sucedía corporativamente en el salón de oración. Lo que hacíamos colectivamente en el salón era más intenso que en la adoración congregacional. Llevamos la pasión de nuestro tiempo personal con el Señor al salón de oración y la estrategia de lo que recibimos en el salón hacia el servicio de la iglesia.

La congregación pudo tomar algo del corazón de Dios que habíamos discernido y podía entrar, en cierta medida, en el proceso de reparar la brecha. *"Y los tuyos edificarán las ruinas antiguas; los cimientos de generación y generación levantarás y serás llamado reparador de portillos, restaurador de calzadas para habitar"* (Isaías 58:12).

Y cuando hubo tomado el libro, los cuatro seres vivientes y los veinticuatro ancianos se postraron delante del Cordero; todos tenían arpas, y copas de oro llenas de incienso, que son las oraciones de los santos; y cantaban un nuevo cántico, diciendo: Digno eres de tomar el libro y de abrir sus sellos; porque tú fuiste inmolado, y con tu sangre nos has redimido para Dios, de todo linaje y lengua y pueblo y nación (Apocalipsis 5:8-9).

Capte este cuadro. El Señor hace lo suyo en los cielos. El Cordero está por quebrar los siete sellos. Va a desatar los cuatro jinetes del Apocalipsis. Va a hacer que suenen las siete trompetas. Guerra, pestilencia, hambre... cosas serias están por suceder, y Él toma las oraciones de los santos que han sido depositadas en las copas y hará que las traigan delante de Él con adoración y alabanza cuando Él establezca esta tarea.

Todas las oraciones que pensó que no tenían repuesta han sido acopiadas en las copas en el cielo

Sea persistente, pida, busque, golpee, moléstelo, ordene, no le dé descanso, llene las copas. Todas las oraciones que pensó que no tenían respuesta o habían caído muertas sobre la Tierra, han sido acopiadas en las copas en el cielo. Queremos rápidas respuestas, pero no hay microondas en los cielos. Hay algo que se parece más a las viejas ollas de barro. Usted continúe agregando cosas y deje que se sigan cocinando a fuego lento. Luego, cuando estén cocidas serán mezcladas con la adoración. Y en medio de esta adoración e intercesión, el Cordero se levanta para actuar en autoridad y poder.

Los efectos de la adoración sobre el enemigo

En un intenso servicio de adoración en Ann Arbor, Michigan, luego de la tragedia del 11 de septiembre, con adoradores de todas partes de esa región en ocho Estados, el Señor comenzó a comunicarse con nosotros:

> Una confrontación se está montando en los cielos. Comiencen a preparar un sacrificio de adoración para mí, que vencerá el plan del enemigo. Desde su adoración estoy comenzando a montar un sacrificio de vida que puede vencer a la muerte. Una confrontación está en camino. Quiero que estén delante de mí los próximos cuarenta días. Levántense y declaren mi Nombre. Porque el enemigo está preparando un sacrificio de adoración. El enemigo está comenzando a levantarse con tácticas de destrucción. Acérquense a mí porque yo tengo las llaves de la muerte, el infierno y la tumba.
>
> Se ha planificado una emboscada. Esta emboscada está escondida de ustedes. Si se acercan y me adoran, la emboscada se disipará ahora y su líder caerá ahora. Levántense y continúen viniendo a mí. Yo gobernaré sobre todo. Estoy estableciendo un orden de victoria. Estoy estableciendo un

tiempo para la victoria. Debo desatar esa santidad de mí mismo dentro de ustedes. El tiempo se acerca cuando estarán delante de aquello que parezca invencible. Mi palabra es ¡Conságrense! El poder de mi consagración y fuego santificador hará que lo invencible se quiebre y ustedes avancen.

Tengo hombres y mujeres de fe que aún ahora estoy levantando. ¡Surjan ahora, mis hombres de fe! ¡Surjan, mis mujeres de fe! ¡Surjan, mis niños de fe! ¡Porque tengo un ejército lleno de fe! Apóyense en aquellos que se han partido antes que ustedes y permitan que la herencia de fe se levante. ¡Suban, suban! ¡Al acercarse, neutralizaré el sacrifico del enemigo! Haré que lo que ustedes han puesto sobre el altar se transforme en una llama a través de esta tierra. ¡Suban, suban, suban ahora! Asciendan a mi salón del trono, reciban mis ordenes y desciendan con mis estrategias de victoria. Y van a pasar de una estación de avance a otra. ¡Asciendan nuevamente! Mientras ascienden los haré a la imagen que creará la victoria.

No vayan de victoria en victoria sin primero venir delante de mí. Al pararse delante de mí, los transformaré en armas que utilizaré para la próxima batalla. ¡Esta es una lección que mi pueblo debe aprender ahora! No están equipados para soportar las fuerzas sobrenaturales que el enemigo monta. No caminen en presunción. Porque yo tengo un arsenal de armas sobrenaturales las que abro ahora. Tendré un pueblo sobrenatural que usará estas armas. Sin embargo, solamente lanzaré estas armas a través del santo poder de mi fuego consagratorio. Este fuego los transformará en armas. Se transformarán en un arma que yo desataré para traer victoria en el campo del enemigo. ¡Suban! ¡Sean derretidos! ¡Sean reformados! ¡Sean transformados! Desciendan, y luego tendrán victoria día tras día. Suban, conságrense, y la victoria será de ustedes. No traten de desviarse de mi salón del trono para recibir poder sobrenatural.Suban y reciban lo que puede inhabilitar al enemigo.

El hombre fuerte de Goliat va a desafiarlos durante cuarenta días. No crean su mentira. Permanezcan. Porque les daré la revelación que cortará de raíz el poder de su voz. Permanezcan, suban, y el descreimiento no los gobernará. Permanezcan y permítanme cortar todo lo que les está trayendo confusión. Escuchen cuidadosamente mi voz. Mi voz va a desatar la fe que vencerá. Levántense y planten sus pies. Permitan que mi unción se levante dentro de ustedes y esté sobre ustedes. Algunos podrán ponerse de pie más rápidamente que otros. Algunos plantarán sus pies más rápidamente que otros. No se atemoricen al escuchar las amenazas del enemigo. Porque el enemigo amenazará a los que ahora están parados sobre la pared. Aún seducirá a muchos para sacarlos de la guerra y que retrocedan. Por lo tanto, planten sus pies y quédense sobre la pared.

No razonen con el enemigo. No racionalicen con el diablo ni un solo momento. Acérquense a mí, resistan al diablo y él huirá. Sus amenazas para debilitar su lugar no deben ser recibidas en su hombre interior. Porque desata espíritus seductores para seducir a mi pueblo del camino por el que ahora los guío. Los próximos cuarenta días aún intentará desacreditar al gobierno civil de esta Tierra. Sin embargo, tomen su posición. Hay una grieta actualmente a la que el enemigo tiene acceso. En realidad hay tres grietas. Revelaré estas grietas si mi pueblo me escucha, y entonces llenaré las grietas con mi pueblo en los próximos cuarenta días. Si desacredita a mis líderes, el enemigo intentará dispersar lo que formo en esta Tierra. Porque el enemigo detesta el nivel de unidad que se ha comenzado a formar a lo largo de esta Tierra. No escuche sus mentiras. Una mentira es una mentira, no importa cómo suene. Hay una mentira que se forma sobre esta Tierra. No escuchen a esa mentira cuando llegue a sus oídos.

Porque el enemigo ha determinado que esta tierra y mi

pueblo se dispersen. Si mi pueblo de pacto se dispersa, ya no podrán permanecer más y sostener los propósitos de mi pacto, y la desolación vendrá a esta Tierra. Si ustedes permanecen, habrá una extensión de mi gracia durante quince años sobre esta Tierra. El cordón de tres dobleces de maldad que vendría contra mi pacto ahora quedará expuesto. Expondré una red que se esconde en el Líbano. Expondré lo que comienza a confabularse en Irak. Expondré la red que hubiera destruido y aún ingresado a Belén desde Siria. Y ahora, porque han tomado este lugar, cuando el enemigo comience a desatar su plan de pestilencia sobre esta Tierra, la pestilencia comenzará a retroceder y verán arrasado el poder de su destrucción.[4]

Una larga lista

Así vemos que las tres personas de la Trinidad no están quietos durante nuestra adoración. Algunas personas no se preocupan demasiado de la adoración, pero el Padre, el Hijo y el Espíritu Santo la aman. Ellos están allí mismo con nosotros. Solamente he arañado superficialmente sobre las formas en que la Trinidad se mueve entre nosotros proféticamente en canción. He visto a Dios traer su mensaje en canción a través de muchas personalidades diferentes en sus iglesias y ministerios a lo largo de la Tierra.

No hay un único camino correcto. Dios no nos hizo para que todos tengamos una personalidad, sino un Espíritu. Amo ver la diversidad del don profético. Algunos lugares utilizan un estilo de música, otros otra. En algunos lugares el río corre como rápidos a través de una salida estrecha; en otros es amplio y sinuoso. Dios usa cantores, bailarines y músicos. Él utiliza acciones proféticas y trabajo de parto. Utiliza los viejos y jóvenes, grandes y pequeños, los que tienen dones y los que no, los que están dispuestos y algunas veces a los que no.

¿Y qué más diré? Porque me faltaría tiempo para decir de las canciones que vienen en las calles, en las reuniones de equipo, en los coches, en las cenas de fiestas o mientras el predicador está en medio de su mensaje; canciones cantadas como palabras personales sobre la gente en un servicio de adoración, durante el tiempo de ministración, en el atrio luego de la reunión; canciones de consuelo, de guerra, de amor y de cuna. Dios no tiene límites en las formas creativas en que lanza sus canciones proféticas en nosotros.

¡Dios está cantando!

Así que vemos que suceden muchas cosas cuando nos reunimos y adoramos. Dios canta, Jesús canta, el Espíritu Santo intercede, y nosotros miramos nuestros relojes y nos preguntamos cuándo terminará esto para poder ir a casa y comer. Pablo oró *"que los ojos de vuestro entendimiento sean alumbrados"* (Efesios 1:18). Nosotros, como la Iglesia, necesitamos permitir que Dios abra los ojos de nuestro corazón para que puedan ser alumbrados.

Simplemente imagine, Dios en tres Personas, la Trinidad, es una parte importante de nuestros tiempos de adoración.

Antes examinamos en La Escritura (ver Sofonías 3:17), el lenguaje original que describe a Dios cantando y danzando nada dócilmente. Él gira desbordante, con gran emoción, canta a todo pulmón. Si la persona que se sienta cerca de nosotros en la iglesia hiciera eso, haríamos que lo sacaran a la rastra. Pero Dios lo hace. David lo hizo. Cuando lleguemos al cielo todos allí estarán haciéndolo. Recientemente le dije a Dios que no quería tener que hacer ningún tipo de ajuste en mi estilo de vida cuando me fuera al cielo. Quiero entrar directamente y poder estar a tono con lo que esté sucediendo allí.

Quiero entrar directamente al cielo y poder estar a tono con lo que esté sucediendo allí

Mark Twain hacía bromas sobre la Iglesia de su época, porque no podía ver cómo sus ideas del cielo estaban tan lejanas a lo que veía que practicaban en sus servicios de adoración. Él escribió:

> ¡En el cielo de los hombres todo el mundo canta! El hombre que no canta sobre la Tierra lo hace allá; el hombre que no puede cantar sobre la Tierra puede hacerlo allá. Este cantar universal no es casual, ni ocasional, ni aliviado por intervalos de quietud; continúa, el día completo y cada día... Y todos se quedan; porque sino en la Tierra el lugar quedaría vacío en dos horas. Mientras que cada persona toca un arpa... no más de veinte en mil de ellos podría tocar un instrumento en la Terra, o jamás quisiera hacerlo... Hombres profundamente devotos de cabellera gris pasan una gran parte de su tiempo soñando en el día feliz cuando dejarán las preocupaciones de esta vida y entrarán en los gozos de ese lugar. Con todo, puede verse lo irreal que es para ellos, y qué poco llegan a tomarlo como un hecho, porque no hacen preparación práctica para el gran cambio; nunca ves a ninguno de ellos con un arpa, nunca escuchas a ninguno cantar.[5]

Esto podría fácilmente referirse a la Iglesia actual. Vergüenza para nosotros por darle tanto material para hacer bromas. Nuestros servicios de adoración deberían ser un poco más parecidos a los del cielo, así no habría un cambio tan abrupto para nosotros cuando lleguemos allí. En los cielos están llenos de asombro, maravillados e imponentes. Son ruidosos y solemnes, y todos están entusiasmados. Dios lo disfruta. Está cómodo allí. Deberíamos intentar ponerlo más cómodo aquí y abrir nuestros oídos espirituales para escuchar a Dios cantar sobre nosotros, para escuchar a Jesús cantando en nuestro medio y discernir el andar y el trabajo de parto del Espíritu Santo.

Adoración, guerra y los elementos

La guerra en el ámbito terrenal siempre ha sido sobre la adoración, peleada y ganada por la adoración. Apocalipsis 12 es un comentario sobre Efesios 6. La mujer, Miguel y los ángeles guerrean en los cielos, están en gran conflicto con el dragón.

La mujer es la misma a la que se refiere en Génesis 3:15, que peleará con la simiente de la serpiente. Cantar de Cantares 6:4 dice: *"Hermosa eres tú, amiga mía (...) como Jerusalén; imponente como ejércitos en orden"*. Las mujeres del pacto siempre dan a luz libertadores. Por lo tanto, el enemigo detesta a una mujer que entra en pacto con Dios. No solamente es una amenaza, sino que proféticamente representa la Esposa adoradora que vencerá. La semilla de la mujer comienza a guerrear y adorar en Génesis, y concluye en Apocalipsis como la Esposa del Cordero.

Hay varios enemigos en el libro de Apocalipsis: el dragón, la bestia, la sinagoga de Satán, Jezabel y la estructura religiosa y mundana de Babilonia. Y luego, por supuesto, está el Anticristo, el sistema y la persona. En *La Futura Guerra de la Iglesia,* Rebecca Wagner Sytsema y yo escribimos:

La Palabra de Dios nos dice que estamos en conflicto con cinco enemigos:

- **Satanás:** El diablo y sus demonios afectan a la mayoría de nosotros, incluso a los cristianos. Satanás tiene una jerarquía y una horda debajo de él que está confederada para detener los propósitos de Dios (ver Génesis 3:15; 2 Corintios 2:11; Efesios 6:12; Santiago 4:7; 1 Pedro 5:8; 1 Juan 3:8; Apocalipsis 12:17).
- **La carne:** La carne es la vieja naturaleza adámica que intenta continuar toda la vida en lugar de someterse al poder de la cruz. Gálatas 5:24 dice que deberíamos crucificar nuestra carne cada día. La

275

carne nos impide obedecer a Dios. A menos que la suprimamos diariamente, caemos en actividad de pecado. Al diablo le gusta impedir que nuestra naturaleza del alma sea crucificada. Si pierde terreno y nuestra naturaleza del alma se somete al Espíritu de Dios, pierde la habilidad de usarnos como uno de sus recursos aquí sobre la Tierra (ver Juan 8:44; Romanos 7:23; 1 Corintios 9:25-27; 2 Corintios 12:7; Gálatas 5:17; 1 Pedro 2:11).

- **Enemigos:** Los espíritus malvados con frecuencia se adhieren o incrustan en los individuos. Luego usan a esos individuos para oponerse al plan de pacto de Dios en la vida de otro. En el libro de Nehemías, Sambalat y Tobías fueron utilizados por el diablo para impedir la reedificación de los muros de Jerusalén (ver Salmos 38:19; 56:2; 59:3).

- **El mundo:** El sistema del mundo está organizado contrariamente a la voluntad de Dios y lo dirige Satanás, el dios de este mundo. Nosotros, como cristianos, somos enemigos del mundo. Aunque no somos parte del sistema del mundo, aún vivimos en él (Juan 16:33; 1 Juan 5:4-5).

- **La muerte:** La muerte es nuestro enemigo final. Jesús venció a la muerte, y a través de su Espíritu nosotros también podemos hacerlo (ver 1 Corintios 15:26; Hebreos 2:14-15).[6]

La adoración derrota estos enemigos. Dios levanta guerreros de adoración para entrar en este gran conflicto.

Un estruendo en los cielos

Muchas canciones de intercesión "no están listas para la primera hora". Sin embargo, muchas veces Dios trae estas canciones a los ambientes de adoración colectiva de manera que capta la intensidad del trabajo sin abrumar a la congregación.

En un poderoso servicio de adoración de nuestra iglesia, hace varios años, entró un espíritu de intercesión. Los intercesores se reunían antes de cada sesión y algunas veces durante las sesiones. Mientras esperábamos delante del Señor en adoración, los tambores comenzaron a retumbar suavemente. Era como si una tormenta estuviera preparándose en la distancia. Había un peso en el aire. Estaba cargado de la presencia de Dios.

LeAnn Squier, una de nuestra líderes de adoración comenzó a cantar:

Hay un estruendo en los cielos.
Hay un estruendo en la Tierra,
y la Esposa se prepara para dar nacimiento.
Hay un estruendo en los cielos.

Hay un estruendo en la Tierra,
y la Esposa se prepara para dar nacimiento.
Por lo tanto, alzad los ojos, vuestra redención se acerca.
Por lo tanto, alazad los ojos, vuestra redención se acerca. [7]

Los instrumentos comenzaron a lograr la estructura musical; la congregación comenzó a seguirlos con el canto. Les permitía expresar el peso que sentían en su espíritu mientras esa densidad de intercesión estaba sobre nosotros. Las palabras eran simples y repetitivas, pero había mucho poder liberador en ellas. El Espíritu daba a luz algo; éramos su vehículo para hacerlo.

La música descendía y fluía como una poderosa tormenta que se levantara en el horizonte, aumentaba en intensidad mientras barría sobre nosotros, y luego se replegaba cuando tomaba distancia.

Cuando terminó, nos preguntábamos qué significaba todo. ¿La esposa está dando a luz? Era muy poderoso cuando estábamos en el Espíritu cantándolo, pero luego nos preguntábamos unos a otros, "¿Esto está en alguna parte de La Biblia?"

Entonces el Espíritu trajo a la memoria de LeAnn la Escritura en Apocalipsis: *"Apareció en el cielo una gran señal: una mujer vestida del sol, con la luna debajo de sus pies, y sobre su cabeza una corona de doce estrellas. Y estando encinta, clamaba con dolores de parto, en la angustia del alumbramiento"* (Apocalipsis 12:1-2).

La mayor parte de los comentaristas de La Biblia reconocen que esta mujer representa a la Iglesia. La Iglesia es al Esposa de Cristo. El Espíritu señalaba que la Esposa de Cristo, la Iglesia, estaba por dar nacimiento a algo en la Tierra, y que era tiempo de que nosotros alzáramos la vista, porque nuestra redención estaba cerca. ¡Alabado sea Dios!

Y hemos visto cómo Dios ha dado a luz cosas de tal magnitud que han quebrado la Tierra de su Iglesia en las áreas de intercesión, lo profético y lo apostólico, equipado a los santos y abierto nuevas áreas al evangelismo en la Tierra.

En este capítulo la guerra no es iniciada por el dragón. El dragón está furioso con la Iglesia porque pelea una batalla perdida y está totalmente consciente de su derrota manifiesta. La guerra es iniciada por Miguel; Dios inicia la guerra con la semilla de la serpiente. Muchos individuos caen presa del enemigo e inician su propia guerra.

Miguel, el ángel que guía los ángeles guerreros, ahora guerrea con el ángel Lucifer, que una vez dirigía la adoración en los cielos. Miguel, cuyo nombre significa "quién es como Dios", es el gran príncipe mencionado en Daniel 10. Está como el protector especial del pueblo de Dios. Es mencionado en Judas como el arcángel que contendió con Satanás por el cuerpo de Moisés. Por supuesto, esto representa al Cuerpo de Cristo.

La Iglesia, la Esposa de Dios, necesita escuchar el retumbar de lo que sucede en los cielos. Necesitamos seguir la guía de Miguel. Somos el sacerdocio davídico. Nuestra autoridad nos es restaurada. David salió al encuentro de Goliat. No esperó que Goliat atacara a Israel. Debemos ser los agresores en la batalla, así las puertas del infierno no prevalecerán. Debemos estar en la ofensiva, no en la defensiva.

¡Asciende nuevamente!

Asciende nuevamente. Deseo que visites otra vez las alturas, porque debo hablarte otra vez. Habrá más revelación en la cima. Es esencial para tu vida que me busques. Ya tienes cierto entendimiento. Tu conocimiento de mí y mis caminos han aumentado. Pero debes ascender nuevamente ahora. Voy a comenzar una nueva climatización para ti. Debes acostumbrarte a las alturas de mi montaña. Algunos días no te será posible ver a la distancia. Pero si continúas ascendiendo de pronto te encontrarás con una vista que te dejará sin respiración.

La revelación te llegará como una inundación. Esa es la razón por la que es necesario que asciendas una y otra vez. Que vivas en la cima de la montaña es el destino propuesto. Sí, continuarás trabajando y ministrando en el valle, y tu trabajo se hará más y más fuerte. A través de tus visitaciones a la cima, serás provisto, recargado y renovado andando conmigo por las alturas. ¡Asciende nuevamente![8]

Recuerda, cuando Cristo ascendió terminó con el acceso de Satanás al salón del trono. Aunque vemos al acusador entrando y saliendo del trono en el Antiguo Testamento, eso terminó en la ascensión de Cristo. El acusador, el gran difamador, el diablo, está echado. ¡Su caso contra nosotros está cerrado! Ascienda con Cristo y quiebre el poder del acusador. Escuche los cielos retumbar. ¡La Esposa está dando a luz guerreros de adoración que derrotarán al enemigo!

Notas

1. Chuck D. Pierce, palabra profética desatada en Conciertos de oración de Oklahoma, reunión regional de líderes de una región de siete Estados, Ciudad de Oklahoma, OK., 27 de octubre de 2000.

2. *Biblesoft's New Exhaustive Strong's Numbers and Concordance with Expanded Greek –Hebrew Dictionary.* (Seattle, WA and Colorado Springs, COBiblesoft And International Bible Translators, Inc., 1994).

3. Bárbara Wentroble, *Prophetic Intercession* (Ventura, CA., Renew Books, 1999), pp. 131-132.

4. Chuck D. Pierce, palabra profética dada en Ann Arbor, Michigan, 15-16 de noviembre de 2001.

5. Mark Twain (Samuel Clemens) *Letters from the Earth* (New York, NY. Perennial Library, Harper &Row, Publishers, 1938), pp. 17-18.

6. Chuck Pierce and Rebecca Wagner Sytsema, *The Future War of the Church* (Ventura, CA.: renew Books, 2001), pp. 50-51.

7. LeAnn Squier, "There's a Rumblin in the Heavens" (Denton,TX., Glory of Zion International Ministries, Inc., 1997).

8. Ras Robinson, "What the Lord Is Saying Today", n.p., 21 de marzo de 2002.

El adorador insaciable

por
Matt
Redman

**TAPA
DURA**

Este libro es acerca de una cierta clase de adorador.
INSACIABLE. IMPARABLE. INDIGNO. DESHECHO. Estos
adoradores no permitirán ser distraídos o derrotados. Ansían que
sus corazones, vidas y canciones sean la clase de ofrenda que Dios
está buscando. Un insaciable adorador es aquel que descansa con
confianza en Dios y adora delante de la audiencia de Uno. El autor te invita a entrar al lugar donde tu fuego por Dios no pueda
ser apagado. Conviértete en un impredecible, integro e insaciable
adorador.

La envidia
el enemigo interior

PORQUE DONDE EXISTE La ENVIDIA y eL eɢoísmo,
La CONfUSIÓN y TODO Lo maLo está aLLí.

La mayoría ojea la tapa y piensa: *"no es mi problema"*. Luego cuando alguien cercano es promovido por encima de nosotros –o prospera más– de pronto elaboramos emociones difíciles. Se necesita un coraje increíble para admitir que las siniestras fuerzas de la envidia pueden existir dentro de nosotros, porque si esto es cierto, las implicaciones son enormes.

La envidia tiene el potencial, por sí sola, de extinguir el fluir de las bendiciones de Dios, tanto en nuestra vida como en la de los que nos rodean. Aprendamos a reconocerla y reemplazarla por el verdadero amor bíblico.

Este honesto libro encenderá su pasión por un avivamiento personal.

HASTA QUE SOMOS CONSCIENTES DE SU PRESENCIA, La ENVIDIA ES Lo úLTIMO QUE PENSAMOS QUE ESTÁ DENTRO DE NOSOTROS.

OBTENɢA LIBERTAD DE La ENVIDIA EN SU CORAZÓN y aPRENDA a RESPONDER aPROPIADAMENTE CUANDO ES ENVIDIADO POR OTROS.

ENVIDIA: eL aRMA MÁS SUBESTIMADA EN eL aRSENaL de satanás

BOB SORGE aporta la diversidad de su experiencia ministerial –como ministro de música, instructor de la Escuela Bíblica, pastor asistente, pastor principal, autor y orador itinerante– a uno de los temas más sensibles de la iglesia de hoy. Entre sus muchas obras, la más notable es *"Explorando la adoración"*.

Liberación financiera a través del ayuno

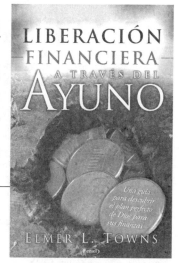

¡TOME EL CONTROL FINANCIERO PARA SIEMPRE!

ELMER L. TOWNS es decano de la Escuela de Religión en la Universidad Liberty en Lynchburg, Virginia, donde enseña a dos mil miembros pastores en la clase de Escuela Dominical de la Iglesia Bautista Thomas Road. Es ganador de una Medalla de Oro; entre sus libros se incluyen *Liberación espiritual a través del ayuno* y *El Hijo*. Elmer y su esposa, Ruth, viven en Virginia, EE.UU.

Liberación financiera a través del ayuno esparce una luz espiritual sobre uno de los conflictos más grandes que hoy enfrentan los cristianos: nuestra necesidad de poner el uso del dinero en una perspectiva apropiada y, principalmente, tomar control de nuestro futuro financiero de una vez y para siempre.
Las clave para esto, como revela Elmer Towns, son el ayuno y la oración.

www.editorialpeniel.com

¿Esta preparado para la batalla?

No hay nada más real que la batalla que todo creyente debe librar contra un enemigo engañador, que desea destruir. La Biblia dice que en los tiempos finales *"vendrá el enemigo como río"* (Isaías 59:19), como una inundación de tentaciones, una avalancha de pecado y maldad que intenta esclavizar a todo hombre. Pero el Espíritu de Dios levantará bandera para que todos puedan vivir en la libertad que el Señor ha preparado.

Este libro fue escrito para que descubra:

- Los orígenes y falsificación de los poderes del ocultismo.
- El engaño de la adivinación y la fe psíquica.
- El patrón de operación de los espíritus familiares que esclavizan por generaciones con enfermedad, pobreza y destrucción.
- Cómo obtener la victoria total en Jesucristo.
- Cómo entrar en una guerra espiritual para liberar a otros.

El privilegio de los creyentes en Jesucristo es que vivan una vida en libertad. Por lo tanto, levántese y opte por esa victoria, para que –además– pueda ayudar a otros a ser libres.